WILLIAM D.GANN

何造中解读江恩理论系列丛书

江恩

探测股票新趋势

何造中 ◎ 著

SPM
南方出版传媒
广东经济出版社
·广 州·

图书在版编目（CIP）数据

江恩探测股票新趋势／何造中著．—广州：广东经济出版社，2015.8
（何造中解读江恩理论系列丛书）
ISBN 978－7－5454－4103－1

Ⅰ．①江… Ⅱ．①何… Ⅲ．①股票投资－基本知识 Ⅳ．①F830.91

中国版本图书馆 CIP 数据核字（2015）第 123236 号

出版发行	广东经济出版社（广州市环市东路水荫路 11 号 11～12 楼）
经销	全国新华书店
印刷	广东新华印刷有限公司 （广东省佛山市南海区盐步河东中心路 23 号）
开本	787 毫米×1092 毫米 1/16
印张	18
字数	258 000 字
版次	2015 年 8 月第 1 版
印次	2015 年 8 月第 1 次
印数	1～5 000
书号	ISBN 978－7－5454－4103－1
定价	45.00 元

如发现印装质量问题，影响阅读，请与承印厂联系调换。
发行部地址：广州市环市东路水荫路 11 号 11 楼
电话：（020）38306055 37601950 邮政编码：510075
邮购地址：广州市环市东路水荫路 11 号 11 楼
电话：（020）37601980 营销网址：http://www.gebook.com
广东经济出版社新浪官方微博：http://e.weibo.com/gebook
广东经济出版社常年法律顾问：何剑桥律师

总　序

真正的理论在世界上只有一种，就是从客观实际中抽出来又在客观实际中得到了证明的理论。

——毛泽东

从我 1997 年在香港《每周财经动向》（全球出版发行）开辟专栏，发表了一系列江恩理论与内地股市案例分析的文章，到 1998 年应邀开始在国内专业性杂志《股市动态分析》撰写解读江恩理论的系列连载，至今已十年有余。可谓“十年磨一剑，霜刃未曾试。今日把示君，只为股民事！”

在我十多年的投资生涯中，时常想到江恩的一句忠告：“要想在股票交易中获利，就必须先获取知识，必须在损失之前就开始学习。许多投资者在进入股市时对股市毫无认识，而且在他们意识到开始交易前有必要进行一段时期的准备工作之前，就损失了大部分本钱。”这是江恩身处股市 45 年以上的经验之谈和总结，也是我解读江恩理论的目的。

江恩理论之于证券技术分析，就如同《易经》、宗教、玄学等之于世俗文化。它们不是大众性的，总是不能被多数人所接受，然而却从没有人能完全否认它们。江恩理论的最大贡献，也许并不在于其神奇的技术，而在于这门技术是一个指引，它树起一根标杆，让别人去努力探索、追寻，在研究自然规律的道路上越走越远。江恩理论告诉我们，世上万物都遵循着自然的波动规律，都遵循着因果关系与协调关系的普遍法则。另外，市场中不能仅存在一种理论，市场是一种动态博弈，每个人都要按照自己的理解，在波动中寻找适合自己的投资方式、投资理念，判断江恩发现的这些规则和方法有哪些东西是适合自己的。

证券市场的历史主要包括两个方面：一是市场交易数据的历史，二是市场参与者的历史。前者可以让我们找出证券价格的运行规律，如江恩发现的，股票和商品期货的价格走势往往会在它们的历史天价上遇到强大的阻力，并且“做头”；后者可以让我们总结前人的成败得失，也如江恩发现的，大多数人亏损的原因是对市场知之甚少。我们希望通过对历史的研究解决三个问题：一是在什么位置出入市，二是在什么时候出入市，三是如何出入市。江恩在这三个问题上建立了自己的一套规则。

每一位研究证券市场的人，实际上都在研究历史。这种研究的一个重要前提就是，证券市场的运行是有章可循的，而这种规律是可以通过适当的方法加以认识的。如果证券市场真是像有些人说的那样是无序的、随机的、毫无规律可循的，那我们还有什么必要研究证券市场呢？

要研究证券市场的正确趋势，就必须学习相关的知识。江恩认为，只有那些为知识花费时间和金钱，并不断学习，永不以为自己无所不知，而是意识到学无止境的人才能在证券市场中获得成功。在生活中，每个人投入多少就能收获多少，“种瓜得瓜，种豆得豆。”江恩本人也是这么做的。江恩曾在《如何在商品期货市场中获利》一书中写道：“在过去40年里，我年年研究和改进我的理论。我还在不断学习，希望自己在未来能有更大的发现。”江恩视投机为一种有利可图的职业，他严谨的工作作风值得每一个人学习。

许多人怀疑，江恩在半个世纪以前使用的市场分析方法和交易规则是否还能运用到今天这个愈加复杂的市场中。这个问题从表面上看似乎有些道理，但是我们不要忘记了，江恩对市场的观察是基于人们对事物以往的认知，而这种认知是对未来的指引。

不知道你想过这些没有，世界上的万物都有自己特定的运行法则，例如物体松手以后会回落到地上、男女自然地会对对方产生兴趣、万物相互依存……究竟是谁规定了上述法则，让它们各自按照自己的运行轨迹有序地、相互制约相互促进地、十分完美地运行？这个答案我们暂不去管它，但仅是“游戏法则”一词就已贵如钻石！它精确地告诉我们：世界的存在不是杂乱的，它是在深刻的自然属性中必然地运作，每一件事的结果都是唯一的、特定的、必然的，它们像一串串刻度被永远地刻在了历史（时间）的坐标上。请永远记住上面这一段文字，否则你将不能解读下面的内容。

在其投资生涯中，江恩的平均成功率高达88%。人们惊叹江恩几乎每次都能判断正确。当然江恩自己也会有些错误，但都不是因为其理论方法本身的缺陷。除此之外，江恩还预测了从他那个时代起人类未来会发生的事，会出现的物体、发明等等，现在看来几乎全部按时间坐标实现了。江恩的思维模式建立在他本人坚信宇宙万物中无不存在着自然规则这一信念之上。江恩有一个虔诚的宗教家庭，来自《圣经》的教诲不仅仅只影响了他的生活。

江恩相信任何事物都遵循着宇宙中的自然规则，而规则的本身是由复杂的物质属性集合而成的，任何物体的运行都是在两者作用下的必然结果。

江恩思想的两个基本要素是：动质和时间。动质是江恩理论的专有名词，其他任何书籍上都没有动质一词。动质极其复杂，我不在此描述。

任何准确的分析都离不开时间，江恩把时间作为进行交易的重要因子，当特定的动质驱动运行时，时间因子会精确地显示事物属性的一一对应特性。

研究江恩理论不是一件容易的事情，正如江恩本人所说的一样，研究他的理论，需要意志和毅力。

天地间有“有其理无其事”的说法，那是因为我们的经验还不够，科学的实验还没有出现的缘故；而“有其事不知其理”的，那是因为我们的智慧还不够。换句话说，宇宙间的任何事物，有其事必有其理，有现象，就一定有它的原理，只是我们的智慧不够、经验不足，找不出它的原理而已。

本套系列丛书沿着两个中心思想创作，一是以江恩出生时候的时代背景为前提，以江恩的成长为主线；二是以证券市场的内在机理为出发点，遵循先定性后定量、基本面解决根本问题、技术面解决具体问题的原理。为了尽量保持江恩原著的真实性，我们以江恩的原著为蓝本，充分尊重原著的思想。为了全面地诠释江恩理论，我们也吸收了其他江恩理论研究者的发现和思想，同时还吸收了其他理论的精髓来诠释江恩理论，以填补江恩理论由于所处时代而导致的不足，尽量展现适合当今市场，尤其是中国证券市场的技术分析方法。

股票投资/投机是一门艺术科学，既有其科学规范的一面，又有其只可意会不可言传的一面。无论你是师从技术分析方法，还是紧跟价值投资思路，抑或两者兼备，投资这项游戏的规则都已经规定，除了在某些特殊阶段以外，总体来说只有少数人能成为大赢家。健将是可以培养和锻炼出来的，而冠军，除此以外还需要天赋和一点运气。学习，可以帮助我们挖掘自己的潜能，并至少能够向一名健将去发展。

我们继承的是江恩的思想，狭义的江恩理论是江恩建立的理论框架和交易规则、技巧。广义的江恩理论是继江恩之后，所有研究江恩理论人士多年来从江恩理论体系衍生发展出来的一系列著作。提到江恩理论，人们还定义在狭义层面，而事实上，在美国，研究江恩理论的专业人士已经涌现出一大批了，还成立了一个江恩理论研讨会的组织机构，每年定期召开会议，以交流学习对江恩理论新的发现，还有公司专门研制出江恩理论的证券分析软件。

我这次收集整理出版的这套系列丛书就是建立在江恩和一大批江恩理论研究人士大部分研究成果的基础上的，所以说，现在的江恩理论不单单是江恩所著的原著，还包括其他研究者所发现的，在江恩原著的基础之上发展的所有著作。打一个很不恰当的比喻，就好像毛泽东思想是老一辈无产阶级的结晶的道理一样，江恩理论也是所有为理论的发展而努力的人的结晶。

今天我们研究江恩理论所要走的路线因为大部分人以前还没有接触过，所以我们在这里先要使大家知道怎样去读江恩理论，先从怎样去认识它、怎样去了解它开始。至于深入的研究，有人研究了一辈子，也没有搞清楚，包括我在内，研究了十多年，还跟一个初学的人差不多。实际上，要解读好江恩理论这套经典技术分析理论，我自己都是战战兢兢的，觉得自己非常肤浅，没有办法向大家交代，可以提供给大家的，只是一块敲门砖而已。

何造中

前 言

江恩曾为自己所著的《探测股票趋势的新规则》一书写下如此引言："就像侦探会从犯罪团伙留下的线索中掌握这个团伙的习惯一样，一名华尔街的侦探也会发现可以找到判断买方和卖方力量对比或市场庄家下一步意图的线索。无论股票价格是向上移动还是向下移动，都是由买入和卖出股票的人的大脑决定的，他们都希望在将来结束交易后赚取利润。一个人的所思所想都可能被其他人猜测出来，因为毕竟人的本性永远不变。通过对个股的研究，以及应用可以探测并确定个股趋势的交易规则，就能够在股市中赚大钱。"

本书写作的宗旨是用江恩《探测股票趋势的新规则》一书中所说的那些探测股票趋势的新规则来对中国的股票进行分析、解读，试图把这些"侦探技术"灵活运用于中国股市，为中国的投资者分析股票提供一种新的视角。

下面我就对本书的内容，做一些简单的阐述。

本书第一章和第二章主要回答了两个许多投资者都会问到的问题，第一章回答了哪些股票是适合我们买入的股票，第二章回答了我们应该在何位置买入股票。

股票的顶部和底部是股票投资者经常讨论，却难以有一个定论的话题，第三章的内容是分析上一次行情的顶部和底部对于目前股价的支撑和压力的作用，从而利用这些作用使我们寻找投资机会并且规避风险。

在目前的中国股票市场，投资者最为希望的行情便是牛市了，本书第五章、第八章和第十章分别探讨了牛市中的领涨股票的投资思路、牛市中我们应该规避的弱势形态股票和在牛市结束后第二年还能继续创下新高，并且能够有较大涨幅的股票的特征。

虽然股指期货于2010年4月便已经推出，无奈投资门槛较高，大部分中小投资者被拒之门外，所以中国股票市场对于大部分投资者来说，还只是一个单边的不成熟市场，在这样的市场情况下，投资者最憎恨的应该就是熊市的行情，一旦在熊市初期没有及时卖出股票，很有可能被深度套牢，资金也有可能受到重创。

在本书的第四章和第七章专门介绍了熊市的有关应对措施，第四章介绍了熊市早期领跌股的特征，帮助投资者规避那些极有可能成为领跌股的股票，第七章介绍了在熊市末期那些因恐慌而继续暴跌，创下新低的股票，帮助投资者正确认清市场，从恐慌的情绪中走出来，尽早寻找投资机会。

本书的第六章介绍了那些走势非常独立的股票，帮助我们能够有意识地即时识别出股票的强弱，更好地利用股市中强者恒强、弱者恒弱的定律，使我们的投资变得更加有效率。

本书第九章则对牛市中股票的回调时间和熊市中股票的反弹时间做了详尽的统计，对江恩所提出的会跳或者反弹不足2～3个月的规律进行了验证，并且从中发现了许多具有中国股市国情的规律。

书中所提及之投资理念即原则都是具有特定的大盘环境的，希望阅读本书的投资者准备好随时翻阅大盘过往走势的准备。因此，投资者朋友在运用本书的有关规则去进行投资的时候，一定要弄清当前的大盘环境、个股的技术面环境以及个股的基本面环境，只有这三者同时符合书中所说的规律，形成共振时，此时投资获利的概率才会大大增加。

目　录 CONTENTS

第一章

适宜买入的股票

适宜买入的股票，是指那些表现活跃、符合交易规则且趋势明确的股票。但总是会有一些股价走势奇特的股票或其他一些股票不符合交易规则。我们不需要理会这类股票。我们不要去买入股价波动区间较窄的股票，除非这只股票的股价突破了振荡区间的顶部，并伴随着成交量的放大和交易的活跃。

——江　恩

江恩在几十年之前就明确告诉我们，表现活跃、符合交易规则和趋势明确的股票才是我们买入股票的标的物。如果我们买入股票的标的明显的不符合这些特征，最有可能的就是我们买入的股票在几天甚至几个月内难以有好的表现，很难为我们带来超额收益。

那么这又是为什么呢？

要弄清楚这些问题我们就要先弄清以下几个问题：什么是表现活跃、符合交易规则和趋势明确的股票？我们为什么要购买符合这样类型的股票？我们应该买入何种类型的股票？

以上提出的问题正是本章我们需要解决的问题。

为了让大家能够更加清晰地弄清楚这些问题，我们先逐一分类讲述，最后在将这些因素结合起来。

第一节　表现活跃的股票

一、表现活跃的股票概述

在和大家谈到表现活跃的股票之前，我先带大家来认识一个与股票有关的术语——股性。许多炒股的人经常都会听过股性这个词，但是其真正的含义又是什么，下面我就为大家揭晓。

股性又称“股票的市场表现”，是指个股价格对大市变动的敏感程度，即股票的活跃程度、弹性程度，其可用 β 系数来表示。

股性是股票的一种外生特征，它是由投资人行为所赋予的，具有相对稳定的特性。一种股票进入流通市场后，往往会有一些特别的经历；或者被恶炒而大败，留下一大批套牢筹码；或者多次飙升而让许多投资人大获其益；或者有长期庄家照看；或者筹码分布与众不同，等等。股票的特殊的市场经历会建立特殊的市场基础和市场形象，因而在市场竞争中也会形成特殊的市场表现，它对股票价格的定位与变化有极强的作用。

股性的β系数

股票市场表现的强弱可用β系数表示。

β系数=某种股票的预期报酬－该期报酬中的非风险部分整个股票市场的预期报酬－该期报酬中的非风险部分。

当某只股票的β值等于1时，表示其价格与大市变动的方向及幅度完全一致；当β值大于1时，表示该股票的上涨幅度大于大市涨幅，该类股形成市场中的强势股；当β值小于1时，表示该股票的上涨幅度要小于大市涨幅。β值通常在0.5～1.5之间，数值越大，股票的市场表现越强，投资人盈利的水平也越高，同时市场风险也越大。β系数对于测定个股的市场表现及相应的市场风险，进行个股及股票投资组合选择，具有重要的参考价值。

股票的市场表现还可以用其他较简单的方法进行。例如，将个股的相对强弱曲线与大市的相对强弱曲线进行对比分析；直接将几个多头行情中的个股升幅与大市升幅进行比较；调查市场中有经验的投资者的感觉，等等。

股性的形式

总体而言，股票的股性可以分为三种：

一是股性“活”的股票。由于这类股票要么有长庄进驻；要么业绩优良；要么有炒作题材等。所以，每当股市有行情时它们往往率先启动，即使在大盘低迷之时也会常常有所表现。毫无疑问，股性活跃的股票总是最受投资者的追捧。

二是股性“死”的股票。由于这类股票要么盘子较大；要么业绩太差；要么群众基础不好等，所以这类股票股性表现“呆滞”，每当股市有行情时它们也是慢半拍，而且也是一闪而过；如果大市低迷，它们更会率先下挫。

三是介于股性“死”和“活”之间的股票。它们既不会领先于大盘提前反应，也不会落后于大盘行情。

从上面介绍的股性的概念来看，股性“活”的股票是满足活跃股票的条件之一，然而活跃的股票还有其他的特征。

下面我们就来继续看看满足活跃股票的其他条件。

影响股票活跃程度的其他因素还包括股票的成交量、换手率和波动率。

对于成交量，如果一只股票在一段时间的成交量明显的大于之前一段时间的成交量，这就说明这只股票相对于之前一段时间更加活跃，而此时我们可以认为该股最近开始活跃。相反的，如果成交量相对于之前一段时间不但没有增加反而急剧缩小，那么我们就认为该股票相对于之前变得更加不活跃。

在这里需要注意的是，我们不能把不同股票的成交量金额去进行对比，因为不同的股票，成交量规模不相同，有些大盘股票即使成交量大于小盘股，但是有可能他们比那些成交量小的小盘股要更加的不活跃。相反，一些小盘股虽然成交量小，但是要比那些成交量大的大盘股更加活跃。因此，每只股票成交量是一个绝对的指标，他只能对一只股票进行纵向比较，如果要进行横向的比较就显得非常困难了。

要进行横向的比较我们就要引入换手率的概念了。

“换手率”也称“周转率”，是指在一定时间内市场中股票转手买卖的频率，是反映股票流通性强弱的指标之一。

下面我们来看看换手率的一些现实意义：

第一，股票的换手率越高，意味着该只股票的交投越活跃，人们购买该只股票的意愿越高，属于热门股；反之，股票的换手率越低，则表明该只股票少人关注，属于冷门股。

第二，换手率高一般意味着股票流通性好，进出市场比较容易，不会出现想买买不到、想卖卖不出的现象，具有较强的变现能力。然而值得注意的是，换手率较高的股票，往往也是短线资金追逐的对象，投机性较强，股价起伏较大，风险也相对较大。

第三，将换手率与股价走势相结合，可以对未来的股价作出一定的预测和判断。某只股票的换手率突然上升，成交量放大，可能意味着有投资者在大量买入，股价可能会随之上扬。如果某只股票持续上涨了一个时期后，换手率又迅速上升，则可能意味着一些获利者要套现，股价可能会下跌。

第四，相对高位成交量突然放大，主力派发的意愿是很明显的，然而，在高位放出量来也不是件容易的事儿，一般伴随有一些利好出台时，才会放出成交量，主力才能顺利完成派发，这种例子是很多的。

第五，新股上市之初换手率高是很自然的事儿，一度也曾上演过新股不败的神话。然而，随着市场的变化，新股上市后高开低走将成为现实。显然已得不出换手率高一定能上涨的结论，但是换手率高也是支持股价上涨的一个重要因素。

第六，底部放量的股票，其换手率高，表明新资金介入的迹象较为明显，未来的上涨空间相对较大，越是底部换手充分，上行中的抛压越轻。此外，目前市场的特点是局部反弹行情，换手率高有望成为强势股，强势股就代表了市场的热点，因而有必要对他们加以重点关注。

在一般情况下，大多股票每日换手率在 1% ～ 2.5% 之间（不包括初上市的股票）。70% 的股票的换手率基本在 3% 以下，3% 就成为一种分界。那么大于 3% 又意味着什么？当一只股票的换手率在 3% ～ 7% 之间时，该股进入相对活跃状态。在 7% ～ 10% 之间时，则为强势股的出现，股价处于高度活跃当中。在 10% ～ 15% 之间，大庄密切操作。超过 15% 的换手率，持续多日的话，此股也许成为最大黑马。这里我们要与之前的换手率的现实意义相结合，一定要在市场环境不错，且股票不是出于相对市场高点时出现的换手率持续较大的情况。这是因为当市场处于顶部时，持续的高换手率可能意味着股票主力的派发出逃，这是一种非常危险的情况，所以我们要结合股票的具体情况进行分析。

按照上面的介绍，如果一只股票在中低位时，换手率大于 3% 或者更多，就表明该股票比较活跃，但是我们同时需要根据股票之前的换手率进行综合分析。因为如果之前股票的换手率一直很高，虽然最近换手率也是大于 3%，但是较之前有大幅度下降，这也说明这只股票最近并没有充分活跃起来。所以我们要综合不同个股之前和单只个股前后的状况来判定个股是否处于活跃状态。

除了换手率，还有一样重要的因素影响到股票的活跃程度，那就是股票的波动率。对于股票市场，衡量这个波动率指标最重要的指标就是振幅，下面我们就来看看振幅这个波动率指标。

振幅是指开盘后最高价、最低价之差的绝对值与股价的百分比。

在股票分析中，股票振幅是指某股票在一定时期中的最低价与最高价之间的振荡幅度，它在一定程度上表现股票的活跃程度。如果一只股票的振幅较小，说明该股不够活跃，反之则说明该股比较活跃。股票振幅分析有日振幅分析、周振幅分析、月振幅分析等类型。如分析股票日振幅，该股票当日的最高价是 15 元，最低价是 13 元，那么该股票当天的振幅就是 15.38%。周振幅分析、月振幅分析可以此类推。

目前，股票振幅的计算主要有两种方法：

股票振幅 = 当期最高价 ÷ 当期最低价 × 100% － 100%

如上例，其计算的结果，当日该股票的振幅为 15.38%。由于这种计算方法其数据全部采用股票当期所反映的实际数据，因而所反映的结果是当期的真实运行状况。

股票振幅 = （当期最高价 － 当期最低价） ÷ 上期收盘价 × 100%

如上例股票，上日的收盘价是 14.5 元，当日的最高价是 15 元，最低价是 13 元，那么该股票当天的振幅就是 13.79%。

但由于这个方法其中采用了一个上期数据，因而如果上期数据不同，即使当期数据不变，其计算结果也会有所不同。如该股票的上日收盘价是 13.5 元，那么计算出的当天振幅是 14.81%，与上面所计算的结果有相当差距。

综上所述，如果一只股票股性活跃，成交量较之前一段时间有所增加，换手率处于较高的状态，同时股票在最近的一段时间每天振幅都处于较大的状态，正是说明该股票处于活跃的状态。对于这样的股票，我们需要保持高度的关注。

下面我们就来看几个案例，看看何为表现活跃的股票，何为表现不活跃的股票。

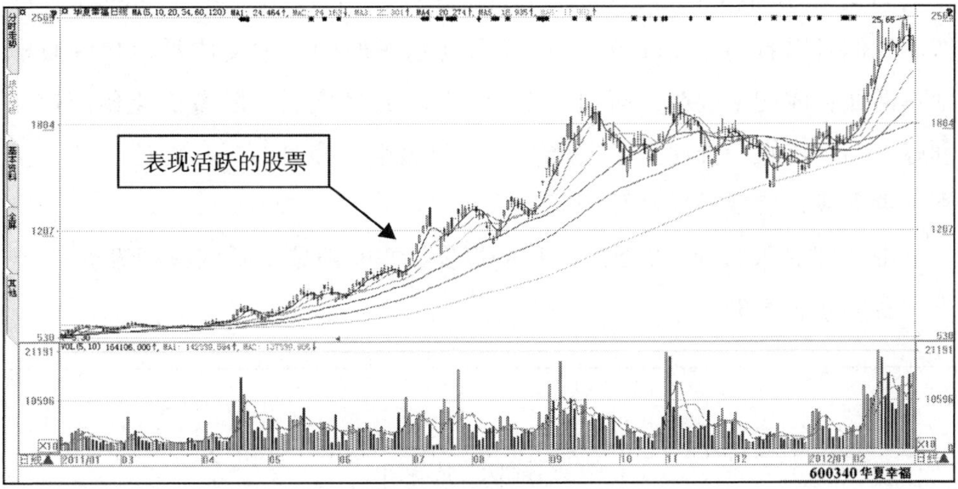

图 1 - 1

图 1 - 1 是华夏幸福（600340）自 2011 年 1 月至 2012 年 2 月的日 K 线图。从图中我们可以看到，自 2011 年 4 月开始，华夏幸福便开始放量上升，此后股价更是逐级上升，不论股价振幅还是股票的成交量都比之前高出了一个水平，这正是我们所说的表现活跃的股票。

接下来我们继续来看一个案例。

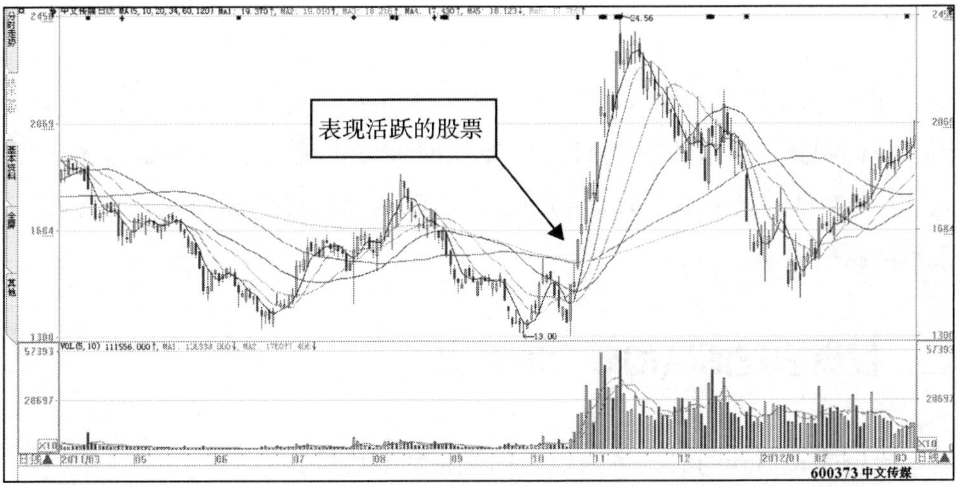

图 1 - 2

图 1 - 2 是中文传媒（600373）自 2011 年 3 至 2012 年 3 月的日 K 线图。我们可以看到，2011 年 3 ～ 10 月初这段时间，中文传媒表现一直非常不活跃，成交量低迷，而到了 2011 年 10 月底之后，随着文化传媒产业利好不断，传媒股价迎来了大爆发。在短短半个多月时间里，股价放量上涨了近七成，表现得异常活跃。

中文传媒 2011 年 10 月底之后的爆发，正是股票活跃的典型表现。

我们来看案例三。

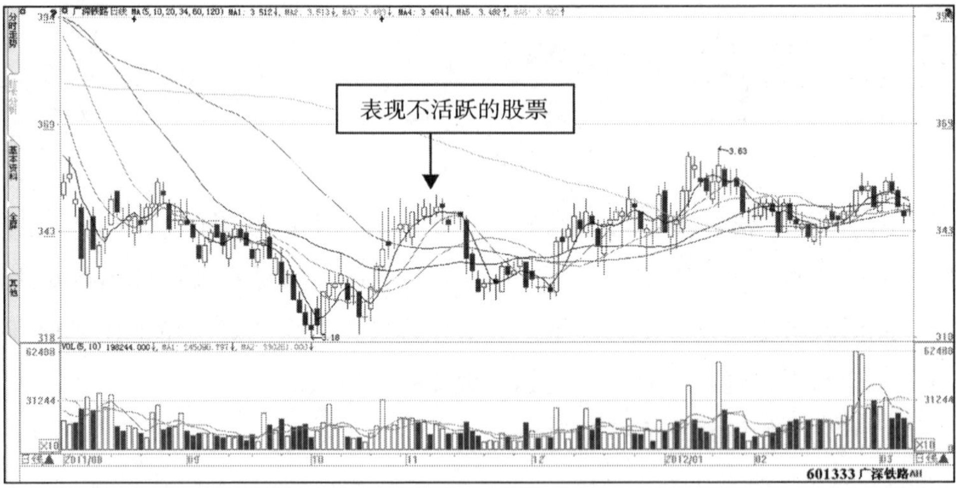

图 1 - 3

图 1 - 3 是广深铁路（601333）自 2011 年 8 月至 2012 年 3 月的日 K 线图。我们看到，在这段时间日，广深铁路波动非常小，成交量也不够活跃，7 个多月的换手率也只有 43%，像广深铁路这样的股票正是典型的表现不活跃的股票。

二、投资表现活跃的股票的意义

投资表现活跃的股票可以给我们带来如下好处：

第一，表现活跃的股票由于成交量大，波动频繁，可以给我们带来更多的投资和套利的机会。

第二，表现活跃的股票，是所有股票中的少数品种，但是这些品种是一个阶段涨幅领先的品种，投资这些股票，可以达到事半功倍的效果，给我们带来更加丰厚的收益。

第三，表现活跃的股票，由于其成交活跃，可以容纳更多的资金参与操作，形成龙头股和龙头板块，成为领涨的先锋。

第四，投资表现活跃的股票，是我们根据形势分析，分清主要矛盾，抓住重点的哲学思维的一种运用，会让我们的投资变得更加轻松和顺畅。

三、表现活跃股票的投资思路

对于表现活跃的股票，是我们投资中的重要投资标的，那么在实战中，我们应该如何选择表现活跃的股票呢？

下面我就来为大家揭晓答案。

在我们投资过程中，我们要选择股性活跃、成交量较之前一段时间有较大增加，换手率比其他同类股票要持续活跃同时波动率在最近阶段保持较高的股票作为我们的投资标的。因为这样的股票，只要在大盘处于比较安全的区间，且个股本身不是处于极端高位的情况下，一般都会给我们带来不错的收益。

下面我们来看几个案例。

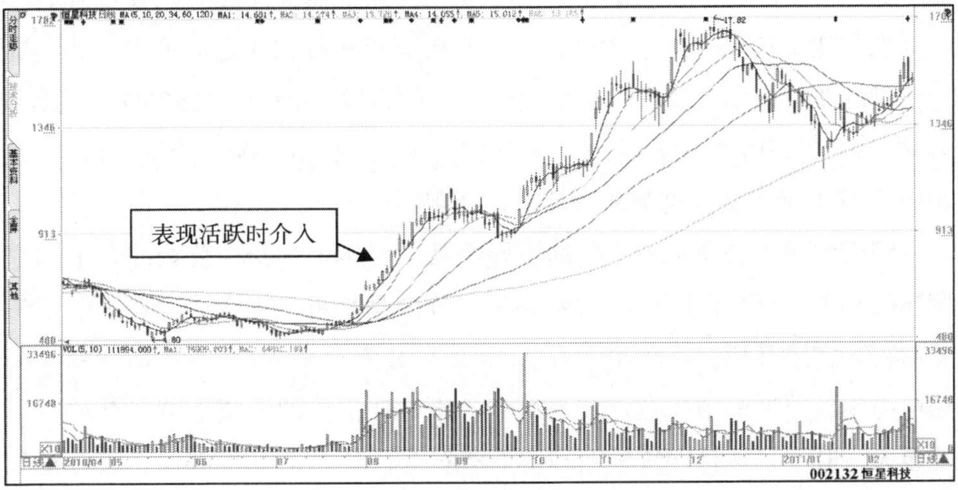

图 1－4

恒星科技（002132）是一家从事子午轮胎用钢帘线、胶管钢丝的研究、开发、生产和销售的公司。公司前身为成立于1995年7月12日的巩义市恒星金属制品有限公司，2004年3月整体变更为股份有限公司。公司位于河南省巩义市，2007年4月，恒星科技在深交所上市，发行4100万股，募集资金3.28亿元。

图1-4是恒星科技自2010年4月至2011年2月这段时间的日K线图。进入到2010年7月之后，大盘逐步见底企稳，恒星科技也逐步脱离底部区域。2010年8月初开始，恒星科技便开始放量大涨，表现异常活跃，鉴于此时大盘也是刚刚见底不久，同时恒星科技也是刚刚开始表现活跃，我们判断此时再介入恒星科技位置并不算高。随后，恒星科技一路上扬，4个月上涨了149%。

当然，恒星科技能有如此傲人的涨幅，同样有着其背后基本面的因素刺激，下面我们来看看当时恒星科技的基本面亮点。

第一，产能得到释放，导致公司营业收入大幅增加。

2010年1～6月，公司实现营业收入8.92亿元，同比增长78.91%；营业利润3914.76万元，同比增长20.72%；归属母公司所有者的净利润2854.82万元，同比增长2.57%。实现每股收益0.12元，略低于预期。

收入大幅增长主要是源于产能释放。报告期内，公司2万吨钢帘线募投项目投产，产能翻番，预应力钢绞线产能已经达到20万吨。上半年收入增长主要原因是上述两个项目产能释放，钢帘线、预应力钢绞线营业收入分别同比增长58.4%、89.1%。公司在今年6月完成定向增发，募集资金建设的2万吨钢帘线项目将使钢帘线产能将较2009年增长50%，达到6万吨，预计2010—2011年的产量分别为4万吨、5万吨；预应力钢绞线2010—2011年产量分别为9万吨、13万吨。

钢帘线成为公司利润贡献的主导产品。今年上半年，公司综合毛利率同比微降1.17个百分点，至14.58%。分产品来看，钢帘线受益下游子午轮胎行业需求旺盛，毛利率上升7.45个百分点，至26.59%；但镀锌类和预应力钢绞线产品市场竞争较为激烈，原材料价格的大幅上涨对其盈利影响较大，其中，镀锌钢绞线毛利率下滑6个百分点，至8.45%；镀锌钢丝毛利率下滑 1.4 个百分点，至 12.17%；预应力钢绞线毛利率下滑 6.5 个百分点，至 12.7%。由于钢帘线收入占比只有 23.4%，因此其他产品盈利能力的下滑拉低了公司整体的盈利能力。钢帘线毛利占比达到 42.64%，第一次超过镀锌类产品，成为对公司利润贡献的主导产品。

第二，进军新能源领域，"超精细钢丝" 大有可为。

公司正在实施年产 5000 吨超精细钢丝项目。据了解，切割钢丝是直径在 70 ~ 200μm 的镀黄铜高碳钢丝，用来切割太阳能电池用的多晶硅以得到半导体晶片，以及切割水晶振子。切割钢丝需要如下特点：切割前后钢丝磨耗较小、高的切割精度，为了减小切口损耗，要求钢丝的直径很小，且具有高强度，是一种耗材。公司预计 8 月底完成项目论证。预计投资 1.8 亿元，建设期 12 个月，不过公司为尽快将超精细钢丝产品推向市场，将利用原有钢帘线前期生产设备为该项目提供半成品，公司预计下半年超精细钢丝产量为 300 吨～ 600 吨，按照市场价 11 万元/吨计算，可增加收入 3300 万～ 6600 万元，参考市场同类产品 40% ～ 60% 的毛利率，该产品在今年下半年可贡献毛利 1300 万～ 3900 万元。假设 5000 吨达产，按照同样的方法计算，每年可贡献收入 5.5 亿元，贡献毛利 2.2 亿～ 3.3 亿元，取中位数 2.75 亿元，按 8% 的费用率和 15% 的所得税计算，可贡献净利润约 1.96 亿元，增厚 EPS 为 0.73 元。

随着我国多晶硅产能的扩张，作为多晶硅生产的辅助材料和耗材，切割钢丝销售空间将得到扩张，公司该项需求前景良好。

第三，股权处置增厚业绩。

公司于 2008 年年底参与认购风神股份增发 1000 万股，认购价 5.03 元，公司公告称将在适当时机处置所持股份，截至 8 月 26 日，风神股份收盘价 11.38 元，公司的股权增值 6350 万元，假设按该价格全部处置，可增厚 EPS 约 0.36 元。

第四，进军太阳能电池行业。

2010 年 9 月，公司设立全资子公司恒星光伏公司，主要为公司下一步进入太阳能电池行业做准备工作，计划由其负责太阳能电池硅片及组件的生产销售。公司目前参股企业洛阳万年硅业主要生产多晶硅原料，用于太阳能电池硅片切割工艺的超精细钢丝项目已投资建设。我们认为此次公司投资涉足太阳能电池行业目的是覆盖太阳能产业链。太阳能产业前景良好，公司多元化战略是值得期待的。

对于基本面有着这么多利好的恒星科技，在其股价刚刚活跃，股性激活之际介入是非常明智的选择。当然，投资者要注意的是，公司的业绩是不是有确定性的预期，同时大盘的环境是否适合投资。

我们继续来看一个案例。

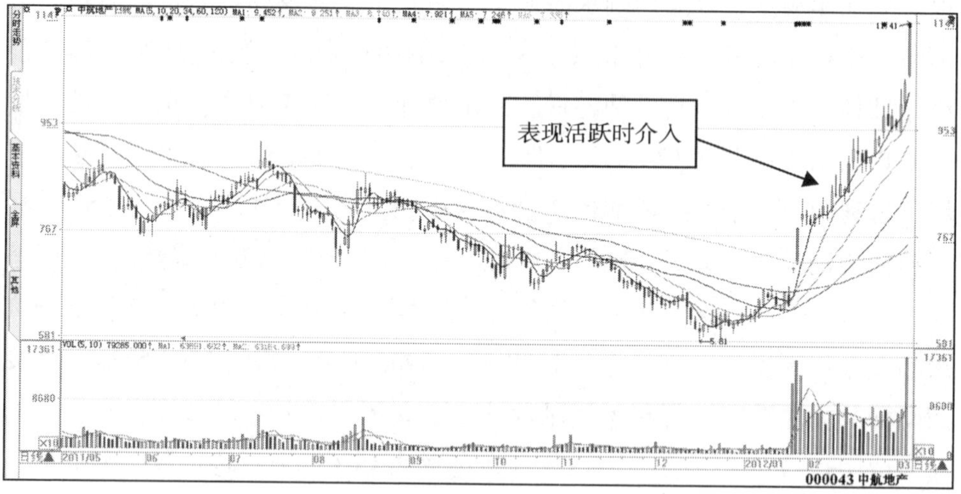

图 1－5

中航地产（000043）是一家从事工业实业、旅游服务业（包括四星级标准酒店、酒楼、干洗公司）、房地产（包括物业、建筑装饰）的公司。

图 1－5 是中航地产自 2011 年 5 月至 2012 年 3 月的日 K 线图。从图中可以看到，2012 年 1 月下旬开始，中航地产股价开始放量上涨，表现逐渐活跃起来，在 2012 年 1 月后，大盘逐渐开始企稳上涨。在这样的环境下，中航地产还具备继续上涨的潜力，在其股价刚刚活跃之际，是我们介入的好时机。当然，我们也要考察该股的基本面，如果中航地产的基本面不理想，那么出现这样的大幅上涨，则是我们抛出股票的时候。

下面我们来看看中航地产的基本面情况。

我们来看看 2012 年 2 月，国金证券对于中航地产的调研简报，内容如下：

中航地产选择了一条既有前景，又能最大化释放自身优势的经营之路，即城市综合体开发。而经过多年的播种，公司综合体开发模式日渐成熟，部分项目即将进入收获期，中航城品牌的影响力也将更多地被市场所认知。按大类产品业态划分，商业项目合计与住宅部分的比例为1∶2.2。

综合体是产业结构高级化和消费升级的必然产物。第三产业产值和就业比重上升趋势不可逆转，会引致提升办公和消费需求，而综合体所具备的较强的复合性功能，对区域集聚性和效率提升最为明显。因此，综合体开发非常受地方政府欢迎。公司的商业地产开发具有较高起点，并和大股东旗下的天虹商城建立天然合作关系，这使得公司更容易获得综合体项目的开发权。

在以住宅为调控重点的大背景下，综合体项目的多重产品线能够分散经营风险。并且公司本身由于聚焦于三四线城市，所开发项目受限购影响较小，总储备中仅有14%为位于限购区域，未来经营风险不大。

中航系唯一地产上市平台。公司大股东中航工业集团是由中央管理的国有特大型企业，而公司是集团中唯一的地产上市平台。集团于2011年年初获得特批保留地产业务，获准保留地产业务后，集团将会更加珍惜公司这一平台，加速集团内部的地产业务的整合进程。

各项指标居行业前列：三季度末公司每股现金2.8元，每股预收款6.2元，分列地产上市公司第17和第11位。11年动态市盈率为6.75，在重点公司中最低。三季末公司资金余额仅为短期借款一年内到期非流动负债的59%，且大股东新增15亿元的贷款额度能够缓解资金压力。

投资建议

预计公司2011年、2012年每股收益分别为1.29元、1.41元，动态市盈率分别为6.9倍和8.2倍；公司每股NAV为14.95元，折价幅度达到40%，安全边际较高。由于投资性房地产公允价值评估对公司最终每股收益影响较大，剔除这部分影响，公司2011年、2012年每股收益分别为0.82元、0.99元，由于公司盈利模式独具特色，给予公司在12年剔除公允价值变动后 11 ～ 12 倍市盈率，目标价格在 10.89 ～ 11.88 元之间，建议买入。

通过上面的研究简报，我们发现，虽然处于调控类的地产业，但是另辟蹊径的中航地产的主营业务是城市综合体业务，成功分散了地产调控的风险，同时公司业绩也是稳步增长，且公司估值非常低廉，这些都是中航地产在活跃之后继续上涨的重要原因。

对于那些突然活跃起来的股票，只要大盘环境适合，同时公司的基本面也非常优秀，这样的股票我们便可以大胆介入。

第二节　符合交易规则的股票

一、符合交易规则的含义

俗话说：工欲善其事，必先利其器。进入到股票市场，就要了解市场的游戏规则，我们通常所说的股票交易规则包含了两层意思。一层就是我们在股票投资过程中需要知道股票交易所已经买卖股票过程中所需要了解的规则，这是浅层次的含义，另一层意思，也是更深层次的交易规则含义就是一切指导我们买卖股票的品种和时机的所有方法都可以称之为交易规则。

因此，符合交易规则的意思就是在当前情况下我们按照当前的状况，结合之前众多的买卖股票的思路，选出最适合当前操作的一个或者多个思路，并按照这些思路去执行。这就是我所说的符合交易规则。

二、按照适当的交易规则进行股票投资

上面我们提到，交易规则是多种多样的，因此我们在股票操作中就要根据当前的情况去选择适合当前操作的一个或者几个交易思路。

例如，在牛市中，我们往往遵循长期持有的交易思路，而在振荡市场，我们往往会做一些套利的操作，而在弱势市场我们往往只会进行极少量的操作。

下面我们就来看看在不同的情况下我们使用不同的交易规则的具体案例。

我们先给大家看看在弱势市场中的横盘套利的案例。

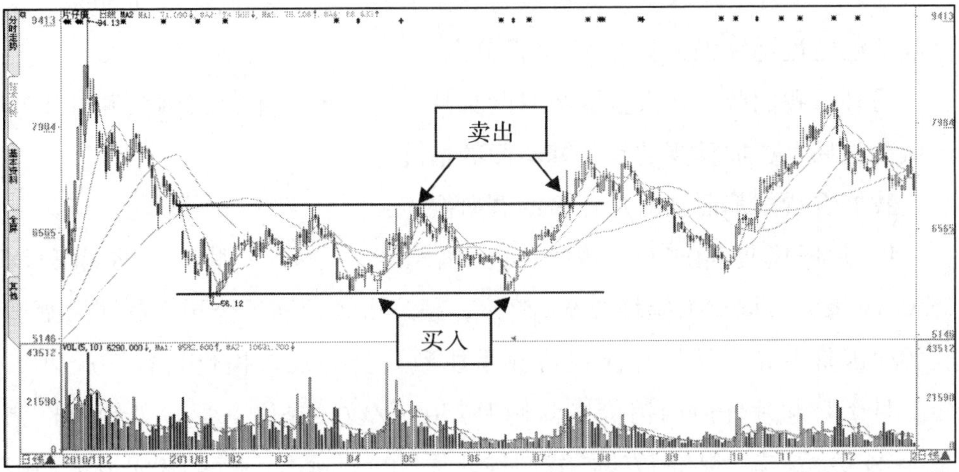

图 1－6

片仔癀（600436）是一家从事片仔癀系列及其他中成药品的生产经营的公司。公司由漳州片仔癀集团公司作为主发起人于 1999 年 12 月发起设立。集团公司的前身为组建于 1956 年的漳州市制药厂，漳州市制药厂于 1993 年改制为国有独资企业漳州片仔癀集团公司。1999 年 12 月，集团公司将与药业有关的经营性资产作为出资，与集团公司工会、漳龙实业有限公司、福建省药材公司、福建省漳州医药采购供应站共同发起设立本公司，总股本为 10000 万股。1999 年 12 月 28 日，公司取得福建省工商行政管理局签发的营业执照。2003 年 6 月，片仔癀登陆上海交易所，发行 4000 万股，融资 3.42 亿元。

图 1－6 是片仔癀（600436）的日 K 线图。通过该图我们发现，片仔癀自 2010 年 11 月调整之后，股价便回归振荡整理走势，2010 年 1 月后，虽然大盘经历了一波较强的反弹，但是片仔癀涨幅不大，并且已经于 2011

年 3 月中旬先于大盘见顶下调，至大盘 4 月见顶时，片仔癀已经达到阶段底部区，正式形成了矩形振荡格局，此时我们就可以果断介入片仔癀做横盘整理套利，至 2011 年 5 月，片仔癀达到前期振荡高点，我们可以抛出，这一波段我们可以获利 15%，随后片仔癀于 2011 年 6 月与在此跌至振荡低点，我们再次买入套利，2011 年 7 月 15 日，片仔癀在此达到前期振荡高点，我们再度抛出，获利 19%。

从 4 ～ 7 月下跌以来，大盘最高下跌了 14%，而我们却获利 36%。这个收益已经远远领先大盘近 50 个百分点。

另外，我们敢于在大盘弱势时购买片仔癀套利，不仅仅因为其处于矩形振荡格局，更加重要的是其基本面的情况。

我们看看国都证券对片仔癀的调研要点：

1. 片仔癀提价放量，净利润大幅增长。公司一季度实现净利润 6550.19 万元，同比大幅增长 95.53%，超过市场预期。公司净利润大幅增长的原因是主导产品片仔癀提价放量所致。公司发布提价公告，从 2011 年 1 月 1 日起片仔癀内销价格调整为 220 元/粒，提价 10%；外销价格调整为 24 美元/粒，提价 17%。我们预计片仔癀提价后，仍有 10% 以上的销量增长，预计一季度片仔癀销售收入约 1.2 亿元。由于片仔癀占公司业务结构 80% 以上，提价使产品毛利率小幅上升，致公司收入增幅大于成本增幅。公司未来根据中药材价格还可能对片仔癀进行提价，将成本压力转嫁至消费终端，因此中药材涨价对公司整体毛利率影响较小。

2. 药妆系列增势显著，有望成为公司新的利润增长点。今年公司计划把化妆品和日化产品作为新的经济增长点，因此增资对子公司片仔癀化妆品公司进行搬迁改造，并加大对片仔癀药妆的广告投入。品牌中药在药妆、日化产品等大健康领域延伸的优势显著。2010 年我国药妆市场约为 480 亿元，未来仍将保持 20% 的年增长率。目前拥有药妆系列的中药上市公司较少，无疑公司是中药药妆系列的领军人，有望充分分享行业增长带来的收益。我们预计一季度药妆系列销售收入同比增长在 70% 以上，未来有望成为公司新的利润增长点。

3. 盈利能力稍有改善。公司一季度综合毛利率同比上升 10.8%，盈利能力微幅提升。毛利率提升系主导产品片仔癀提价放量所致，其他产品增长平稳。一季度公司销售费用率大幅提高，同比增长133.37%，主要原因是子公司福建片仔癀化妆品公司为增加销售，加大产品宣传广告投入所致。

4. 首次给予公司“短期－推荐，长期－A”的投资评级。我们预计公司2011—2013年的每股收益分别为1.57元、1.82元、2.11元，目前股价对应2011—2013年的动态市盈率分别为42倍、36倍和31倍。我们认为未来公司片仔癀产品仍有提价预期，且VIP营销策略成效较为显著，公司业绩还有可能超预期，我们首次给予公司“短期－推荐，长期－A”的投资评级。

通过大券商的调研报告我们发现，片仔癀能够有如此抗跌的表现，的确是因为其良好的业绩情况，自2008年以来，片仔癀的年度每股收益基本都在1元以上，且近年来有加速增长之势。

强大的业绩支撑和安全边际是我们在大盘处于弱势阶段敢于大手笔参与盘整套利的根本原因。

我们再来看一个我们在弱势市场投资的案例情况。

宁波韵升（600366）是一家从事钕铁硼永磁材料、八音琴、电机产品的生产和销售的公司。公司于1994年1月经宁波市体改委批准，以宁波市东方机芯总厂（现宁波韵声精机公司）、宁波中农信国际贸易总公司、宁波中建房地产开发公司江东分公司、宁波江东曙光工业公司、鄞县东方压铸厂5家单位为发起人，并吸收内部职工参股，以定向募集方式设立。1994年6月办理工商登记。2000年10月，公司登陆上海交易所，发行3500万股，融资3.6295亿元。

图1－7是宁波韵升自2011年3月至2011年10月的日K线图。2011年4月之后，上证指数便进入了下跌浪中，直到2012年年初，我们也很难断言下跌浪已经完全走完，在这漫长的下跌浪中，偶尔会有一些反弹，在大盘的反弹阶段，当那些之前有资金吸纳并跌至之前资金吸纳成本区附近之时，这就是我们买入股票的好时机。2011年8月上旬，宁波韵升股价进入到了之前主力资金建仓吸筹的成本区域附近，随着大盘在2011年8月的

图 1－7

阶段性小反弹，宁波韵升在此后迎来了爆发，股价在 14 个交易日上涨了 46%。

当然，宁波韵升股价能够在大盘处于下跌段中逆市上扬，与其基本面的催化作用有着重大的关系，接下来我们来看看当时宁波韵升的基本面的亮点。

1. 高端磁材龙头，竞争优势明显。公司已于 2001 年取得 NEOMAX 和 MQI 公司专利许可，并通过自身努力成功挤进高端钕铁硼市场，目前公司共拥有烧结钕铁硼磁性材料大约 5500 吨的产能，其中宁波有 3000 吨，包头有 2000 吨，同时公司在宁波还有 500 吨左右的黏结钕铁硼产能。尽管从技术和产能上看，公司都低于中科三环，但公司高端磁材比重和毛利率都略高于中科三环。随着钕铁硼市场的拓展和稀土价格上涨逼迫下游整合加剧，我们认为公司凭借磁机电一体化和产品结构高端化的优势，在钕铁硼磁性材料领域中的竞争优势将会愈加明显。

2. 新建项目投产，产能进入释放期。截至 2010 年年底，公司非公开募投的直流无刷微型电机关键部件（KPM）扩能改造项目和 KPM 坯料和磁钢（包头）生产基地项目都已建成投产，其中 KPM 坯料和磁钢（包头）生产基地项目是直流无刷微型电机关键部件（KPM）扩能改造项目的配套项目。该项目的建成将使公司增加年产 1000 吨高性能 KPM 坯料的生产能力和年产 1.2 亿件各类 KPM 磁钢的精加工生产能力，公司 KPM 年精加工能力也将从 9600 万件增加到 12000 万件，清洗和后处理的生产能力将从 9600 万件增加到 24000 万件。随着公司新建项目产能的逐步释放，公司业绩还有进一步提升空间。

3. 大力拓展电机业务，提前布局新能源汽车市场。目前公司电机业务已经形成了宁波电机、日兴电机，上海电驱动三足鼎立的局面。其中，宁波电机主要从事国内乘用车售后市场，而对日兴电机的收购在完善公司汽车电机的产业链的同时，还使公司成功涉足乘务车电机领域和日本整车配套市场。更重要的是，公司通过参股上海电驱动 35% 的股权，提前布局新能源汽车市场，上海电驱动是国内电驱动领域的龙头，其开发的车用电机及其驱动系统样机的应用客户几乎涵盖了全部国内汽车厂商。尽管新能源汽车大规模推广应用尚需时日，但随着政府扶持力度加大，新能源汽车的快速发展和整车配套系统的拓展，我们认为未来公司的电机业务看点十足。

根据中邮证券的预测，公司 2011—2013 年的 EPS 分别为 0.52 元、0.63 元、0.74 元，对应的 PE 分别为：34X、28X、24X。从估值上看，2011 年宁波韵升 34 倍的动态市盈率低于行业平均 45 倍的市盈率，目前公司的估值处于相对偏低水平。考虑到公司在高端钕铁硼行业的龙头地位，较强的成本转嫁能力，高端钕铁硼行业未来巨大的成长空间和公司磁机电一体化的经营模式，我们给予公司“谨慎推荐”的评级。

正是由于宁波韵升的各项业务的逐步拓展和比较优异的业绩和较低的估值水平，使得其在大盘处于下跌浪中出现了逆市反弹的现象。

在大盘处于下跌浪中的小反弹中，对于那些之前已经有资金吸纳并且股价再次跌入资金吸筹成本区的股票，如果股票的基本面也非常优秀，那么此时使我们介入博取短线收益的好时机。

当然，我们上面只是简单介绍了几个案例，在不同的大盘环境下，我们有不同的操作思路和风格，最重要的一点，就是我们要根据不同的环境，选择最适合的交易规则进行交易。

第三节　趋势明确的股票

一、确定股票趋势的前提

所谓趋势明确的股票是指股票处于单一的可确认的状态，要么处于上升趋势要么处于下跌趋势要么处于振荡趋势。

在我们给个股定趋势之前，我们一定要弄清个股趋势明确的大前提，那就是大盘环境，因为大盘环境才是主导个股走势的最重要的指标，如果大盘的趋势未明，或者大盘走势不乐观，个股即使有不错的表现也难以维持乐观的趋势。

在这样的思路下，我们要确定个股的趋势，就一定要研究大盘的趋势，要先确定大盘处于何种趋势中，在大盘趋势确定的大环境下去判断个股的趋势，这样才能够让对个股的趋势判断做到更加准确。

二、股票趋势的判定思路

一般情况下我们对大盘和个股的趋势都分为三类，上升趋势、下降趋势和振荡趋势。

下面我们就来具体说说如何判断股票的趋势。

如果我们要判断一只个股是否处于上升趋势，就一定要先看大盘是否也处于上升趋势。如果此时个股技术走势已经处于上升通道，同时大盘仍处于下降趋势，那么此时我们并不能确定该个股是否已经走入上升通道，此时个股很有可能处于诱多的状态。

而相反，如果此时大盘也处于上升通道，且可以确定为上升趋势中，那么我们就可以判定该个股处于上升趋势中，此时买入该股，一般会取得不错的收益。

我们来看几个案例。

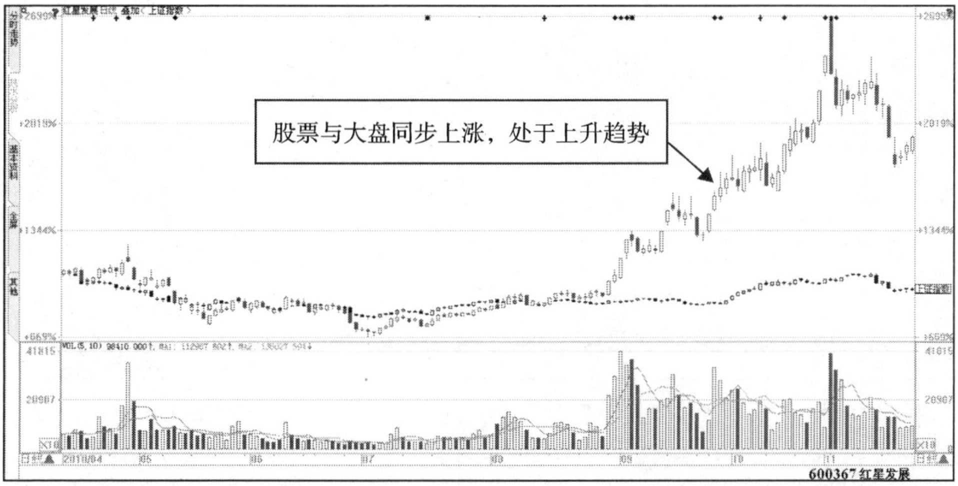

图 1－8

红星发展（600367）是一家主营碳酸钡、碳酸锶、硫黄、石灰石的生产和销售，其中，硫黄和石灰石是生产碳酸钡、碳酸锶的副产品的公司。公司由青岛红星化工集团公司镇宁红蝶钡业公司作为主发起人，联合贵州省安顺地区国有资产投资营运有限责任公司、青岛红星化工集团进出口有限公司、青岛红星化工集团自力实业公司、镇宁县红蝶实业有限责任公司共同发起设立的股份有限公司，于 1999 年 5 月 2 日注册登记。2000 年 3 月，公司股票在上海交易所上市，发行 3000 万股，融资 3. 798 亿元。

图 1－8 是红星发展与上证指数从 2010 年 4 月至 2010 年 11 月的叠加图。从图中我们可以看到，2010 年 7 月，随着大盘缓慢上升，红星发展也跟随大盘逐步上涨，之后大盘进入了短期盘整行情，2010 年 10 月初，大盘再次上涨。此时，我们便可以判断红星发展是出于正规的上升通道之中。随后，红星发展继续与大盘同步上涨了 56%。

可见，我们判断个股是否处于上涨行情，要借助于大盘进行综合判断。

我们继续来看案例二。

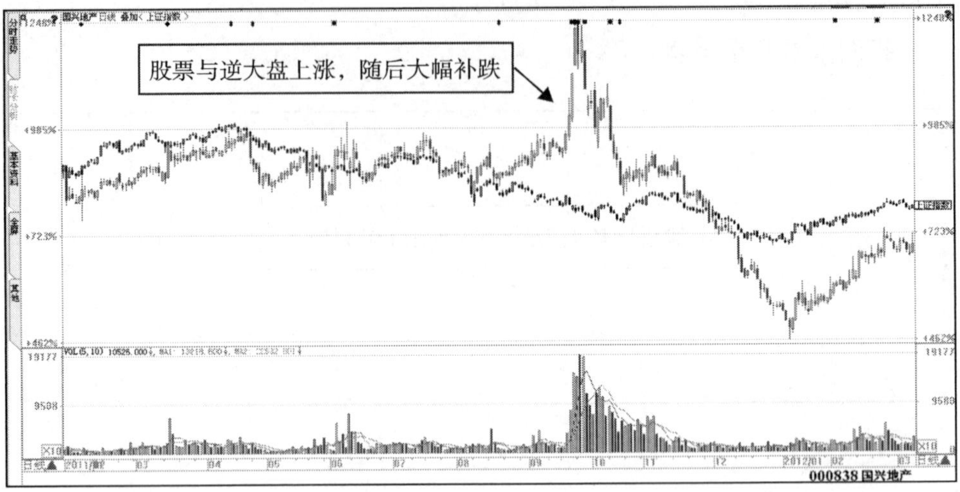

图 1－9

国兴地产（000838）是一家从事房地产开发，销售自行开发的商品房的公司。公司是由蓝星石化于 2007 年 12 月 5 日更名而来。

图 1－9 是国兴地产自 2011 年 2 月至 2012 年 3 月与大盘的叠加的日 K 线图。2011 年 9 月下旬，国兴地产放量上涨，突破前期平台。但此时，大盘仍处于大的下跌浪中，在大盘不具备上涨环境下的突破，一般来说，很难维持下去，而事实上，在随后的 3 个多月时间里，国兴地产下跌了近 60%，真可谓跌幅巨大。所以，在判断个股是否属于上涨行情中时，我们一定要结合大盘的情况，进行综合判断。

如果我们要判断一只个股是否处于下降趋势，就要先看大盘是否也处于下降趋势。如果此时个股处于下降通道中，而大盘却处于上升趋势或者振荡市场中，我们不可贸然断言该股就是处于下降趋势中。

相反的，如果此时大盘也处于下降趋势中，此时我们就可以判断该股处于下降趋势无疑，此时我们应该坚决持币，不要在继续加仓入场。

接下来我们来看几个案例。

深信泰丰（000034）是一家从事通信服务运营、数据与语音服务、通信设备的研制、开发、生产与销售、元件开发；经营国内商业、物资代销业、进出口贸易；食用动物养殖及相应的肉类加工、饲料生产和销售；果

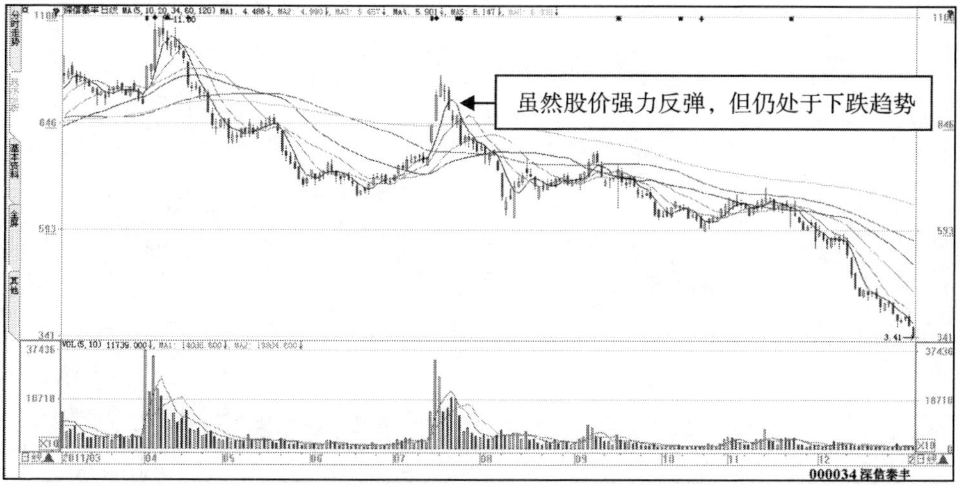

图 1－10

树种植；房地产投资与开发的公司。公司前身深圳华宝畜禽联合公司，成立于 1982 年 6 月，1983 年 1 月更名为“深圳市华宝牧工商联合公司”。1993 年 9 月开始进行股份化改组，将原公司净资产折为 12520 万股发起人股，同年 10 月发行 4000 万股公众股，680 万股内部职工股。

图 1－10 是深信泰丰自 2011 年 3 月至 2011 年 12 月的日 K 线图。自 2011 年 4 月开始，上证指数便开始走入下降通道。2011 年 7 月，我们发现深信泰丰却连续大涨，股价甚至突破了长期趋势线，但是处于大盘环境的谨慎性考虑，我们不能判断深信泰丰便转为上升通道，因为目前大盘的大环境是下跌，这种逆市行为往往只会短期运行，难以持久。随后，我们看到深信泰丰一路下跌，截至 2011 年年底，已经下跌了 64%。

换一种思路去思考，到了 2011 年 8 月，当我们再看深信泰丰的时候，当时是处于下降通道的。如果此时我们再来判断深信泰丰的走势情况，结合大盘当时的状况，我们不难判断，此时深信泰丰处于下降通道中。确实，深信泰丰在 2011 年 8 月之后，又继续下跌了 50% 以上。

从上面的案例，我们知道，判断个股是否处于上涨通道，并不是只要看当前个股的走势就可以了，我们同时要看大盘的情况。

下面我们来看一种特殊的情况。

图 1－11

图 1－11 是乐视网（300104）自 2011 年 4 月至 2012 年 3 月的日 K 线图。2012 年 1 月初，上证指数逐步开始上涨，而此时乐视网却逆势大跌，可以看到，之前在大盘下跌之际，乐视网已经提前开始上涨。因此，我们可以判断此次的下跌只是补跌而已，而不是真的进入下降通道，一旦该股见底企稳，大盘仍然处于上升通道，就是我们介入的好时机。2012 年 2 月初，乐视网已经见底企稳，而大盘仍然处于上涨段。此后，乐视网股价一路上扬，一个多月涨幅达到 84% 之多。

这也说明，在大盘趋势不错的时候，对于那些补跌的股票，我们不能不闻不问，一旦他们见底企稳，就是我们关注是否需要介入的大好时机，因为这些股票之前都有资金关注。一旦上涨，涨幅要远远大于那些之前一直弱势的股票。

第四节　适宜买入的股票

江恩在几十年前就明确告诉我们何种股票是适宜我们买入的股票。

江恩告诉我们：适宜买入的股票，是指那些表现活跃、符合交易规则且趋势明确的股票。但总是会有一些股价走势奇特的股票或其他一些股票不符合交易规则，我们不需要理会这类股票。我们不要去买入股价波动区间较窄的股票，除非这只股票的股价突破了振荡区间的顶部，并伴随着成交量的放大和交易的活跃。

根据前面三节的讲述，我想大家一定已经明白江恩所说的适宜买入的股票的真正含义，那么下面我们主要和大家探讨如何寻找到这些适宜买入的股票并且做好投资。

我们根据之前的分析，可以得出这样的结论：适宜买入的股票是那些股性活跃，成交量较之前一段时间有明显放大，日换手率一段时间都维持在3%以上，同时日振幅都比较大的股票。而这些股票在当前有着明确的上升趋势，并且符合我们的交易规则，基本面和技术面都满足我们选股条件的股票。

有了上面的结论，我们在寻找适宜买入的股票时候就有了相对具体的方案，能够帮助我们更加快速和准确的找到适宜买入的股票。

下面我们就来看几个寻找适宜买入股票的案例。

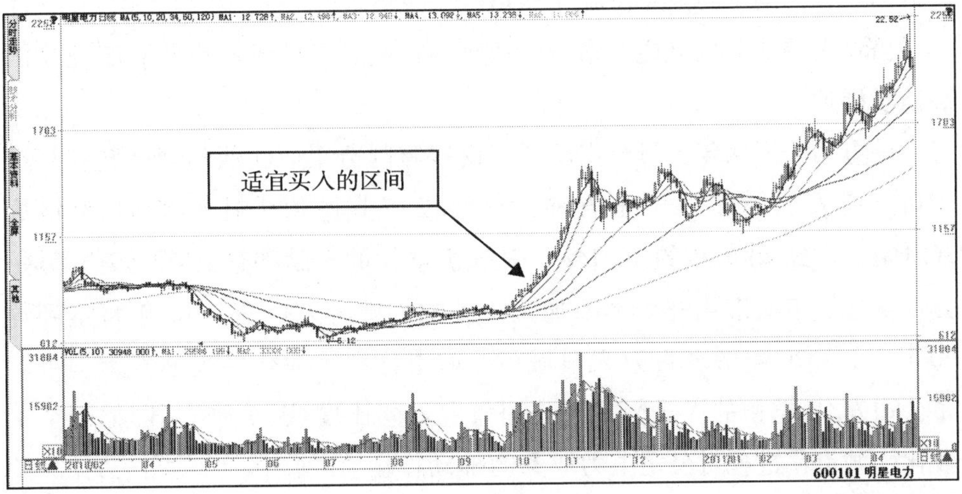

图1－12

明星电力（600101）是一家从事电力、热力生产供应，送变电工程、线路、设备安装、施工，批发、零售；水暖器材、消防器材、五金交电、电器设备、仪器仪表、汽车配件；自来水供应业、宾馆业、天然气供应业、浅层油气开发业、制药业、建设项目的投资的公司。公司源于1926年由官绅合办的明星电灯公司。1959年和1978年先后建成龙凤电站和小白塔电站，成立遂宁电力公司。1988年3月8日，由遂宁电力公司独家设立遂宁电力股份有限公司。1993年2月13日更名为“四川明星电力股份有限公司”。1993年12月，获准成为继续向社会发行股票的股份公司。1997年6月，明星电力登陆上海交易所，发行2900万股，融资2900万元。

图1－12是明星电力自2010年2月至2011年4月的日K线图。从上图我们可以看到，自2010年10月开始，明星电力逐步走出了较强的上涨趋势，同时股性较之前有了明显的活跃，成交量开始缓缓放大。自2010年10月初开始，明星电力的日换手率基本都大于3%以上，种种迹象表明，在大盘处于上升的大环境下，明星电力很有可能就是我们所说的那种适宜买入的股票类型。

下面我们来看看当时明星电力的基本面情况。

第一，公司电力业务受益于区域经济发展。

公司主要业务区域遂宁市地处成渝经济圈，正处于城市化和工业化的高速发展期。

一方面，近两年大量沿海电子、机械等制造企业向西部地区转移，遂宁市工业发展速度处于全省前列，第二产业产值占比已从2005年的36.1%上升到2008年的46.1%，对经济增长的贡献率达到67.3%。另一方面，遂宁市城市化进程不断加快，其中心城区人口在2010年将达到约60万人，2020年形成百万人口城市。城市化和工业化的高速发展，带动了公司发/售电量的提升。本期公司售电量同比增长16.6%，即体现了工业化、城市化进程对公司电力业务的推动作用。我们认为，“十二五”期间，公司售电量复合增长率可达15%左右。

第二，上半年旱情对公司发电业务影响相对较小。

受上半年的旱情影响，西南地区相当一部分水电企业机组出力严重不足、业绩下滑。

公司水电机组所处涪江流域为嘉陵江支流，上半年同样受到旱情影响，来水情况较去年同期偏少，但程度较云南、贵州和川西南等地区轻一些。此外，去年四季度发生垮塌的黄连沱水坝及时修复，加上过军渡电站的防洪堤维修在5月完成，使得公司在进入6月汛期后机组及时出力。以上因素使得公司本期自发电量在来水减少的情况下，同比增加12.9%。

第三，金属资源业务前景值得关注。

公司于2009年年底通过收购四川奥深达资源投资开发有限公司65.94%的股份切入到金属矿山资源开发领域，根据资料，四川奥深达在工业硅、电力线缆生产、销售和电气产品方面拥有一定市场份额，并已获得四川甘孜和平武、陕西山阳、西藏江达、新疆且末等地的铁、锰、钒、银、铜、铅、锌等各类矿权共7宗，公司计划用10年左右储备国内外矿权20个以上，并开发两个以上大中型矿山，实现年工业总产值达到20亿元。目前公司的陕西山阳钒矿已取得采矿权，预计2011年下半年将建成日处理1000吨钒矿石的采选产能。

根据中航证券的预测，公司2010—2012年每股收益分别为0.35元、0.41元和0.52元，按2010年30～40倍PE合理估值为10.5～14元，由此我们就目前价格给予公司“买入”的投资评级。

我们可以看到，明星电力除了传统的电力行业稳步发展之外，还介入了金属资源业务，逐步走向多元化战略，为公司带来新的利润增长点。同时，其股价低，业绩也有保证，这些都是我们在其走势出现适宜买入迹象后敢于买入明星电力的强大支撑。

有了优异的基本面，同时股价走势显示出适宜买入的状态，此时就是我们介入的绝佳时机。

我们来看案例二。

华丽家族（600503）是一家从事房地产开发经营，房屋土地建设和房屋（附属内部装修设施）出售、租赁、物业管理、房屋设备、园林绿化、实业投资、投资管理的公司。公司的前身是福建省宏智科技发展有限公司，2008年7月，公司正式改名华丽家族。

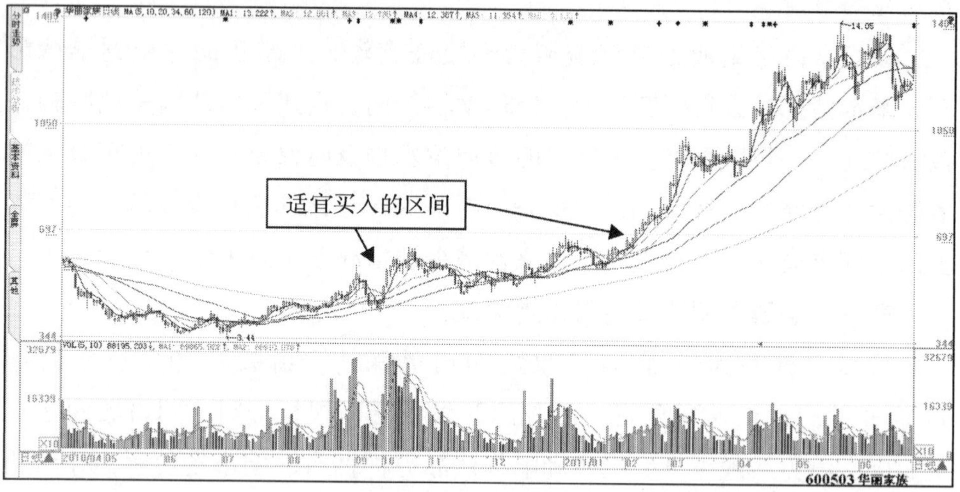

图 1－13

图 1－13 是华丽家族自 2010 年 4 月至 2011 年 6 月的日 K 线图。从图中可以看到，2010 年 8 ～ 10 月这段时间，华丽家族股价便开始异动，成交量大幅增加，同时股价波动的幅度也远比之前大，这种种迹象显示，从走势来看，此区间是适宜买入的区间。然而，2010 年 11 月之后，大盘进入下跌区间，直到 2011 年 1 月底，大盘才开始继续走入上升空间，此时，华丽家族也开始逐步走强，脱离底部区间。由于之前主力资金吸筹充分，此时已经进入控盘拉升状态，此时也是我们从技术形态来看介入的大好时机。

当然，到底能不能介入该股票，还是基本面优先论，下面我们就来看看当时华丽家族的基本面情况。

下面我们来看看东海证券分析师桂长远在 2011 年 2 月对于华丽家族的调研简报，内容如下：

2010 年全年业绩每股 0.98 元，基本符合预期。

华丽家族公布了 2010 年年报，公司年内取得营业收入 4.57 亿元，同比增长 471%，结算面积 2.2 万平方米，实现营业外收入 5.15 亿元，归属于母公司的净利润 5.19 亿元，每股收益 0.98 元，基本符合我们的预期。

公司宣告拟每10股送红股3.5股，派发现金红利5元（含税）。

公司实现净利润5.19亿元，股改承诺兑现，业绩主要来自于股权转让。2010年公司转让上海弘圣公司48.4761%股权，为公司带来净利润3.92亿元，兑现资产重组时2009—2010年度净利润合计不低于6亿元的承诺。

公司财务状况稳健，资本开支可控，未来财务风险有限。账面现金12亿元，同比增长45.7%；期末资产负债率66.5%，比上年提高了5.9个百分点；真实资产负债率59.0%，较上年下降了1.6个百分点；长期借款增加了14亿元，净负债率提升22.9个百分点，达到83.6%，但仍属可控范畴。

公司资产质地优良，三个大型地产项目实为超级利润奶牛。“华丽家族·太上湖”、“上海新天地43街坊”和“汇景天地”清一色定位高端，其中上海新天地闻名世界，售价超10万元/平方米，汇景天地售价7.5万元/平方米，太上湖售价2万元/平方米（10年结算毛利率高达53%）。保守估计，三个项目可贡献净利润90亿元，以现有股本计，合计每股为17元。

往后看，收购金叠公司剩余股权将助推2011—2012年业绩。考虑到公司土地储备数量偏薄弱的现状，大股东承诺，待条件成熟时，金叠公司49%的股权部分甚至全部转让给上市公司。该项目预计在2011年完全竣工，49%股权对应销售收入约50亿元，净利润不低于10亿元，收购将对公司2011—2012年的利润产生较大影响。

地产调控常态化，公司尝试培育第二主业。为有效平滑业绩波动，2010年公司收购华泰长城期货40%的股权，4个月便取得投资收益1000万元。2011年，公司将继续关注热门行业，选择在适当时间进行尝试性的投资。

以现有的股本计，预计公司2011年、2012年EPS分别为1.30元、1.82元，对应动态PE分别为13X、9X。保守估计公司NAV21.8元，公司目前股价相对折价23%，具有很好的安全边际。设定公司未来6个月目标价20元，给予“买入”的投资评级。

为了全面地了解该股票的基本面情况，我们再来看一看天相投资分析师石磊于2011年2月对于华丽家族的调研简报，内容如下：

2010年公司实现营业收入4.58亿元，同比增长471.2%；归属于母公司净利润5.19亿元，同比增长447.9%；扣除非经常损益后的净利润9390万元，同比增长19.23%；基本每股收益为0.98元，每10股发现金5元（含税），送红股3.5股。

净利润主要来源于营业外收入：期内公司取得营业收入4.58亿元，主要为苏州太上湖项目销售面积2.17万平方米，取得销售收入4.05亿元；实现营业外收入5.15亿元，其中非流动资产处置损益2365万元，主要是出售上海常春藤房地产公司85%的权益；收到张江镇政府补贴的扶持资金1005万元；转让弘圣房地产48.4761%股权的合同收购权获得收益5.05亿元，确认净利润3.92亿元。

2011年业绩目标30亿元，目前预售款对业绩的锁定性较小：期内预售面积2.46亿平方米，预售收入6.92亿元，一是来源于苏州“华丽家族·太上湖”预售面积为1.41万平方米，取得预售收入1.6亿元；“汇景天地”项目预售面积1.05万平方米，取得预售收入5.33亿元。预售收入完成业绩目标的23%。

项目储备较少，但项目盈利能力很强：公司目前有“华丽家族·太上湖”、“上海新天地43街坊”和“汇景天地”三个大型项目，规划建筑面积122万平方米，权益建筑面积109万平方米。另外大股东持有金叠房产（主要开发汇景天地项目）49%的股权，承诺条件成熟时部分或全部转让给上市公司。这三个项目盈利能力均很强：“汇景天地”项目可售面积约为10.09万平方米，预计全部销售后可实现销售收入约为人民币45亿元，产生的净利润约为人民币10亿元；“太上湖”项目为联排或独栋别墅，报告期结算毛利率53%；新天地项目未来毛利率也不低于50%。公司计划2011年开工21万平方米，竣工29.6万平方米，按年均结算20万平方米计，项目储备可维持公司近5年平稳发展。

积极发展第二主业：为规避地产行业波动风险，公司利用上海华丽家族投资公司为平台，密切关注并积极投资生物医药、新能源、节能环保和金融等行业。期内收购广东华孚投资100%的股权，收购总价为5.55亿元；间接收购获得华泰长城期货40%的股权，初始投资成本2.4亿元，报告期产生损益1071万元。公司计划2011年实现不超过20亿元的股权投资计划。

维持“增持”的投资评级。我们预测公司2011年、2012年的每股收益分别为1.22元、1.69元，按公司最近收盘价为16.85元，对应的动态市盈率分别为14倍、10倍。维持“增持”的投资评级。

通过以上两篇简报，我们基本可以掌握了华丽家族的基本面的情况，两份研报都强调了华丽家族拥有非常高端的地产项目，能够为公司提供稳定的业绩支撑，同时，华丽家族也在逐步实施多元化战略，对冲房地产调控所带来的风险。两份研报预测的2011年的每股收益基本一致，都在1.2元以上，可见公司的估值较低，在2011年2月这个适宜买入的价格区间介入是非常明智的选择。

第二章

股票买入的点位

应该在一只股票接近单重底、双重底或三重底时买入，并且要设置适当的设定止损点。在接近单重底时买入，是指在一只股票出现下跌后，应耐心等待，直到这只股票在某一价位附近维持了2～3个星期。然后买入股票并在最低一周的均价下方3个点处设定止损点。对于交易活跃的市场，如果一只股票出现回落，并且在一个水平线附近停留2～3天时，买入该股，并在股价出现最低点的那个交易日的价位下方不超过3个点处设定止损点。当一只股票的股价处于几周、几个月、一年或更长时间以前的同一个价位时，这只股票就构筑了双重底，那么我们就在底部买入股票。如果股价第三次处于同一价位时，就构成了三重底。

——江　恩

我们根据江恩在《江恩测市法则》一书中的介绍并加以总结，可以得出以下几种买入点位的方案：在单重底买入、在双重底买入、在三重底买入、在牛市行情开始后股价出现回落时买入以及在股价超过上一年最高点3个点后的小幅回落时买入。

以上便是根据江恩的著作总结出来的5个买入点位。在本章后面的部分，我们就来分别探讨这5个买入点位。

第一节 单重底买入

一、单重底概述

所谓股价波动的底部形态是指股价由下跌转为上升的转折点，这种转折可以是一个急速的过程，也可以是一个缓慢的过程。在底部股价可能是急剧振荡的，也可能是平缓波动的，由此形成了从最平缓的潜底到最陡峭的V形底的各种不同的底部形态。

所以我们平时所说的单重底的形态也就多种多样，最常见的有我们经常见到的平缓的圆弧底，也有快速变化的V形底。

下面我们就分别为大家谈谈最为常见的两种单重底部。

圆弧底

圆弧底形态属于一种盘整形态，多出现在价格底部区域，是极弱势行情的典型特征。其形态表现在K线图中宛如锅底状。

圆弧底形态的形成是由于价格经过长期下跌之后，卖方的抛压逐渐消失，空方的能量基本上已释放完毕，许多的高位深度套牢盘，因价格跌幅太大，只好改变操作策略，继续长期持仓不动。但由于短时间内买方也难以汇集买气，价格无法上涨，加之此时价格元气大伤，价格只有停留在底部长期休整，以恢复元气，行情呈极弱势。持仓人不愿割肉，多头也不愿意介入，价格陷入胶着，振幅小得可怜。此时，价格便会形成圆弧底形态，该形态也被称之为价格“休眠期”。

在圆弧底形态中，由于多空双方皆不愿意积极参与，价格显得异常沉闷，这段时间也显得漫长，在形态内成交量极小。圆弧底形态通常是大型投资机构吸货区域，由于其炒作周期长，故在完成圆弧底形态后，其涨升的幅度也是惊人的。投资者如在圆弧底形态内买入，则要注意大型投资机构在启动价格前在平台上的震仓。价格在完成圆弧底形态后，在向上挺升初期，会吸引大量散户买盘，给大型投资机构后期拉抬增加负担，故大型投资机构会让价格再度盘整，而形成平台整理，清扫出局一批浮动筹码与短线客，然后再大幅拉抬价格。在价格上升途中，大型投资机构不断地利用旗形与楔形调整上升角度，延续涨升幅度。所以，圆弧底形态从某种角度上也可谓黎明前的黑暗。在形态内，价格貌似平静如水，实际上是在酝酿着一波汹涌的滔天大浪。

V 形底

V 形底又被称之为 V 形反转，由于市场中卖方的力量很大，令股价稳定而又持续地挫落，当这股沽售力量消失之后，买方的力量完全控制整个市场，使得股价出现戏剧性的回升，几乎以下跌时同样的速度收复所有失地；因此在图表上股价的运行，形成一个像 V 字般的移动轨迹。V 形走势是个转向形态，显示过去的趋势已逆转过来。

V 形走势，可分为三个部分：

1. 下跌阶段：通常 V 形的左方跌势十分陡峭，而且持续一段短时间。

2. 转势点：V 形的底部十分尖锐，一般来说形成这转势点的时间仅三两个交易日，而且成交在这低点明显增多。有时候转势点就在恐慌交易日中出现。

3. 回升阶段：接着股价从低点回升，成交量亦随之而增加。

“伸延 V 形”走势是“V 形走势”的变形。在形成 V 形走势期间，其中上升（或是下跌）阶段呈现变异，股价有一部分出现向横发展的成交区域，其后打破这徘徊区，继续完成整个形态。伸延V形走势在上升或下跌阶段，其中一部分出现横行的区域，这是因为形成这走势期间，部分人士对形态没有信心，当这股力量被消化之后，股价又再继续完成整个形态。

V形反转的底部的注意事项：

1. V形走势在转势点必须有明显成交量配合，在图形上形成倒V形。

2. 股价在突破伸延V形的徘徊区顶部时，必须有成交量增加的配合，在跌破倒转伸延V形的徘徊底部时，则不必要成交量增加。

上面我们紧紧介绍了圆弧底和V形底这两种比较常见的单重底情况，其实介于圆弧底和V形底之间也有许多不规则的底部形态，在此我便不再赘述。

二、单重底买入技巧

上面我们说了两种最为常见的圆弧底和V形底的基本介绍。下面我们来介绍单重底的实际的买入技巧，也就是我们常说的买入点位。

对于单重底的股票，不论是圆弧形底部、V形底部还是介入其之间的不规则底部，我们都需要2～3周的时间作为一个确认，而且在买入时，最为效率的方法就是在单重底的右侧，成交量已经开始缓缓放大，股票开始活跃起来了。

在大盘行情趋于稳定的前提下，如果某只股票形成单重底的走势，并且股价已经连续2～3个星期趋于某一个稳定的价格区间，未创新低，一旦该股票开始再次放量上攻，就是我们的介入时机。同时，我们需要在单重底股价维持在2～3周中出现最低价的一周的平均价下方3%之内设置本次操作的止损点，以免判断错误而给我们造成巨大的损失。

下面我们就来看几个具体的案例。

辰州矿业（002155）是一家主营金锑钨及其共（伴）生矿的勘探、开采、冶炼和加工业务的公司。公司前身为湖南省湘西金矿，为全民所有制企业，直属原湖南省黄金工业总公司（现为湖南金鑫黄金集团有限责任公司），省直大二型国有企业；该企业最早可追溯到清朝同治年间，已有超

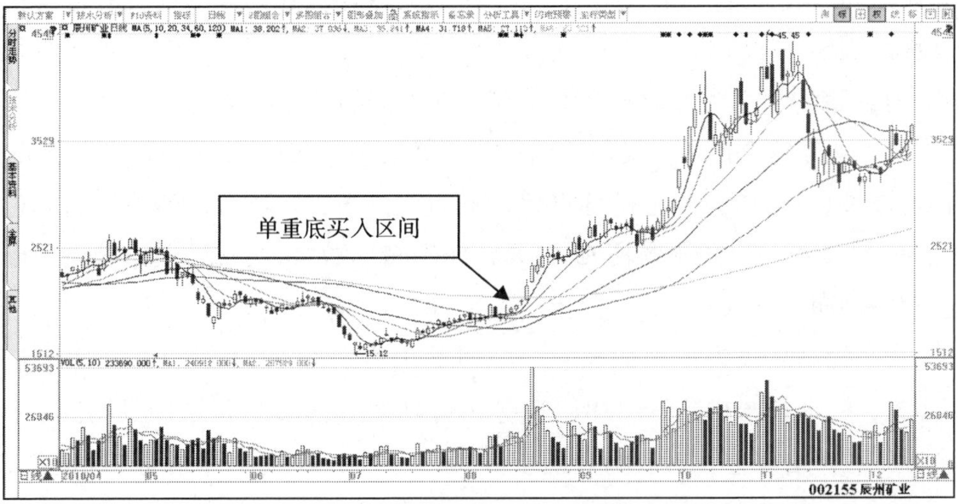

图 2－1

过 130 年的金矿开采历史。1950 年 5 月建矿、1976 年 6 月正式命名为冶金工业部湘西金矿，1989 年 6 月下放湖南省，成为湖南省湘西金矿。2000 年 12 月经湖南省经贸委湘经贸〔2000〕704 号文件批准，湘西金矿以其全部经营性资产改制为湖南辰州矿业有限责任公司。2006 年 4 月辰州有限股东会作出决定，将辰州有限以截至 2005 年 12 月 31 日经信永中和会计师事务所有限公司审计净资产按 0.66988951 比例折合为总股本 24000 万股，整体变更为股份有限公司；2006 年 5 月 18 日召开创立大会；6 月 1 日公司在湖南省工商行政管理局办理变更登记，注册资本 24000 万元。2007 年 8 月，公司在深交所上市，发行 9800 万股，募集资金 12.25 亿元。

图 2－1 是辰州矿业自 2010 年 4 月起至 2010 年 12 月的日 K 线图。2010 年 4 月开始，上证指数走入下跌通道，辰州矿业也跟随大盘下跌，2010 年 7 月，辰州矿业跟随大盘企稳，2010 年 7 月底开始，辰州矿业进入单重底的徘徊盘整区域。连续十几个交易日，股价处于盘整振荡的格局。2010 年 8 月中旬，辰州矿业放量突破了单重底的盘整区，确认了我们之前所说的单重底形态，此时正是我们按照单重底买入法买入辰州矿业的买入区间。在随后的两个多月时间里，辰州矿业持续上涨了 80%。这是一个可以让我们检验单重底买入法威力的实际案例。当然，在当时的环境下，辰

州矿业能够有如此涨幅，不仅仅与当时的大盘环境有关，更重要的是其基本面的因素。

我们就来了解一下当时催化辰州矿业上涨的基本面亮点。

1. 业绩符合预期。报告期内，公司共实现销售收入109544.37万元，同比增长65.61%；营业利润11484.06万元，同比增长122.09%；利润总额8554.62万元，同比增长75.92%；净利润6427.40万元，其中归属于母公司净利润6606.01万元，同比增长81.09%。每股收益0.12元。

2. 锑制品成为公司的亮点。公司共生产黄金2214千克，同比增长7.6%，其中自产矿产金1181千克（包括含量金98千克），同比减少7.73%，产冶炼金（含收购合质金）1033千克；共生产锑制品11796吨，同比增长48.32%，其中精锑5189吨，同比增长72.11%，氧化锑6566吨，同比增长32.97%；共生产仲钨酸铵838标吨，同比减少3.57%，全部为自产。

3. 锑钨既做出了特色，又保障了盈利。黄金产品业务收入占全部主营业务收入的45.46%，上年同期为59.31%，减少13.85个百分点；锑制品为43.73%，上年同期为28%，增加15.73个百分点；仲钨酸铵为7.38%，上年同期为8.72%，基本持平。黄金毛利率下降13.24个百分点，精锑毛利率增加21.71个百分点，氧化锑毛利率增加13.79个百分点，仲钨酸铵毛利率增加15.22个百分点。公司黄金业务确保盈利的作用有所减弱，而锑钨组合既打造出了特色，又保障了业绩。

4. 金属等产品价格上涨有助于公司业绩的稳定增长。公司主导产品的价格表现明显优于其他金属品种，金价年初以来上涨7%，锑上涨50%以上，APT上涨20%以上。同时，公司各品种的产量也有一定增长。公司计划2010年生产锑制品22100吨，其中来自自产锑精矿14000吨；生产黄金4912公斤，其中自产黄金2760公斤；生产钨2000吨。

5. 公司矿产资源丰富，大股东存在资产注入预期。公司拥有和控制矿业权39个，其中：探矿权21个，面积359.73平方公里；采矿权18个，面积39.7336平方公里。2009年年底公司保有资源储量：金属量金36836千克，锑174722吨，钨45540吨。公司同时存在外延式扩张的潜力：大股东金鑫黄金集团下属的湖南黄金洞矿业有限责任公司，拥有储量近 20 吨的黄金洞矿山，存在注入上市公司的预期；公司计划在未来 3 年出资 5 亿元/年外购资源。

根据爱建证券的预计，2010 年、2011 年、2012 年每股收益达到 0.55 元、0.83 元、0.95 元，市盈率分别为 31.58、20.90、18.32。我们认为未来金、钨价格仍将振荡上行，锑价仍将保持高位，维持公司推荐评级。

可见，单重底买入法不但要在技术走势上需要符合我们的买入规则，同时对公司的基本面有着非常重要的要求，如果出现单重底买入位置的股票基本面不佳，也不是我们上好的买入品种。

我们来看案例二。

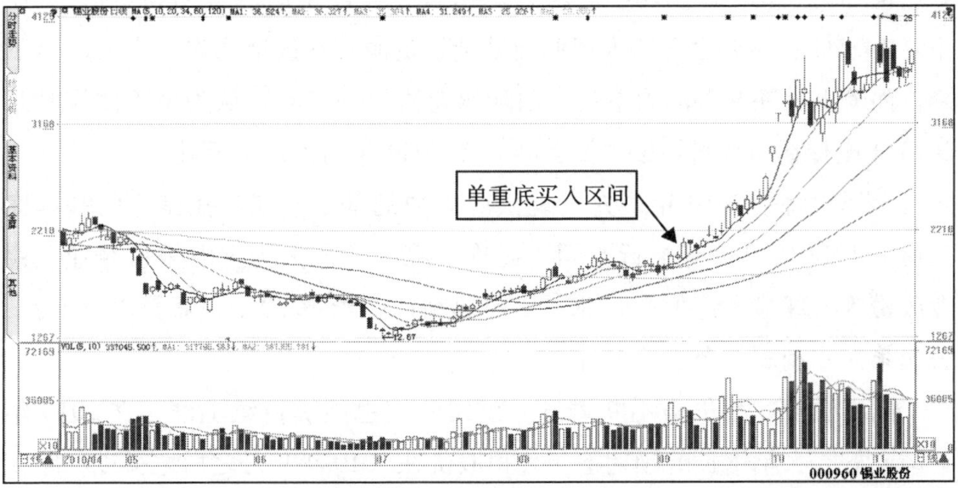

图 2－2

锡业股份（000960）是一家从事有色金属锡及其深加工产品的生产和销售业务的公司。公司由主要发起人及控股股东云南锡业公司将其选矿、冶炼、深加工、销售及原料开发部分的主要生产经营性净资产作为国有法人股投入，与个旧锡资工业公司、个旧锡都有色金属加工厂、个旧聚源工矿公司、个旧银冠锡工艺美术厂共同发起设立。2000 年 2 月，公司股票在深圳交易所上市，发行 1.3 亿股，募集资金 7.8 亿元。

图 2－2 是锡业股份自 2010 年 4 月至 2010 年 11 月的日 K 线图。与案

例一相类似的是，2010 年 7 月之后，锡业股份也开始逐步企稳，股价开始回升，从 2010 年 7 月底到 9 月初，锡业股份进入了一个单重底的盘整期，2010 年 9 月上旬，锡业股份股价开始启动，放量突破了盘整期高点，此时正是我们单重底买入法的买入区域。随后，锡业股份也出现了 80% 的上涨。

当然，锡业股份能有如此的表现，还要归功于其不错的基本面状况，我们来看看锡业股份的基本面亮点。

受益主营产品价格上升，业绩有望提升。

LME 锡价自 2009 年年初见底后持续走高，并于近期创出反弹新高，LME 锡价走势和铜、铝、铅、锌工业金属价格走势出现分化。同时 LME 锡库存量出现快速下降，现货较期货溢价快速上升，表明下游需求恢复良好。世界锡主要出口国印度尼西亚 2010 年上半年出口精锡 43263 吨，同比下降 14.5%，主要由于印度尼西亚陆上锡资源正在逐渐枯竭，产量明显下降，而海上勘探开采能力不足。国际锡业协会（ITRI）认为由于供应紧张 2010 年全球锡市场将短缺 1.5 万吨，而 2009 年为过剩 2 万吨。

金属锡将是 2010 年最先出现供应短缺的基本金属，在良好的基本面支持下 LME 锡价仍有上行空间。锡价上涨受益最大为上游采矿企业，锡业股份为全球最大锡生产企业，目前锡精矿自给率 30%，随着锡价上涨，公司第三季利润将会继续提升。

随着主营产品价格不断攀升，公司业绩也能够持续上涨，在 2010 年业绩向好，大幅增长的预期下，公司股价在 2010 年 9 月之后才得以一路狂飙，大幅上涨。

宁波富邦（600768）是一家从事铝板材、铝带材、铝箔材；煤炭、金属材料、橡胶制品的批发、零售、代购代销；仓储；汽车修理等业务的公司。公司以宁波市第三运输公司为主体，联合深圳蓝天基金管理公司、宁波联合实业公司有限公司等九家法人共同发起，于 1993 年 5 月 23 日注册登记；股份总数为 3800 万股。公司原名称为宁波市华通运输股份有限公司，经公司第四次股东大会决议更名为宁波市华通股份有限公司。1996 年 11 月，公司在上海交易所上市，发行 1360 万股，融资 7072 亿元。

图 2-3 是宁波富邦自 2010 年 11 月至 2011 年 4 月的日 K 线图。自

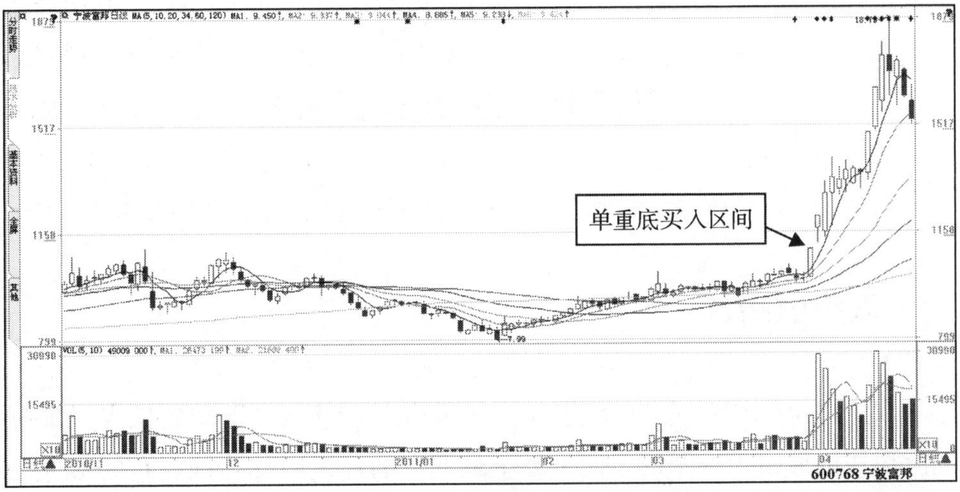

图 2－3

2010 年 11 月开始，宁波富邦便进入了下跌通道，直到 2011 年 1 月底，宁波富邦才跟随大盘见底企稳，自 2011 年 1 月底至 2011 年 3 月初，宁波富邦缓慢上涨，从 2011 年 3 月初到 3 月底宁波富邦都处于单重底的盘整行情之中，2011 年 4 月初，宁波富邦放量突破之前的盘整区域，迎来了单冲底的买入区域，之后宁波富邦 9 个交易日内持续上涨了 44%。

当然，宁波富邦的上涨同样与其基本面的因素息息相关。

2011 年 3 月 29 日，宁波富邦公告称，2010 年 1 ～ 12 月每股收益 0. 156 元，每股净资产 1. 08 元，净资产收益率 15. 04%；营业总收入 8. 58 亿元，同比增长 65. 05%；实现净利润 2086. 95 万元，同比增长 856. 60%。

净利润大幅增加是支撑宁波富邦这次股价突然爆发的最根本原因。

所以，我们按照单重底买入规则，不但要确认股票整固期，同时还要在股价突破整固期之后，考察公司的基本面情况。如果公司业绩达不到预期，甚至出现下滑，或者公司估值水平过高，这些情况都不适应介入。

第二节 双重底买入

一、双重底概述

双重底也称“W 底”，是指股票的价格在连续两次下跌的低点大致相同时形成的股价走势图形。两个跌至最低点的连线叫支撑线。它的形成是这样的，在下跌行情的末期，市场里股票的出售量减少，股价跌到一定程度后，开始不再继续下跌，与此同时，有些投资者见股价较低，开始进入市场吃进。这样，在买盘力量的推动下，股价又慢慢地回升。但这时，投资者仍受下跌风的影响，不敢大胆地买入，因而购买力不强。而卖者觉得价格不理想，在一旁观望。于是股价涨涨停停，到达一定阶段后，市场的股票供应量在增加，价格再次回落。当回落到前一次下跌的低价位后，市场中的买盘力量增加，股价开始反弹，反弹到前次的高点后，便完成双重底图形。

“双重底”图形

“双重底”图形的特点是，两个低价支撑点位置相当，而且整个股价走势中，股价的变动与成交量的变动向同一方面变化。

值得提出的是，在双重底形成的过程中，如果股价从第二个支撑点反弹后，出现了第三次回跌，其跌幅不得超过第二次跌幅的 1/3，而后立刻反弹，创造新的高点。只有在这种情况下，才能确认“双重底”已经形成，否则股价可能仍处于低价调整期。

一旦“双重底”图形形成后，投资者可抓紧时机，大量买入。“双重底”是标准的低价反转型，此后，股价定会不断上升。

准确判断双重底形态

首先我们要弄清双重底的内在含义。如果是真正底部技术意义的双重底形态，其反映的是市场在第一次探底消化获利筹码的压力后下探，而后再度发力展开新的行情。既属于技术上的操作，也有逢低吸筹的意义，也就是在第一次上涨中获得的筹码有限，为了获得低位的廉价筹码，所以再度下探。这就反映出两重含义：一是做多的资金实力有限并且参与的时间仓促，所以通过反复的方式获得低位筹码同时消化市场压力，否则市场的底部就会是V形的；一是市场的空方压力较大，市场上涨过程中遇到了较大的抛盘压力，市场并没有形成一致看多的共识，不得不再次下探。

一个成功的双重底应该有两个最基本的特征：

一是从技术形态来看。在两个底部中第二个底部的位置更高，意味着市场做多的力量占据上风，否则就表明当前走势是弱势的，即这种双重底是很弱的；

二是成交明显放大。不仅是上涨过程中有成交配合，并且在下跌缩量中与前期相比也是明显放大的，表明有新资金的介入，成交量越大越好。当然，如果是缩量直接涨停则是更强的表现。只有具备这两个基本特征，才能判断市场走势已经企稳，后市有一轮上涨行情。

需要注意的内容

许多投资者往往喜欢在市场趋势下跌中运用这种技术形态来判断底部和预测未来，但在实际的走势中，如果大的趋势是向下的，途中出现这种短期的双重底多数情况下会演绎成M头形态继续走低。真正成功地使用该种技术形态是在大趋势向上途中，市场股指或者个股股价遇到了获利回吐的压力后出现的调整和波动，只有这时成功的概率才较高，而在趋势向下的情况下运用这种形态判断底部常常是错误的。因此，在具体的个股操作时，建议投资者关注那些大趋势向上的个股。

二、双重底买入技巧

上面我们已经说过要成功判断股票是否已经形成双重底，仅仅只看股票是否已经形成两个价格相当的最低价并不能得到确认，要想形成真正的双重底，必须要等到股价已经成功突破两个最低价之间的最高点，并且回落幅度不得超过双重底形成过程中第二次下跌幅度的1/3。在此时，我们才能说真正的双重底已经形成了，对我们来说，最为稳健的买点就是在股价突破两个低点之间的最高价之后，并且回落幅度小于第二次下跌幅度的1/3，同时股价再次走入上升趋势的初期买入。保险起见，我们需要在第二次下跌幅度的1/3处向下3%以内设置止损点，用以规避可能判断错误而给我们带来的巨大损失。

接下来我们通过几个案例来形象地认识我们对于双重底的买入点位。

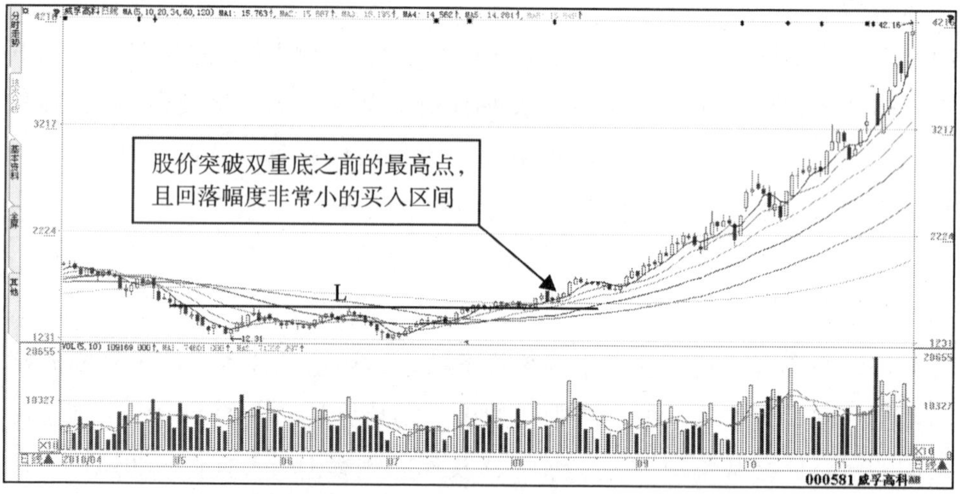

图2－4

威孚高科（000581）是一家从事内燃机燃油系统产品、燃油系统测试仪器和设备的制造的公司。公司前身及发起人无锡油泵油嘴厂成立于1958年。1988年4月，公司更名为无锡油泵油嘴集团公司。1992年改组为股份有限公司，1994年，无锡威孚集团有限公司成立。1998年9月，威孚高科登陆深圳交易所，发行1.2亿股，募集资金5.856亿元。

图2－4所示的是威孚高科从2010年4月至11月底的日K线图。2010年4月，上证指数开始走入下降通道，威孚高科也开始下跌。与大盘不同的是，在2010年5月，威孚高科便创下了新低。此后，大盘虽然继续创下新低，直到2010年7月才真正见底，而威孚高科却没有再创新低。不过威孚高科两次最低点之间的价格非常相近，形成两个价格相当的最低点，至2010年7月，我们不能说威孚高科已经形成了双重底的形态，还要看威孚高科能否突破两个底部之前的最高点。（图2－4所示的L线的位置）2010年7月下旬，威孚高科终于突破了L线，并且突破后不久股票只回落至L线附近便不再回落，再次进入了上升通道。按照我们之前所说的双重底的买入位置，在威孚高科股价突破L线后回落，之后再次脱离L线上升之时使我们介入的区域。在此区域介入威孚高科之后，3个月后便可收获146%的收益，这便是成功运用双重底的魅力所在。

当然，威孚高科能有如此的表现，其基本面的作用同样功不可没，我们来看看其基本面的亮点。

1. 旗下控股子公司的重卡柴油机配套产品及电控VE泵等产品销量大幅增长。

2010年1～6月我国重卡销售58.4万辆，同比增长112.7%，其中半挂牵引车销量20.2万辆，同比增长227.5%。公司PW2000主要为EGR国三标准重卡柴油发动机配套，上半年销量约为14万套，比去年同期翻了近3番。参股31.5%的RBCD主要为高压共轨国三标准柴油发动机配套，上半年实现投资收益1.16亿元（去年同期亏损）。

威孚高科生产为商用车配套的柴油燃油喷射系统产品及乘用车尾气催化净化器。利润主要来源于参股公司博世汽柴及中联电子贡献的投资收益，共占到净利润的51%，其中博世汽柴占36%。

博世汽柴受益于上半年重卡爆发性增长，销量翻番。博世汽柴生产高压共轨系统主要配套重卡，业绩随重卡行业变化。2010年上半年我国共销售重卡58.4万辆，同比增长113%。上半年博世汽柴净利润为3.68亿元（去年同期－0.17亿元），为公司贡献投资收益1.16亿元。预计今年全年博世汽柴可贡献投资收益3亿元。博世汽柴在高压共轨领域技术领先，随着市场对高压共轨的认同不断提高，博世汽柴后期有望持续稳健增长。

中联电子贡献投资收益稳定，跟随乘用车市场增长。旗下合资公司联合电子占到国内电控市场40%的市场份额，优势难以改变，但进一步增加市场份额也显得更加困难，未来联合电子的增长主要依赖于整个乘用车市场的增长。上半年受益于乘用车高速增长，业绩高速增长，今年上半年净利润2.4亿元，贡献投资收益0.48亿元。未来增速将同步于乘用车行业增速。

威孚金宁为高端轻型车、皮卡、SUV、MPV国三标准柴油发动机配套的电控VE泵上半年销量超过8万套，比去年同期翻了近两番，该产品在市场具有垄断地位，预计产品毛利率超过30%。威孚金宁未来还将受益于轻型商用车排放升级。VE泵可以升级到国四标准，公司正在进行开发与试生产。

2. 收购宁波天力，增压器将成利润新增长点。

宁波天力目前主要产品为中小型柴油机增压器，汽油机增压器项目已有技术及产品的储备。汽油机涡轮增压器成本低，可以提高燃油经济性5%～10%。目前国内市场装机率低，公司看好未来增压器行业的发展前景及宁波天力的技术研发能力，结合自身渠道的优势，有望开辟另一个盈利点。

3. 国Ⅳ排放法规实施时间表出台将进一步提升公司竞争力。

公司相关技术研发一直走在同行前列，2012年国Ⅳ可能正式实施，公司有望在竞争中占得先机，成长空间值得期待。

根据国都证券的预测，公司2010—2012年每股收益为1.23元、1.55元、1.78元，对应2010—2012年动态市盈率分别为14倍、11倍和10倍。

我们看到，威孚高科受益于子公司进入收获期，业绩率先爆发式增长，同时公司的技术同行业领先，核心竞争优势非常明显。公司的业绩非常优秀，市盈率低，具有十足的安全边际，如此优异的基本面状况，再配合我们的双重底买入规则，会使我们的投资变得更加安全，更加有效率。

我们来看案例二。

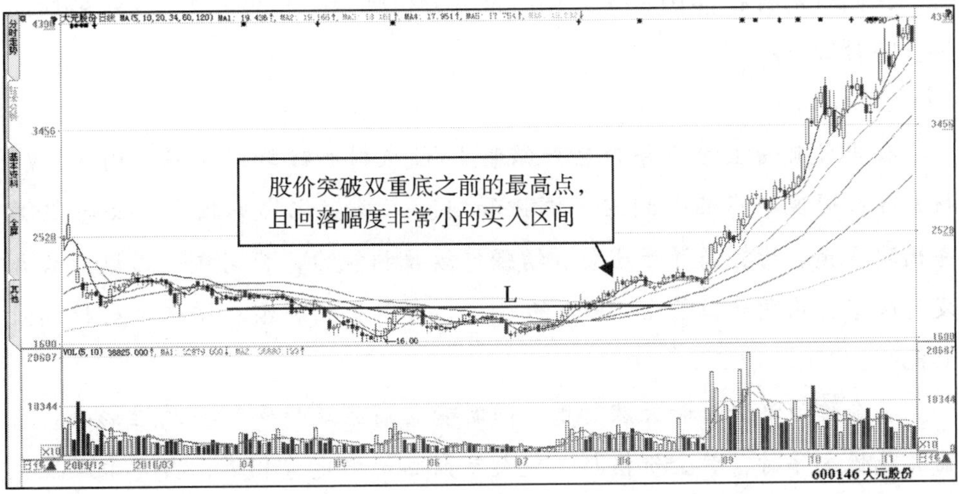

图 2－5

大元股份（600146）是一家生产销售工程用塑料板材、管材、异型材、电线、电缆的公司。公司独家发起人宁夏大元炼油化工有限责任公司，前身宁夏炼油厂是国务院 1985 年批准建设的中型燃料型炼油厂；1998 年经批准在对原宁夏炼油厂进行改制的基础上，成立国有独资的有限责任公司，由宁夏大元炼油化工有限责任公司作为独家发起人，采用募集方式设立本公司。1999 年 7 月，公司股票登陆上海交易所，发行 6000 万股，募集资金 2.37 亿元。

图 2－5 是大元股份自 2009 年 12 月至 2010 年 11 月的日 K 线图。大元股份自 2009 年 12 月开始大跌之后，股价便陷入低迷中，直到 2010 年 5 月中旬，大元股份才创下了上一轮下跌浪的最低点。2010 年 7 月初，大盘创下新低，而大元股份则二次探底，并没有形成新低，二次最低点的价格相差非常小，形成准双重底的形态。2010 年 7 月下旬，大元股份终于突破了两次低点之间的最高点，（图 2－5 所示的 L 线的位置）随后股价便开始缓缓上升，虽然在 2010 年 8 月，大元股份跟随大盘横盘振荡，但是股价跌幅非常有限，大元股份在 2010 年 8 月底开始放量上攻，该轮行情自买入区间开始，已经上涨了 120%。

当然，大元股份能够有这样的表现，与其基本面的转好有着重大的关系。

我们就来看看2010年7月国海证券分析师张晓霞对大元股份的调研简报，内容如下：

公司目前的主营业务为生产销售PVC板材和碳纤维制品。由于PVC板材等公司现有产品受到宏观调控和国际市场变化影响较大，公司2009年出现亏损。为提高资产质量、增强持续盈利能力，公司希望通过非公开发行股票，收购珠拉黄金100%的股权，实现企业转型，增强公司持续盈利能力。

黄金作为贵金属和天然货币，同时受其商品属性和货币属性影响。当商品属性主导时，黄金价格与一般大宗商品价格走势相近；当货币属性主导时，因为黄金主要用于对抗信用资产（纸币）贬值，所以高通胀及经济危机严重的时候，会有较好的表现。

近期美国经济数据不佳，面临的通货膨胀压力减小，领投资者买入黄金对抗通胀风险的需求大大削弱，不利于黄金价格短期内走强。然而由于美国经济增长趋缓，低利率政策时间延长，且欧洲债务危机仍有进一步蔓延的可能性，市场仍会寻求保值及避险而大量买入黄金。所以我们认为，黄金的中长期后市表现仍将强于大势。

根据大元股份2月公告的非公开发行预案，公司拟非公开增发11000万股募集资金购买阿拉善左旗珠拉黄金开发有限责任公司（简称珠拉黄金）100%的股权、珠拉黄金低品位含金矿石堆浸二期项目以及补充流动资金。截至2009年12月31日，珠拉黄金采矿权范围的实际保有矿石储量高于380万吨，实际金金属量高于7.55吨，累积低品位剥离含金矿石2000万吨（平均品味0.74克/吨，含金金属量约14.8吨）。

珠拉黄金为露天式开采，生产规模为60万吨/年，金金属量1.2吨。黄金采坑已进入主力开采期，矿石品位趋于稳定，剥采比进一步降低，开采成本也随之下降。经过数年的黄金采选加工，珠拉黄金已积累了2000万吨左右的低品位剥离含金矿石，试用氰化堆浸浸金——炭吸附解析工艺进行生产。一期堆浸项目达产后，年处理量将达到80万吨/年，金属量0.6吨。

假设黄金矿石价格为200元/金属克，则珠拉黄金2010年及2011年的净利润约为1.05亿元和1.4亿元。按照2010年2月大元股份的增发预案计算，则增厚大元股份2010年和2011年每股收益0.35元和0.45元。相对于目前股价的估值水平大约为60倍PE，在行业内相对偏高，给予“中性”评级。

上面的简报只要介绍了大元股份非公开增发收购珠拉黄金后对其业绩的贡献，虽然按照上面的研究简报对于大元股份的估值并不低。但是之前大元股份已经经历了长于大盘和大部分股票的下跌周期，同时根据大元股份2010年7月21日的公告，公司2010年1～6月每股收益为0.058元，净利润1161万元，上年同期-1922万元，同比扭亏。净利润扭亏也正说明大元股份的基本面情况正在逐渐好转，而在有着转型进入黄金行业之后的业绩增长的预期，在双重底确认之后投资大元股份是一个相对安全的投资决策。

第三节 三重底买入

一、三重底概述

三重底既是头肩底的变异形态，也是W形底的复合形态，三重底相对于W形底和头肩底而言比较少见，却又是比后两者更加坚实的底部形态，而且形态形成后的上攻力度也更强。

三重底形态的成立必须等待有效向上突破颈线位时才能最终确认。因为，三重底突破颈线位后的理论涨幅，将大于或等于低点到颈线位的距离。所以，投资者即使在形态确立后介入，仍有较大的获利空间。

三重底的形态特色

1．多发生在波段行情的底部或是多头与空头行情的修正走势之中。

2．三个底部与颈线的距离大致相当。

3．三重底的右肩成交量应该明显地较其他两者大。

4．三重底的任何一个底亦有可能以圆底的形态呈现。

三重底的取决因素

三重底的上涨力度，主要取决于以下因素：

1．股价从三重底的第三个底部上升时，成交量是否能持续性温和放大。

2．股价在向上突破颈线位的瞬间时成交量是否能够迅速放大。

3．三重底的低点到颈线位的距离。距离越远，形态形成后的上攻力度越强。

4．股价在底部的盘旋时间，通常股价在底部盘旋得越久，其上涨力度越大。

三重底的研判技巧

在三重底的研判过程中最值得注意的要点是：三重底不是依据有三个低点就能形成的，三针探底的形态只能表示股价的走势图形具有三重底的雏形，未来发展极有可能向三重底演化，至于最终是否能构筑成三重底，并形成一轮上升行情，还需要进一步的检验。

三重底成立的确认标准是

1．三重底形态的三次低点时间，通常至少要保持 10 ～ 15 个交易日，如果时间间隔过小，往往说明行情只是处于振荡整理中，底部形态的构筑基础不牢固，即使形成了三重底，由于其形态过小，后市上攻力度也会有限。而近期的三重底的第一和第二低点之间间隔 9 天，第二和第三低点之间间隔 11 天，只是勉强符合标准。

2. 三重底的三次上攻行情中，成交量要呈现出逐次放大的势态，否则极有可能反弹失败。如果大盘在构筑前面的双底形态时，在期间的两次上升行情中，成交量始终不能有效放大的话，将极有可能导致三重底形态的构筑失败。

3. 在三重底的最后一次的上攻行情中，如果没有增量资金积极介入的放量，仍然会功败垂成。所以，三重底的最后一次上涨必须轻松向上穿越颈线位时才能最终确认。股价必须带量突破颈线位，才能有望展开新一轮升势。

投资者在实际操作中不能仅仅看到有三次探底动作，或者已经从表面上形成了三重底，就一厢情愿地认定是三重底而盲目买入，这是非常危险的。因为，有时即使在走势上完成了形态的构造，但如果不能最终放量突破其颈线位的话，三重底仍有功败垂成的可能。三重底由于构筑时间长，底部较为坚实。因此，突破颈线位后的理论涨幅，将大于或等于低点到颈线位的距离。所以，投资者需要耐心等待三重底形态彻底构筑完成，股价成功突破颈线位之后，才是最佳的建仓时机。大可不必在仅有三个低点和形态还没有定型时过早介入，虽然有可能获取更多的利润，但从风险收益比率方面计算，反而得不偿失。

二、三重底买入技巧

与双重底类似，对于三重底的买入，我们必须在已经确认了三重底的形态之后，才会自然地迎来三重底的买入位置。

对于稳健的投资者来说，对于正在形成三重底过程中的股票，在其第三个低点形成之后的反弹中，股价已经有效突破颈线位后的回档确认时是非常不错的买入时机。因为在此时股价有效突破了颈线的压力，说明股票即将要形成三重底的形态，通过微小的回调确认后，清洗了一些跟风盘，更加有利于股价上涨。因此股价在突破颈线后进入回调我们要时刻关心回调的幅度，如果回调幅度不大，之后又再次进入了上涨行情，回调确认完毕，此时就是我们介入的最佳时机。

为了保险起见，我们在按照上述思路操作三重底股票时，一定要给自己留下后路，即在颈线位置到第三个最低点之间的下跌幅度的1/3处的向下3%以内的位置设置止损点，以免在判断错误时能够保住自己的大部分资金。

下面我们就来看几个实际的案例。

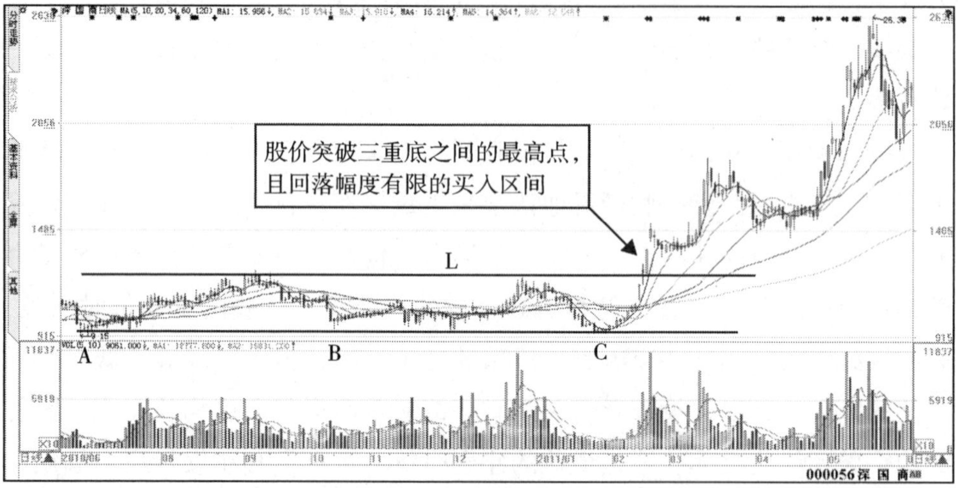

图2-6

深国商（000056）是一家从事连锁商业经营、房地产开发和物业管理的公司。公司前身为1983年由特发公司独资兴办的深圳市国际商场。1984年12月改建成深圳市国际企业有限公司。1992年12月，原公司通过改组定向募集设立“深圳市国际企业股份有限公司”。1995年8月18日，公司改组为公众股份公司，并向境外投资者新增发行B股5000万股。1996年7月，深国商登陆深圳交易所，发行2000万股，9560万元。

图2-6是深国商自2010年6月至2011年5月的日K线图。从图中可以看到，深国商从2010年6月至2011年2月这8个月间形成图2-6所示的A、B、C三个明显的低点，2011年2月下旬，深国商向上突破了三个地点之间的最高点位置，图中所示的L线的位置，随后虽然深国商股价经历了小幅回落，但是却没有跌入到三重底形态之中，此时正是我们三重底的买入区间，至2011年5月，深国商累计上升了84%。

当然，深国商能有这样的表现，离不开其基本面的催化剂，催化深国商上涨的最大因素是其“晶岛项目”。

2010 年，公司完成了股权重组和董事会换届选举，同时，公司也完成了 13 亿元的信托融资及“晶岛项目”的房产证办理。未来公司将集中全力发展位于深圳福田中心区的大型购物中心“晶岛项目”。

2010 年，公司大力推动了“晶岛项目”的启动进程，预计 2011 年年内可以正式开业。2010 年度，公司重新梳理了“晶岛项目”的定位、设计和业态布局，聘请了英国知名设计公司 Benoy 进行整体设计。“晶岛项目”将定位于中高端时尚购物中心，未来计划引进国际一线品牌以及各类时尚流行品牌。公司引入了经验丰富的专业团队，项目的精装修和招商工作目前正在紧张进行中，预计 2011 年年内可以正式开业。

晶岛项目重新启动，公司基本面有望迎来大幅反转。公司之前主营业务不断亏损，一直靠高息借款及出售资产维持运营。公司 2003 年从低价拿地获得的“晶岛项目”因拖欠工程款一直处于停顿状态。然而近年来房价的暴涨导致公司“因祸得福”，虽然晶岛项目一直无法顺利开发实现销售，但公司被迫持有该项目却享受到了物业的大幅升值。

一旦深国商的“晶岛项目”正式开业，那么将给深国商的基本面提供很大的反转，这也是催化深国商股价上涨最重要的基本面因素。

我们再来看一个案例。

图 2 - 7 是片仔癀（600436）自 2010 年 1 月至 2010 年 11 月的日 K 线图。从图中可以清晰地看到，在 2010 年 1 月至 2010 年 7 月这 7 个月间，片仔癀形成了图中所示的 A、B、C 三个低点，形成了一个准三重底的形态，2010 年 8 月中旬，片仔癀成功突破了三个低点之前的最高点的压力位置（图中所示的 L 线的位置所在），随后股价只有少许回落，之后便开始温和放量上升，此时，正是我们三重底的买入区间。形成买入位置之后，股价在随后的两个月内上涨了 86%。当然，这同样要归功于片仔癀基本面的催化剂。

下面我们就来看看当时催化片仔癀上涨的基本面因素。

我们来看看 2010 年 7 月，天相投资分析师刘宇斌对片仔癀的调研简

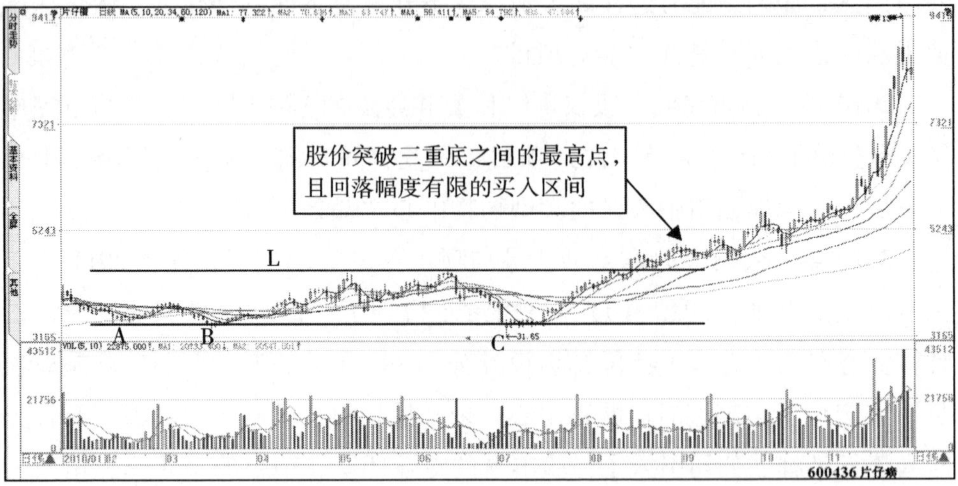

图2-7

报，内容如下：

2010年半年报显示，公司实现营业收入4.14亿元，同比增长21.60%；营业利润1.12亿元，同比增长41.77%；归属于母公司净利润9519万元，同比增长45.33%，摊薄后每股收益为0.68元。

营业收入平稳增长。报告期内公司实现收入4.14亿元，其中实现医药工业收入2.05亿元，同比增长36.02%；医药商业收入2.23亿元，同比增长4.97%；化妆品收入1537万元，同比增长22.08%。医药工业中片仔癀系列收入为1.81亿元，同比增长24.00%。

毛利率提高，净利润快速增长。公司综合毛利率为39.61%，同比增长1.37个百分点，是由于医药工业中片仔癀系列产品毛利率上升较快，比去年同期上浮3.48个百分点，主要是由于年初片仔癀内销价格上调所致，这也使得公司净利润增速快于营业收入增速。

片仔癀内销价格上调，将增厚EPS0.09元。2010年1月公司发布公告，片仔癀产品内销价格每粒上调20元。调价后出厂价为200元/粒，上调幅度为11%，预计2010年全年净利润将增加1275万元左右，以目前股本计算，预计2010年将增厚EPS0.09元。公司提价频率大概为2年/次，上次国内价格提价为2007年11月份，这次提价后预计在两年内价格将保持稳定。

化妆品业务将成为公司未来重要的利润增长点。公司将和韩国的科丝美诗公司合作研发药妆，立志打造中国第一药妆。

公司已征地70亩，未来用于药妆的扩大生产。2009年2月4日控股子公司漳州片仔癀皇后化妆品有限公司更名为“福建片仔癀化妆品有限公司”，控股子公司漳州片仔癀大药房连锁有限公司更名为“漳州片仔癀国药堂医药连锁有限公司”，这两家控股子公司的更名对于公司经营影响不大，不过从公司控股的两家子公司变更后的名称可以看出公司做强的动力，相信化妆品业务将成为公司未来重要的利润增长点。

盈利预测：我们预计公司2010—2012年EPS为1.33元、1.64元、2.13元，根据28日收盘价41.19元计算，对应动态市盈率为31倍、25倍、19倍，估值处于较低的水平，我们维持公司“增持”的投资评级。

通过上面的调研简报，我们可以知道，在当时我们可以判断产品提价对于片仔癀的业绩增长具有积极意义，同时公司正在培育化妆品业务这个新的利润增长点，同时公司的市盈率水平不高，业绩非常有保障，这些都是我们敢于再出现三重底买入区间之后，敢于介入该股的重要原因。

第四节 牛市中股价回落买入

一、牛市中股价回落买入理由

有句股票谚语说得好，牛市中，每次下跌都是绝佳的买入时机，小跌小买，大跌大买。

要想按照上面的谚语指导操作，我们就必须先搞清几个问题。牛市是否已经确立，目前属于牛市的何种阶段，牛市初期，中期还是牛市后期。因为只有在这些问题都解决的前提之下，我们才能够找准自己的定位，然后作出相应的操作。

至于牛市的确定，我们需要根据大盘的趋势，结合波峰位移理论来进行分析确认，这点我们已经在第三本书第十一章中有详细的讲述，在此不再赘述。

对于牛市各个阶段的判断，我们可以根据大盘的上涨时间，已经大盘上涨的表现以及大盘不同上涨阶段中领涨股票的表现来判断，在牛市初期，大盘上涨往往并不是非常犀利，此时一些低价绩优股票往往率先爆发，而在牛市中期各种股票轮番上涨，大盘和个股都涨势惊人，到了牛市末期，大盘和个股可能出现缓慢滞涨，或者大盘虽然快速上涨，但是大部分的八类股票却趋于调整中，并未创出新高，这些都是牛市末期的典型表现。

根据我们的统计，牛市在股票市场中所占的比重只有20%的时间，其余80%的时间，市场要么处于熊市，要么处于振荡市。事实证明，只有在牛市中，我们的获利才是最快的，在熊市和振荡市场中，我们往往会遭遇损失。

根据我们对牛市、振荡市和熊市中的上涨段和下跌段的统计，我们得出如下结论：在牛市中，每次下跌的时间都比较短，在2～3个星期之间，之后大盘往往就创出新高，快速上涨，而在振荡市场中，每次下跌后，虽然大盘也有可能上涨，但是上涨的幅度是牛市中无法比拟的，而且振荡市场的上涨幅度和上涨周期都非常有限。而在熊市中，每次下跌过后，大盘往往只会经历只有几周有时甚至几天的反弹，随后大盘又会进入新一轮的暴跌之中。因此，只有在牛市中，股价的短期回落是我们良好的买入时机。

二、牛市中股价回落买入技巧

在牛市中，尤其在牛市的初中期，股价回落的时间随着牛市的递进而变得越来越短，在这样的情况下，我们只要发现股票回落的时间接近上次调整的时间，我们便可以大胆地介入。当然，为了保险起见，我们把股票在上一次调整中的支撑价位之下的3%以内作为我们的止损点，一旦股价跌破该价位，我们便执行止损出局，保护自己的资金免受更大的损失。

下面我们就来看几个实际的案例。

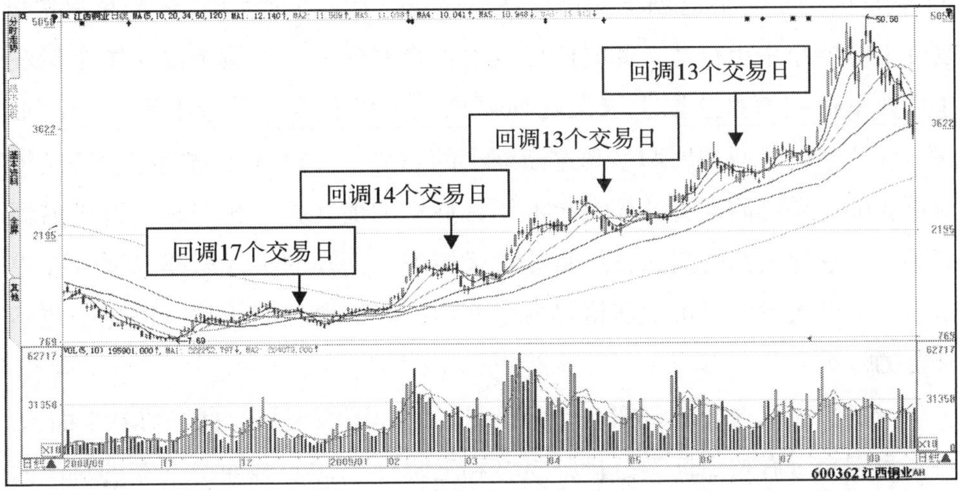

图2－8

江西铜业（600362）是一家从事采矿、选矿、熔炼与精炼，生产阴铜及副产品，包括硫精矿、硫酸及电解金和银等业务的公司。

该公司是由江西铜业公司、国际铜业（中国）投资有限公司、深圳宝恒（集团）股份有限公司、上饶市振达铜材工业集团（现已改制重组为江西鑫新实业股份有限公司）及湖北黄石金铜矿业有限责任公司（现已改制重组为湖北三鑫金铜股份有限公司）作为发起人，于1997年1月24日以发起方式设立的外商投资股份有限公司。江西铜业公司系以其拥有的经评估及国有资产管理部门确认的德兴铜矿、永平铜矿和贵溪冶炼厂等有关净资产作价入股，其他发起人系以人民币现金入股。公司设立时的注册资本为177755.62万元。

公司于1997年6月12日发行了65648.2万股H股并在香港联交所和伦敦证券交易所上市。H股发行后，公司的注册资本变更为243403.82万元。公司是我国第四批境外上市公司，也是我国境外上市的第一家矿业公司。公司现为外商投资先进技术企业。2002年1月，江西铜业登陆上海证券交易所，发行2.3亿股，融资5.221亿元，公司总股本增至266403.82万股。

图2-8所示的是江西铜业自2008年9月至2009年8月的日K线图。2008年10月底，大盘创下熊市新高，之后开始见底企稳，开启了一波修复性上涨的小牛市行情。此时的江西铜业也跟随大盘缓缓上涨，图中标注了江西铜业在大盘这段上涨段的回调周期，我们发现随着上涨力度的加快，江西铜业的回调周期呈现逐渐缩小的态势，根据这样的规律，每次江西铜业的回调时间即将达到上次的回调周期的前几天，我们就可以提前抄底买入，这样我们的买入价格是非常优厚的，这样的买入思路只适合在牛市中，一旦大盘的牛市上涨格局发生变化，我们要及时止损，以免造成不必要的亏损。

当然，我们选择江西铜业作为投资标的，还因为具有良好的基本面。

我们来看看招商证券分析师赵春和王晓丹于2009年4月发布的对江西铜业的调研简报，内容如下：

2009年4月1日，公司披露了年报，实现销售收入540亿元，同比增长25%，归属于母公司的净利润29亿元，同比下滑27%，实现每股收益为0.76元。同时公司还计提了超过18亿元的资产减值和投资损失。

铜是基本面最好的基本金属，看好铜价：铜资源供给紧张、需求环比回暖和国储收储对铜价构成较强支撑，我们认为铜金属是有色基本金属中基本面最好的金属品种，预期全年铜均价在38000元/吨。

资产减值和投资损失提价相对较为充分，但2009年仍受高价库存的影响。2008年计提资产减值损失为7.6亿元，计提套保失误平仓带来的公允价值变动损失和投资收益损失高达10.7亿元，计提较为充分，但由于公司的存货成本计量为加权平均计量方法。因此，2009年仍将需要部分时间消化高价库存。

未来几年自产铜资源产量保持快速增长：2008年生产精铜70.2万吨、黄金16.3吨、白银408吨、铜材46.2万吨、硫酸218万吨和硫精矿155万吨，其中自产铜精矿为15.9万吨，自产黄金超过5吨。预期公司

2009—2011 年自产铜分别为 17.5 万吨、19 万吨和 22 万吨。

公司资源储量优势明显。截至 2008 年年末，公司国内权益铜资源储量为 1114 万吨、黄金为 363 吨，白银为 9098 吨，钼 27.7 万吨。伴生硫为 10390 万吨。

国外参股资源权益储量为铜 407 万吨、黄金 42 吨。从资源储量上看，江西铜业铜资源储量是云南铜业的 5 倍，黄金储量是山东黄金的两倍，而白银和钼资源储量也非常丰厚。

公司的铜价业绩敏感度较高，国际铜价每涨 500 美元/吨，将提升公司业绩 0.12 元。敏感度介于云铜和铜陵之间。我们预期全年铜均价为 4500 美元/吨，预估公司 2009—2011 年每股收益分别为 0.70 元、0.86 元和 0.96 元。

维持“审慎推荐”投资评级：公司是国内资源储量最丰富、自产铜资源最大，铜资源自给水平最高的铜生产企业。在 2009 年铜价格明显回暖的背景下，我们看好公司的趋势性投资机会，维持“审慎推荐”的投资评级。

风险提示：公司目前股价为 23.69 元，如按 2009 年 20 倍市盈率水平计算，蕴含的 2009 年铜均价达到了 6000 美元/吨，我们认为 2009 年铜均价达到 6000 美元/吨的可能性非常小。因此，公司短期具备估值风险。

上面的研究简报强调了江西铜业的资源优势，同时也指出了其业绩也出现了明显的下滑，我们知道，2008 年的国际金融危机波及甚广，对于大宗产品，诸如铜的价格和需求量都会有一个明显的负面影响。但是，我们也要看到，每次熊市过后，率先反弹复苏的品种都是那些周期性强的品种，而江西铜业正是这种典型的周期性行业，根据招商证券对江西铜业 2009 年的业绩预测，可以看出虽然江西铜业 2008 年业务出现下滑，但是其业绩并不差，安全边际要远胜过那些每股收益只有几分钱甚至更低的公司。从这个角度思考，在 2009 年上涨段，再回调时买入江西铜业的操作是非常明智的投资策略。

我们再看案例二。

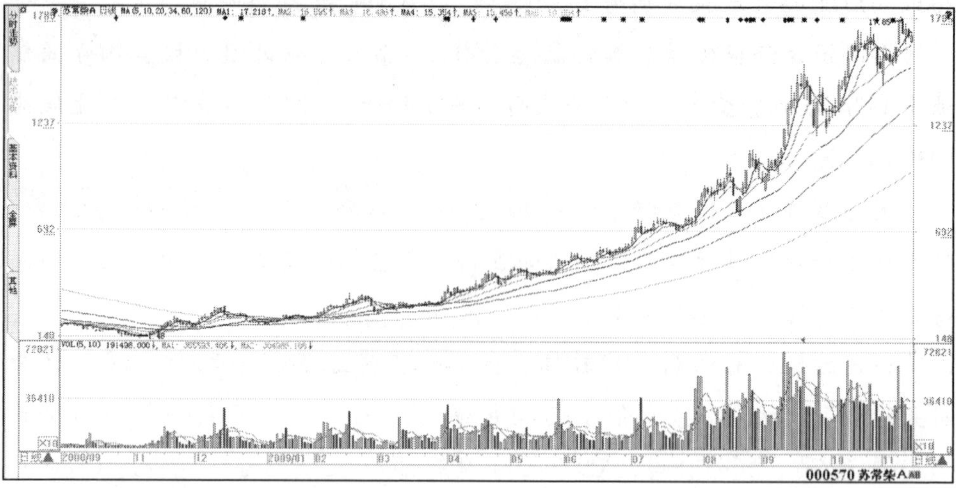

图 2－9

图 2－9 是苏常柴 A（000570）自 2008 年 9 月至 2009 年 11 月的日 K 线图。与江西铜业类似，对于苏常柴 A，如果我们坚持在大盘处于 2009 年年初至 2009 年 8 月这段时间采用牛市回调买入法，我们同样可以获得非常大的收益。在此我就不再详述。

通过上面的两个案例，对于牛市中回调买入法，关键就是要在大盘处于较长上升的大环境中才得以顺利实施，同时对所选公司的基本面一定要有十足的把握，一定要有安全边际。如果脱离了大盘长期上行的大环境，或者公司业绩存在安全隐患，这样的操作很有可能会造成不必要的损失。

第五节　股价突破上一年最高点回落时买入

一、股价突破上一年最高点回落时买入理由

上一年的股价最高点，是上一年所形成的巨大的压力线，表明在上一

年最高点的位置是股价的一个重大的压力区域。然而，一旦股价突破了上一年最高价，并且稍作回落后就继续攀升，那么上一年的最高价就随之变成了支撑线。要想进一步弄清支撑线和压力线的问题，我们先来作一些介绍。

支撑线和压力线主要是从人的心理因素方面考虑的，两者的相互转化也是从心理角度方面考虑的。支撑线和压力线之所以能起支撑和压力作用，很大程度是由于心理因素方面的原因，这就是支撑线和压力线理论上的依据。当然，心理因素不是唯一的依据，还可以找到别的依据，如历史会重复等，但心理因素是主要的理论依据。

市场中无外乎三种人，多头、空头和旁观者。旁观者又可分为持股者和持币者。假设股价在一个支撑区域停留了一段时间后开始向上移动。在此支撑区买入股票的多头们很肯定地认为自己对了，并对自己没有多买入些而感到后悔。在支撑区卖出股票的空头们这时也认识到自己弄错了，他们希望股价再跌回他们的卖出区域时，将他们原来卖出的股票补回来。而旁观者中的持股者的心情和多头相似，持币者的心情同空头相似。无论是这四种人中的哪一种，都有买入股票成为多头的愿望。

这样，原来的压力线就转化成支撑线。

正是由于这四种人决定要在下一个买入的时机买入，所以才使股价稍一回落就会受到大家的关注，他们会或早或晚地进入股市买入股票，这就使价格根本还未下降到原来的支撑位置。上述四种新的买入大军自然又会把价格推上去。在该支撑区发生的交易越多，就说明越多的股票投资者在这个支撑区有切身利益，这个支撑区就越重要。

我们再假设股价在一个支撑位获得支撑后，停留了一段时间开始向下移动，而不是像前面假设的那样是向上移动。对于上升，由于每次回落都有更多的买入，因而产生新的支撑；而对于下降，跌破了该支撑，情况就截然相反。在该支撑区买入的多头都意识到自己的决策是错误的，而没有买入的或卖出的空头都意识到自己的决策是正确的，无论是多头还是空头，他们都有抛出股票逃离目前市场的想法。一旦股价有些回升，尚未到达原来的支撑位，就会有一批股票抛压出来，再次将股价压低。这样，原来的支撑线就转化成为压力线。

以上的分析过程对于压力线也同样适用，只不过结论正好相反。

可见，一天支撑线如果被突破，那么这一条支撑线将成为压力线；同理，一条压力线被突破，这个压力线将成为支撑线。这说明支撑线和压力线的地位不是一成不变的，而是可以改变的，条件是它被有效的、足够强大的股价变动突破。

因此，如果股价突破了上一年的最高点，也就是突破了近一年以来的最大压力线，一旦经过小幅回调，得到确认，不管是多头，空头还是旁观者，都认为在该位置应该大量地买入该股票，因此该位置理所当然变成了重要的支撑位置。

二、股价突破上一年最高点回落时的买入技巧

虽然股价突破了上一年的最高点，之前的强大压力线转变为支撑线，但是并不是只要股价突破了上一年的最高点就是我们的买入点位。

我们要综合考虑多种因素，才能决定最终的购买位置。

对于购买股价突破上一年高点的股票，我们要遵循以下规则：

1. 必须确定大盘处于牛市初中期或者振荡市场的上升段，在振荡市场中最好是振荡的上升初期。

2. 必须确定突破上一年的高点时有效突破，涨幅至少大于上一年高点的3%以上，必须突破后连续三天收盘价大于上一年的最高价。

3. 在有效突破上一年最高点之后的回落必须是小幅回落，下跌幅度不能太大。

只有同时符合上述三个条件，同时基本面具有亮点的股票才能成为我们的购买标的，而具体的购买位置就是股价有效突破上一年最高点之后小幅回调确认之后再次进入上升浪的初期。

下面我们来看几个具体的案例。

巨化股份（600160）是一家从事氟化工原料及后续产品、基本化工原料及后续产品和化肥、农药的生产与销售的公司。公司独家发起人巨化集

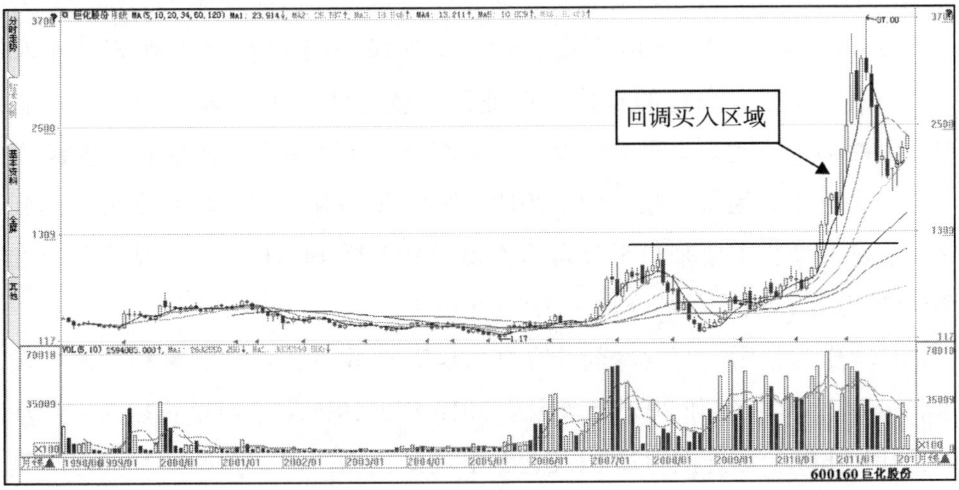

图 2 - 10

团公司前身衢州化工厂始建于 1958 年，1984 年改名为衢州化学工业公司，1993 年经国务院经济贸易办公室批准，并组建巨化集团，衢州化学工业公司更名为巨化集团公司。公司经浙江省人民政府批准，由巨化集团公司独家发起，采取募集方式设立的股份有限公司。1998 年 6 月，巨化股份登陆上海交易所，发行 8000 万股，融资 4.6 亿元。

图 2 - 10 是巨化股份上市以来的全景图。2010 年 10 月，巨化股份不但突破了上一年的新高，而且还突破了 2008 年创下的历史新高，但是随着 2010 年 11 月后期大盘进入下跌趋势，此时的巨化股份也开始回调，但是其回调幅度有限，并没有跌破期其之前突破的历史高位。2011 年 1 月底，上证指数开始逐步企稳，此时也是我们按照突破回调买入法介入巨化股份的极佳时机。之后，巨化股份跟随大盘连续上涨，3 个月涨幅达到 105%，完成翻倍行情。

下面我们就来看看我们敢于在突破后回调中买入巨化股份的基本面原因：

1. 业绩大幅提高，未来几年高增长可期。

受益产品涨价，业绩大幅提高。需求方面，在家电、汽车热销的带动下制冷剂需求快速增长；供给方面，发达国家设备停、减产以及国内节能限电影响了原材料供应，造成制冷剂生产紧张。在供需偏紧的状况下，公司产品 R22 和 R134a 价格持续上涨，较 2010 年年初分别上涨 83.3% 和 74.5%。公司拥有完整的氟化工产业链，氯仿和 TCE 基本自给，在原材料、制冷剂价格大幅上涨的情况下，能充分享受产品高价格带来的盛宴。

未来两年业绩将再超预期：2010—2012 年净利润复合增长率有望达到 46%。利润增长主要来自于公司的主要产品 R22 和 R134a，产品均价将远高于 2010 年，预计增幅分别为 38% 和 16%。

R22 作为家用空调制冷剂具有臭氧层破坏效应，发达国家和发展中国家将分别于 2020 年和 2030 年淘汰。2010 年发达国家已经禁止在新生产空调上使用 R22，国外的 R22 以及上游甲烷氯化物产能已开始陆续关停，国内开始限制 R22 扩产。目前替代 R22 的新型制冷剂为 R410，但 R410 替换并未大幅影响 R22 的需求，相反国外产能淘汰过快，导致了更为严重的供需缺口，未来 3 年 R22 的供给缺口仍将存在。公司对新型制冷剂技术已有储备，未来将从 R22 的产业链衍生中获益。

R134a 作为汽车用制冷剂，不破坏臭氧层，但是具有较高的温室效应，但是由于选取何种替代品还存在分歧，预计未来 3 年 R134a 仍将占据汽车用制冷剂市场的主导地位。国外出现了 R134a 的产能关停现象，国内 R134a 装置运行也极不稳定，引发了明显的供需缺口。未来两年国内新增的 R134a 产能将弥补国外产能的关停，预计供给将保持平衡状态。

2. 进军氟化工新材料，前景不可限量。

巨化股份 2010 年 12 月 30 日公告非公开发行股票预案，拟以不低于 19.93 元/股的价格，向包括控股股东巨化集团在内的不超过十名特定对象发行不超过 8500 万股，募集资金 16.5 亿元，用于建设 20kt/aTFE 及其下游产品项目、49kt/a 新型氟制冷剂项目、28kt/a 新型食品包装材料项目、30kt/aODS 替代品技改项目等。

公司进军氟化工新材料领域，向黄金产业迈出了坚实的一步。作为化工新材料之一，氟化工在“十二五”规划单列一个专项规划，由于产品具有高性能、高附加值，氟化工产业被称为黄金产业。公司总投资 3.6 亿元的 20kt/aTFE 及其下游产品项目建成后，将改变目前我国高品质 FEP、

PTFE、HFC－125 等产品主要依靠进口的局面，前景十分看好。公司此次募集资金投向 TFE 及其下游产品项目，化解了前期市场对公司能否进军新材料的担心，标志着公司已经开始迈向氟化工新材料这一万众瞩目的黄金产业。

新型氟制冷剂将进一步巩固公司制冷剂的龙头地位。目前市场上主流制冷剂仍然为 R134a 和 R22，由于其具有很强的温室效应，发达国家已经禁止生产，未来国内也面临被淘汰的压力。公司通过自主研发寻求新型替代制冷剂已经成功，此次拟投资 5.6 亿元的 49kt/a 新型氟制冷剂项目，前景也十分看好，未来将进一步巩固公司在国内制冷剂的龙头地位。

公司募投项目将推进公司产业结构由基础化工向新材料、新环保、新用途方向转型升级。作为目前国内最大的氟化工、氯碱化工配套发展的氟化工先进制造业基地，巨化股份目前主营产品主要集中在氢氟酸、初级氟制冷剂和氯碱产品等基础化工产品方面，产业结构竞争力不强。公司通过此次募集资金投向氟化工新材料以及新型氟制冷剂，已经开始向下游具有高技术含量、高附加值的氟化工精细化方向发展。随着公司产业结构由基础化工向新材料、新环保、新用途方向的转型升级，公司的产业链将逐步完善，竞争能力也将大幅提升，前景无量。

制冷剂高景气＋资源整合＋进军新材料，公司未来前景不可限量。由于发达国家 2010 年已经淘汰 R22 的生产，而发展中国家要到 2030 年全面停止生产和销售，未来一段时间公司受益制冷剂高景气度局面将得以维持；其次，“十二五”期间国家将对萤石资源进行一次强制性整合，公司作为萤石资源丰富的浙江省国资委控股的氟化工生产基地，未来很有可能成为资源整合的主角；再加上公司进军目前国家大力扶持的被称为“黄金产业”的氟化工新材料领域，公司的未来发展无限的遐想空间，可谓是前途不可限量。

3. 政策利好不断。

2010 年国家已对萤石和氢氟酸行业设立了开采和生产的准入标准，未来对于含氟氯烃（如 R22 等）行业也会采取相应的限制，目前具备产能的生产企业将会收益。同时，国家可能对包括巨化在内的少数几家生产型龙头企业实施资源倾斜政策，公司有望从政策扶持中受益，获得上游萤石资源。

在公司产品种类不断拓宽，各种政策利好的支撑下，未来几年巨化股份有望保持业绩稳定增长，这样的绩优股在振荡市场阶段底部即将来临之际给了我们低价买入的良好时机。

我们再来看一个案例。

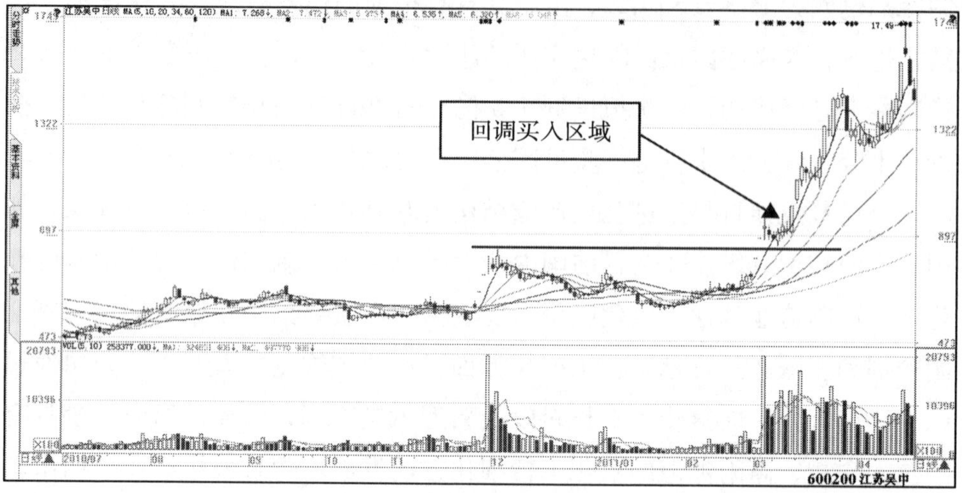

图2-11

江苏吴中（600200）是一家主营服装和医药的公司。1994年6月28日，公司是经江苏省体改委苏体改生〔1994〕114号文批准，由江苏吴中集团公司联合中信澳大利亚公司、江苏吴中集团万利发展公司、吴县通海物资贸易公司、吴县吴中饭店作为发起人，采取定向募集方式设立的股份公司。1999年4月，江苏吴中登陆上海交易所，发行3350万股，融资2.5963亿元。

图2-11是江苏吴中自2010年7月至2011年4月的日K线图。从图中可以看到，2011年3月初，江苏吴中突破了2010年的最高点，随后股价小幅回落，回调价位未及2010年最高点位置，而此时大盘仍处于上升通道之中，这次回调正是我们所说的突破上一年高点的回调买入区域，随后，江苏吴中继续飙升，一个多月上涨了78%。

当然江苏吴中能够有如此快速的上涨，其稀缺的抗癌题材起到了推波助澜的作用，有关江苏吴中的基本面我们之前都有过详细的介绍，在此不再赘述。

通过上面两个案例，我们知道，在股价突破上一年高点之后的回调买入，不仅要遵循之前所述的三大原因，还要对回调个股的基本面胸有成竹，只有确定突破的股票有着明显的基本面亮点，才能采用该战法大胆操作。

第三章

上一次行情的顶部和底部效应

当一只股票的股价跌至上一次熊市底部下方3个点的点位时，就应该关注股价在前一次熊市的底部位置所获得的支撑。以同样的方式判断每一只个股的趋势，如果单只股票的股价突破了上一年或上一次行情的顶部3个点，就预示着股价还会涨得更高。

——江　恩

在股票投资中，股价每一次形成顶部或者底部都是有着内在的和深刻的原因的，尤其是过去一段时间的历史高点和历史低点，这些都是股票交易的参与者心理博弈的最终结果，而过去一段时间的最高价和最低价都有着明显的之势作用。

在本章，我们会探讨过去的顶部和底部对于个股目前走势的影响，并且会跟大家一起研究在当前股价达到过往重要的底部和顶部时我们应该如何应对，帮助我们更好地规避风险和获取更大的收益。

在下面的研究中，我们分成两部分来讲述，我们分别研究上一次行情的底部和上一次行情的顶部所产生的效应。

第一节　上一次的底部效应

一、底部概述

底部的含义

所谓底部是指股价由下跌转为上升的转折点，这种转折可以是一个急速的过程，也可以是一个缓慢的过程。从本质上讲，底部是股价运行轨迹从下跌转为上升的转折点。然而，并不是所有的底部都具有同样的效用，受各种不同的原因影响，在底部形成后，所维持上涨的时间各有不同。

底部的分类

按照不同的分类方式，底部会有不同的分类方法，我们在这里按行情的规模大小将底部划分短期底部、中期底部和长期底部并分别对其进行讨论。

短期底部是指股价经过一段不长时间的连续下跌之后因导致短期技术

指标超卖，从而出现股价反弹的转折点；中期底部是由于股价经过长期下跌之后借助于利好题材所产生的历时较长、升幅可观的弹升行情的转折点；而长期底部则是指弱势行情完全结束。多头行情重新到来的转折点。以上三种不同层次的底部行情特征和各股表现都不大相同，下面我们分别予以叙述。

短期底部以V形居多，发生行情转折的当天经常在日K线图上走出较为明显的下影线，在探到底部之前，常常会出现2～3根比较大的阴线，也就是说，每一次加速下跌都会探及一个短期底部。短期底部之后，将是一个历时很短的反弹，这一反弹的时间跨度多则三五天，少则只有一天，反弹的高度在多数情况下很难超过加速下跌开始时的起点。在反弹行情中，以低价位的三级股表现最好，而一线优质股则波幅不大。

中期底部

中期底部各种形态出现的可能性都有，其中W形底和头肩底出现的概率稍大些。中期底部一般是在跌势持续时间较长（10周以上）、跌幅较深（下跌30%以上）这后才会出现。在到达中期底部之前往往有一段颇具规模的加速下跌。中期底部的出现，一般不需要宏观上基本因素的改变，但却往往需要消息面的配合，最典型的情况是先由重大利空消息促成见底之前的加速下跌，然后再由于利好消息的出现，配合市场形成反转。在见底之前的加速下跌中，往往优质股的跌幅较大，股价见底期间，优质股的成交量会率先放大。中期底部之后，会走出一个历时较长（一至数周）、升幅较高的上升行情。这段上升行情中间会出现回调整理。大体来讲升势可分为三段、第一段由低位斩仓者的补货盘为主要推动力，个股方面优质股表现最好，第二段由炒题材的建仓盘推动。二线股轮番表现的机会比较多，升势的第三段是靠投机性炒作推动的，小盘低价股表现得会更活跃一些。在中期底部之后的升势发展过程中，会有相当多的市场人士把这一行情当作新一轮多头市场的开始，而这种想法的存在正是能够走成中级行情而不仅仅是反弹的重要原因。

长期底部

长期底部是熊市与牛市的交界点，长期底部的形成有两个重要前提，首先是导致长期弱势形成的宏观基本面利空因素正在改变过程当中、无论宏观基本面利空的消除速度快慢，最终的结果必须是彻底地消除；其次是在一个低股价水平的基础上投资者的信心开始恢复。长期底部之后的升势可能是由某种利好题材引发的，但利好题材仅仅是起一个引发的作用而已，绝对不是出现多头行情的全部原因，也就是说，市场须存在出现多头行情的内在因素，才有走多头行情的可能性。而这种内在因素必须是宏观经济环境和宏观金融环境的根本改善。长期底部的形成一般有简单形态和复杂形态两种。所谓简单形态是指潜伏底或圆弧形底，这两种底部的成交量都很小，市场表现淡静冷清。而复杂形态是指规律性不强的上下振荡。长期底部走成 v 形底或小 W 形底的可能性不大，见底之后将是新一轮的多头市场循环。由以上分析可以看出，作为股市上的投资者应当十分重视中期底部与长期底部的形成。一旦看准中长期底部出现，可以下大注去搏，而对于短期底部，可以不予理睬为上策，即使确实有兴趣进行短线投机，也应严格控制入货总量，并坚决按照止亏纪律进行操作，那种逢底便抄，几乎天天都在抄底的投资者必然损失惨重。

至于底部的判断等在本系列丛书的第三本的第十一章我已经作了详细的讲述，在此我不再赘述。

二、关注上一次行情底部的意义

我们所说的上一次行情的底部并没有特指离目前最近的一次的底部，这里我们所说的上一次是一个概数，就是指对于之前的那些底部，如果有一只刚好在最近的下跌中形成了强大的支撑作用，股票下跌至该价位便转而企稳，那么这样的底部就理所当然成为我们关注的焦点。

对于目前的股价来说，之前的每一个底部，都具有强大的支撑作用，一般来说，距离目前价格越低的底部，尤其是历史底部，具有极强的支撑力。然而，并不是每次下跌都会击穿那种长期的历史底部，此时我们就需要运用之前的众多底部来判断股票价格是否已经见底企稳，如果股价运行至之前的某一个底部附近不在下跌，股价开始逐步企稳。那么，这个位置很可能就是这次的底部，这对于我们操作股票来说具有重大的参考意义。相反的，如果股价跌破了前期的底部，尤其是前期的重要底部，甚至是历史底部，那么就预示这原先的巨大支撑位变成现在的阻力位，股价还有继续向下下跌的动力，此时我们要十分小心，降低仓位，规避可能给我们带来更大的损失。

上一次行情的底部是重要的参考线，可能时刻在支撑线和压力线之前转换，我们要密切关注他们的动向，从而为我们股票操作提供帮助。有关支撑线和压力线互相转换的情况，我已经在本书的第二章作了详细的介绍，在此不再详述了。

三、上一次行情底部的实战运用

对于上一次行情底部的运用，我们更多的是看他们的支撑和压力作用，如果一只下跌中的股票运行至之前的某底部区间附近，股价止跌企稳，那么此位置很有可能就是该股目前的一个底部区间，至少是短期的一个底部区域间。如果此时大盘也开始企稳，就正是我们买入该股的有利时机了。相反的，如果我们先前认为的上一个底部区间被跌破了，那么该位置就变成了压力位置，股票还有继续下跌的风险，我们需要寻找更低的底部区来判断该股的底部位置，直到该股在某之前一个更低的底部位置附近企稳止跌了，该股的底部有可能才会真正来临。

下面我们就用实际的案例来说明情况。

乐视网（300104）是一家从事互联网视频及手机电视等网络视频技术的研究、开发和应用，主要经营网络视频基础服务和视频平台增值服务业务的公司。公司由乐视移动传媒科技（北京）有限公司整体变更设立。2009 年 1 月 15 日乐视传媒股东会作出决议，整体变更为乐视网信息技术（北京）股份有限公司，以变更基准日 2008 年 12 月 31 日经审计净资产

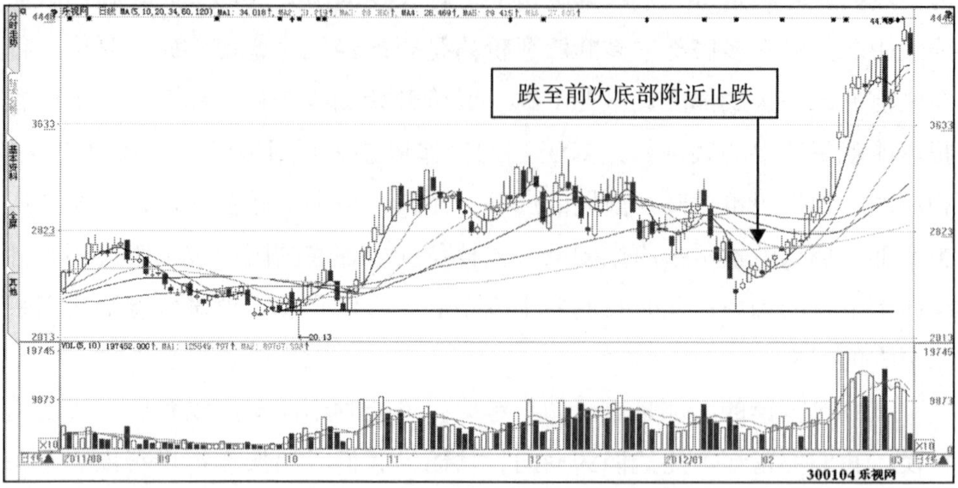

图 3－1

14282.46 万元折为 7500 万股，每股面值 1 元，余额 6782.46 万元作为资本公积。2009 年 2 月 2 日，利安达会计师事务所出具利安达验字〔2009〕第 A1003 号《验资报告》，对公司注册资本进行审验。2009 年 2 月 10 日，公司在北京市工商行政管理局注册登记并取得注册号为 110000007760467 的企业法人营业执照。2010 年 8 月，乐视网登陆创业板，发行 2500 万股，融资 7.3 亿元。

图 3－1 是乐视网自 2011 年 8 月至 2012 年 3 月的日 K 线图。我们看到，虽然自 2011 年 4 月以来上证指数走势疲软，但是乐视网走势依然不错，自 2011 年 10 月开始便振荡上行，直到 2012 年 1 月初，乐视网才被动开始下跌，但是股价跌至 2011 年 10 月低点附近时，乐视网止跌企稳，随着 2012 年 1 月上证指数在此反弹，乐视网走出了较强势的走势，一个多月上涨了 85%。在这里再次显现出前次底部的强大支撑作用，当然，乐视网在这一波大盘上涨 14% 左右的反弹中大幅上涨了 85%，与其基本面的催化作用有着重大关系，下面我们就来看看乐视网的基本面亮点。

下面我们就来看看在这一时期不同券商对于乐视网的分析。

我们先来看民生证券分析师李峰在 2011 年 12 月 28 日对乐视网的简评，内容如下：

一、事件概述

近期，乐视网公司发布 2011 年年度业绩预增公告：报告期内，公司净利润约 12477.70 万～13318.89 万元，同比增长 78%～90%，折合每股收益为 0.57～0.61 元。

二、分析与判断

业绩基本符合我们预期，净利润同比增长 78%～90%，EPS 为 0.57～0.61 元

1. 净利润高增长原因为：

（1）网络视频行业环境日益改善，近年来行业成长性较高；

（2）公司不断加强品牌推广，完善产品用户体验，开拓有效营销模式，包括“视频平台广告发布收入”、“网络高清视频服务收入”、“网络视频版权分销收入”等各项主营业务均有较大幅度增长，从而实现净利润高增长。

2. 虽然此次业绩预增公告并无营收数据，但我们判断，公司 2011 年营收同比增长为 110%～130%。净利润增速低于营收增速的原因为：由于业务发展需要，公司人员规模扩充较快，且相关费用上涨较快。

3. 网络视频行业呈现“野蛮生长”状态，竞争正从“无序”走向“有序”，利于公司发展。

（1）网络视频行业已从初期的“盗版横行”的野蛮生长状态发展到目前“版权争夺”阶段。

①首先，经过 7 年的市场培育，网络视频用户规模不断壮大，且付费环境正在形成；

②其次，广电总局“限娱令”的出台，使得视频网站与传统电视台的内容差距逐渐缩小。当前网络视频运营商的竞争围绕着电视剧、电影等视频版权展开，竞争趋向“有序”。

（2）①公司在优质网络版权市场占有率不断提升，2011 年热播电视剧的独家网络版权占有率超过 70%、含非独家的网络版权覆盖率超过 95%，并且已经预先锁定了 2012 年以及 2013 年热播影视剧独家网络版的 30%；

②公司与土豆网实现联姻，共同开拓视频广告市场。因此，公司2012—2013年的高成长是有保障的。

4.《后宫甄嬛传》或为公司2012年带来超预期业绩。

（1）为快速提升网站流量，公司实施“自制剧”及“首播剧”、“独播剧”战略。例如近期的《黑狐》、《人到四十》、《请你原谅我》、《吧嗒吧嗒》、《风图腾》、新版《亮剑》等电视剧，使得公司流量获得较快增长。

（2）公司将于2012年3月与卫视台同步播放《后宫甄嬛传》。《后宫甄嬛传》由名导郑晓龙执导，改编自网络畅销小说，全剧76集。该剧虽为宫斗剧，但更注重人性及心理刻画。演员阵容、对白、服装、道具等均具较强看点，在北京播出时收视率一再创新高，最高达到13.99。我们判断，该剧有望为公司带来较高的广告收入，使得公司业绩超预期。

三、盈利预测与投资建议

预计2011—2013年EPS分别为0.61元、0.95元和1.33元，当前股价对应2011—2013年PE为46X、29X、21X。我们对公司维持“强烈推荐”评级，现阶段仍给予30元目标价。但鉴于公司业绩具有持续超预期的可能性，一旦得到确认，后期我们将上调公司目标价。

此前，公司股价一度创出35.08元新高。但近期大盘回落较大，投资者悲观情绪蔓延，公司股价亦随之回落。我们建议投资者，一旦大盘企稳，可积极参与介入该股票。

四、风险提示

1. 宏观经济下滑；

2. 影视网络盗版行为打击不力；

3. 其他视频网站、IPTV及有线电视运营商等竞争加剧。

从民生证券的分析来看，公司各项业务稳步发展，公司维持高业绩增长是大概率事件。

再来看2012年1月12日，银河证券分析师许耀文等对乐视网的调研简报，内容如下：

1. 事件

乐视网发布公告，与 CNTV 签署战略性合作协议，利用各自政策、内容、产品、技术及资源优势，合作推广互联网电视业务，合作期限为 1 年。

2. 我们的分析与判断

与 CNTV 合作，拿到超清播放机销售"通行证"。

根据广电总局 181 号文的规定，互联网电视产业链上的厂商都必须与 7 家牌照商合作。通过与 CNTV 的合作，乐视网相当于获得销售"乐视云视频超清播放机"的通行证，公司将开始在上海、杭州、长沙三个首批三网融合试点城市开展互联网电视机顶盒业务（2010 年试商用），并将进一步按照政策指引在其他试点城市进行有计划投放；与此同时，公司持有的大量版权内容可以放入 CNTV 互联网电视平台，参与未来付费内容收益分成。

CNTV 拥有中国最大的正版网络视频数据库，公司超清播放机嫁接 CNTV 的内容平台，无疑为随后的热销奠定基础。

公司"一云多屏"战略领先其他视频网站。

先发优势：乐视网已经有成型的 TV 机顶盒和手机端产品，其他视频网站基本还没有开始，公司的超清播放机一旦投放三网融合试点地区，将具有独占市场的先发优势。

内容优势：根据 181 号文，互联网电视只能播放电视版权，乐视网所购买版权基本都包含互联网电视和手机电视版权，而其他视频网站购买的网络视频版权则无法在互联网电视播出。

互联网电视将成为公司新的业绩增长点。

三网融合第二批试点开放 42 个城市，相比第一批 12 个城市进度已经明显加快，政策层面阻力不再，而电信光纤到户和宽带提速的战略为互联网电视的开展提供网络基础，从这两个因素看，互联网电视存在爆发的潜力（百事通计划 3 年做到 1000 万互联网电视用户）。

公司的收益来源主要包括超清播放机销售收入和 1 年免费期满后的月度内容服务费。相比之前 2000 元和 3000 元的价位，预计公司未来将会采用更加灵活的价格策略。

2010 年 H1 公司试商用期间已经销售机顶盒 2788 台，在嫁接 CNTV 平台并获准在试点地区销售之后，我们预计 2012 年高清播放机销售规模有望达到 10 万～15 万台，2013 年达到 30 万～50 万台规模。

3. 估值、投资建议与主要风险

我们预计公司 2011—2012 年 EPS 分别为 0.59 元、0.97 元，对应 PE 分别为 48 倍、29 倍，重申“推荐”评级。

主要风险：版权均价下跌。

通过这份研究简报，我们知道乐视网与 CNTV 合作，拓宽了乐视网自身的业务范围，使公司在超清播放上更进一步。

下面我们再来看一份 2012 年 2 月 7 日，国联证券分析师李斌对于乐视网的调研简报，内容如下：

事件：

公司于 2012 年 2 月 6 日发布合作公告，公司与网之易信息技术于 2012 年 2 月 5 日签订了《合作协议》。

点评：

土豆模式的又一次延伸。公司此次与网易合作，也是参照了之前的土豆模式，两公司合建网站 http://163.letv.com，其中乐视网主要负责为平台提供 CDN 分发、视频相关信息、视频内容及视频播放技术支持。而网易为此按三个年度向乐视网支付金额总计达 1 亿元的累积保底经营收入（三个支付年度分别是 3000 万元、5000 万元和 2000 万元），经营分成收入按播放次数收入计算。

双赢合作模式有望推广。公司之前已经与视频网站的巨头土豆展开合作，现在又跟中国的互联网巨头网易展开合作，这不仅有利于公司借助于网易等知名网站扩大自己的知名度和提高用户数量和流量，同时也能够最大化利用自己重金购买的独家网络影视版权，而像土豆和网易等互联网巨头，也有望凭借优惠的价格，进一步扩充自己的视频版权内容，从而进一步在网络视频领域占有一席之地，此类合作模式是双赢，我们认为未来乐视网还有望进一步与其他知名网站采取此类模式合作。

乐视超清机迎来关键一年。我们认为上述合作可以为乐视网带来显著流量和网络广告，但2012年我们更为关注的还是乐视网的超清播放机销售情况以及付费用户的增长情况，我们认为这两点才是决定未来乐视网是否能够跨进网络视频排头兵的关键之战。

投资建议：我们预测公司2011年、2012年和2013年的EPS分别为0.60元、0.93元和1.38元，我们看好公司2012年流量的快速提升和网络广告的快速增长，继续维持对公司长期“推荐”评级。

风险提示：乐视超清播放机销售低于预期，公司的融资出现问题。

我们看到在一个月之内，有多家券商对乐视网进行调研，撰写研究报告，而且在短短1个月之内，3家不同券商对乐视网的分析都有各自的亮点，而不是趋于雷同，对于乐视网的业绩，3家券商都给予了非常相近的估值。对于这样的一家基本面具有多项亮点的上市公司正是我们在其底部附近获得支撑时买入的非常好的标的股。

下面我们来看案例二。

鑫龙电器（002298）是一家从事高低压成套开关设备、元器件和自动化产品的生产和销售的公司。公司是经安徽省人民政府皖府股字〔1998〕第17号批准证书和安徽省经济体制改革委员会皖体改函〔1998〕36号文批准，由芜湖市湾里经济开发实业公司、芜湖市电缆桥架厂、束龙胜等222名自然人作为发起人以发起方式设立。2009年9月，公司登陆深圳交易所，发行2800万股，融资2.66亿元。

图3－2是鑫龙电器自2001年3月至2012年3月这段时间的日K线图。从图中可以看出，在2012年1月初，鑫龙电器跌至2011年6月的低点附近，便止跌企稳，随后两个月左右的时间上涨了一倍多。可以看到，当股票跌至上次低点附近止跌企稳时，只要大盘转为上升，同时该股的基本面也具有亮点，那么此时就是我们接入的时机。

鑫龙电器有如下基本面亮点：

1．业绩实现高增长。鑫龙电器公布2011年年报：2011年1～12月

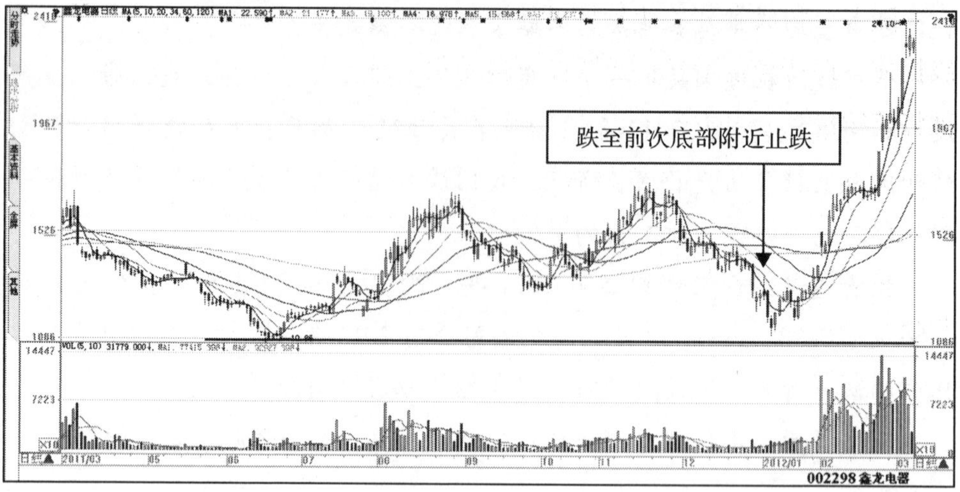

图 3－2

份，公司实现营业收入 8.62 亿元，同比增长 41.44%；实现利润总额 8661 万元，同比增长 79.43%；归属于上市公司股东的净利润 7270 万元，同比增长 70.12%；EPS 为 0.44 元。

2. 开关成套稳定增长。2011 年高低压开关成套同比增长 32.75%，毛利率达到 33.44%，同比增加 3.18%。毛利率增长的主要原因是元器件自给率提升，单位成本减少。随着募投产能的完成，我们预计 2012 该业务将保持 2011 年增速，但 2013 年以后可能面临竞争压力而下滑至 20%～25%。

3. 元器件和自动化业绩贡献提升。2011 年元器件收入同比大幅增长 80.31%；非公开增发项目中元器件基地将在 1.5～2 年内投产，未来增长值得期待。但需要注意的是广电电气等国内厂商开始大力拓展该业务，同时面临国外元器件厂商降价的可能。自动化产品收入同比增长 99.6%；自动化是公司重点拓展的业务，不断有新产品研发和应用，随着规模化发展，毛利率显著提升。

4. 电力电子业务进展迅速。2011 年公司成立安徽佑赛科技，生产 APF 有源滤波和 SVG 电能质量智能柔性控制器。当期安徽佑赛实现收入 892.8 万元，净利润 132.6 万元。由于其下游需求旺盛，我们预期未来将保持高速增长，毛利率将随着规模增长有提升的空间。

随着公司成套开关业务将受益于市政工程需求增加以及城农网改造升级提速，保持稳定增长；元器件与自动化产品产能开始逐步释放，业绩贡献将持续提高；电力电子产品是公司积极培育的新产品，将受益有源滤波产品进入放量期以及电能质量需求快速提升，是公司未来新的利润增长点；锌溴液流储能电池项目前景广阔，发展前景值得期待。

这是在诸多的利好刺激下，鑫龙电器才能在跌之前其底部附近不久，跟随大盘快速上涨。

我们继续来看看案例三。

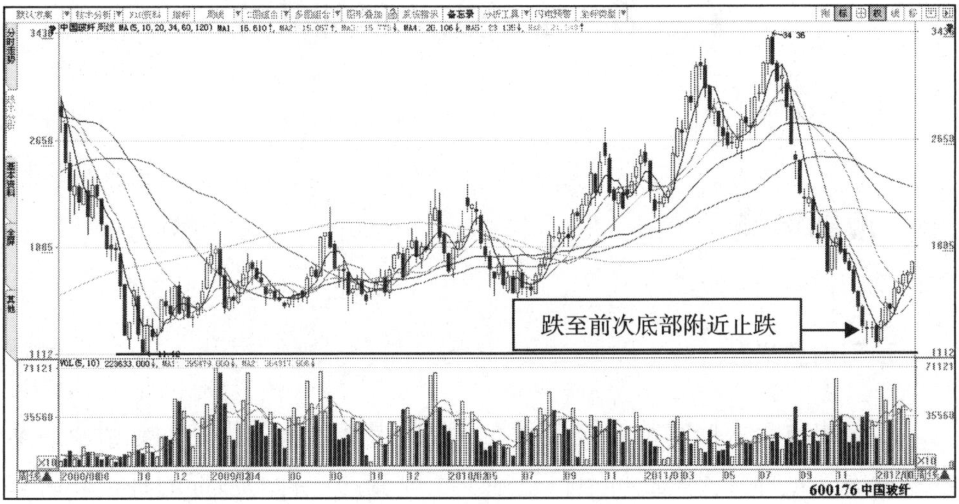

图 3－3

中国玻纤（600176）是一家主营新材料（玻璃纤维等）的研发、生产和销售；商业房地产开发与经营；住宅产品连锁经营与物流配送等业务的公司。公司 1998 年 8 月 31 日由中国新型建筑材料公司、浙江桐乡振石股份有限公司等 4 家企业联合发起，对江苏常州建筑塑料厂等 4 家公司整体改组的基础上，加上中新公司将所有的山东烟台渤海钢铁建材股份有限公司的投资权益投入和中国建筑材料及设备进出口公司的现金投入，募集方式设立。1999 年 4 月，公司登陆上海交易所，发行 7000 万股，融资 2. 135 亿元。

图 3－3 是中国玻纤自 2008 年 8 月至 2012 年 3 月初的周 K 线图。从图中我们可以看到，2012 年 1 月初，中国玻纤跌至 2008 年熊市附近的最低

点附近止跌。因此，上一次行情的底部对于中国玻纤形成强大的支撑作用，在这样支撑作用下，中国玻纤开始反弹，8 个星期上涨了 48%，逐步走出前次底部附近。

以上的这些案例都告诉我们，一旦股票在上一次行情的底部区附近企稳，同时大盘也有反弹迹象，那么那些基本面不错的股票很可能在上一次行情的底部附近企稳，迎来一波新的上涨行情。

第二节　上一次的顶部效应

一、顶部概述

顶部的含义

顶部也就是人们常常说的头部，是股票由上升转为下跌的转折点。从本质来看，顶部其实是股价运行轨迹发生改变的产物，顶部的种类多种多样，按照不同的分类方式会有许多种分类，按照形态划分，有人们常说的 M 头部，头肩顶等。按照顶部的被突破的时间，我们把顶部分成短期顶部，阶段的顶部和长期顶部（历史顶部）。

顶部的分类

上面说到，按照顶部的持续时间我们把顶部分成短期顶部、阶段顶部和长期顶部，下面我们就具体来分析各种顶部的情况。

短期顶部

短期顶部一般多发生于趋势明朗的市场中，例如，明显的牛市中和明显的熊市中，在牛市中，股票涨多跌少，牛市中的股票，在见了短期的顶部之后，往往调整时间仅仅只有短短的 2 ～ 3 星期，随后就会继续进入上涨行情中，而之前的顶部往往很快就会被突破了。因此，在牛市中调整所迎来的顶部往往是短期顶部，而在熊市中，股票以单边下跌为主，每一次的反弹，时间都非常短暂，反弹过后，股票往往会继续原来的下跌趋势，这样，反弹所形成的高点就成为了短期的顶部。

阶段顶部

阶段顶部往往发生在振荡市场中，在振荡市场中往往股价的每次顶部差价并不大，但是每次形成顶部的时间要比单边的牛市和熊市来得长，阶段顶部的形成可能需要几个月的时间。

长期顶部

长期顶部，就是股票在过去很长一段时间形成的顶部位置，我们最熟悉不过的就是历史顶部了，在历史顶部，由于受到大盘环境、股票参与者之间的心理博弈等因素，导致在历史顶部区域形成了巨大的压力，许多投资者再次位置附近被高位套牢，给投资者们带来了严重的损失，正是因为其强大的压力作用，其位置一旦被突破，就会形成巨大的支撑力，使得股票一旦跌至该位置，就往往会再次上攻。

指数见顶的判断

指数经过连续的上涨以后，就会进入到顶部。指数的顶部是很多投资者都非常反感的走势，因为顶部是投资者亏损的起源地！指数一旦进入到顶部，投资者就不会再有任何获利的机会，随之而来的就是个股们不断的下跌。

很多投资者都逃不过顶部这一劫难，难道顶部就真的那么难判断出来吗？不是的！指数的顶部一旦形成总会出现某些特有的征兆，这些顶部征兆是指数任何时期都不曾具备的，因此投资者在实战的时候只要略加留意就可以准确地判断出它们的存在！

指数的顶部之所以总会套住很多投资者，除了技术方面，更多的是投资者贪婪、盲目的心里在作怪！有的投资者明知道是顶部来了，可是手中的股票还套着，于是就报着赌一把的心态，在指数见顶时依然不松手，结果越套越深。有的投资者在指数见顶下跌后，手中的个股跌到了原定的止损位，可由于仍抱着幻想，所以不舍得止损出局，结果股价越跌就越不舍得卖，从而亏损越来越大！

因此判断顶部的技术非常容易，但要克服顶部到来时的种种错误的心态就是一件很困难的事了。但就是再困难也要解决，否则引起资金的亏损那可就太麻烦了。心态难控制就只能用强硬的技术分析去解决！只要按照技术分析的判断走，就不会出什么大问题！

指数见顶以后往往会形成独有的三大特征，从历史分析来看，只要指数运行过程中满足了这三大特征的技术条件，指数就必然会见顶回落。这三大特征为：

1. 指数见顶时的 K 线形态；
2. 指数见顶时的分时形态；
3. 指数见顶时的量能形态。

一旦这三大条件被完全满足，投资者就应当及时离场回避风险！指数见顶时虽然不一定马上就会跌下来，但如果不及时离场，一旦指数开始下跌，想跑都晚了。底部买入可以慢一些，但逃顶的动作必须要快！风险是刀，慢一步就会被庄家割下一大块肉来！

指数见顶的 K 线特征

指数上涨的时候，如果出现调整，指数的跌幅都是很小的，很难收出实体较大的阴线，因为庄家们这个时候还不想出货，所以没有大量的抛盘，指数就很难出现较大的下跌。但指数见顶部就不同了，由于各路资金都纷纷出局，见买盘就杀，不顾一切地出货。所以就会把指数打的很低，指数打低以后，由于盘中的庄家不愿再花费成本把指数拉抬上去，因此也就形成了指数见顶时独有的大阴线。

大阴线的出现说明了盘中资金做多的力度，在指数做多力量消失，做空力量增大的时候，就是投资者出局的最好时机！当投资者见到指数在上涨过程中出现前所未有的大阴线时，一定要意识到：顶来了。

指数在上涨的过程中很少出现过大阴线与连续的大阴线，而指数上涨到高位以后，连续的大阴线开始接连不断地出现，这说明盘中的资金出局意愿是相当强烈的！盘中的资金都在疯狂地出局，指数还可能会继续大幅上涨吗？

由于庄家在行情中赚了很多的利润，因此虽然将指数打低了很多，但仍然是赚很多钱的，故此只要下方有买盘，庄家就会不顾一切地卖下去！卖盘的增多、抛盘的增大、买盘的消失很自然地就将指数打成了实体较大的阴线。

顶部的阴线往往还有一个重要的特征就是：向下击破 8 日和 22 日的移动均线。指数在上涨的时候很少会向下击破这两条均线，就算出现过击破现象，第二天马上就会以大阳线的形式收复回去。但如果指到了顶部，一旦向下击破了这两条均线之后，指数就很难再收上来了。上涨时的向下击破是为了震仓，而顶部的向下击破则是为了出货！

顶部的最大特征就是：资金蜂拥出局！在指数上涨的时候，资金积极的入场，因此指数可以越涨越高。但到了顶部以后，由于抛盘越来越多，所以指数就会越涨越慢，当抛盘累积到一定数量的时候，就会引起指数的回落。虽然盘中的资金流普通投资者比较难看出来，但通过指数 K 线图的变化却是可以很轻易地就看出来的。

当盘中的资金大量抛售手中股票的时候，在巨大抛盘的压力下，指数在盘中就会越走越低。指数在顶部时越是下跌就越容易引起资金的连续出货，当盘中的庄家看到别人出货而自己没出的时候，就会担心买盘被别人抢跑，因此纷纷加入到做空的行列中来，这种连锁效应只能使指数越来越低。于是在收盘的时候就会出现一根在上涨途中极为少见的大阴线！

大阴线的出现是指数见顶时重要的标志！并且大阴线的形成会对指数后期的波动产生极大的压力，大阴线出现的位置，指数往往在后期很难再涨回到这里！当投资者在指数高位发现盘中有形成大阴线迹象时，应该在盘中就及时出局回避！

指数见顶后的下跌固然很可怕，可是就没有办法进行回避了吗？不是的！顶部的判断方法其实并不难，想要准确地判断出顶部，就要明白顶部形成的意义！顶部之所以会形成，是因为资金在顶部区间大量的出局所致。资金的撤离不仅使指数失去了上涨的动力，还增加了盘中的抛压。因此指数见顶时都会收出连续的或是单一的大阴线，这些大阴线就是顶部形成的最好证据！

分析K线的目的就是要透过K线去看主力的目的，阳线的形成是因为资金的积极推动所致，而阴线的形成则是资金出局所致。当资金开始不顾一切出局的时候就是顶部到来的时候，同样也是顶部大阴线出现的时候！

指数见顶的分时特征

指数运行到顶部以后，我们通过盘后K线可以准确地分析出指数的顶部，往往指数在见顶的时候都会形成典型的见顶大阴线，这些大阴线的形成其实在盘中就可以准确地判断出来。因此，投资者也可以通过盘中分时线的变化及时的推算出指数在高位时有无收出大阴线的可能。

指数见底以后会明显的分时波动特征，同样指数见顶以后也会有明显的顶部分时波动特征，掌握了判断它们的方法，投资者就可以在顶部大阴线正在形成的时候就进行及时的清仓操作，从而可以把卖点设定得更合理，位置更高。

指数见顶以后，顶部大阴线的分时特征主要表现为：

1. 量能在开盘时出现倒三角缩量走势；

2. 指数出现创新高不放量的背离走势；

3. 指数下跌下分时线反弹无力，股价杀跌时下跌角度大且常出现破位现象；

4. 反弹时成交量明显萎缩，但指数下跌时成交量却明显放大；

5. 下降趋势一旦形成，指数便会很好地保持。

只要在指数的高位出现以上分时特征，投资者就要提高警惕！指数波动出现的上述特征越多，当日形成见顶大阴线的可能性就越大！

指数见顶的成交量特征

指数在波动到顶部时，往往会有两种顶部形态，一种是背离顶，一种是放量顶！

背离顶一般常出现在中线顶部行情中，它的技术特征就是：指数创新高，但成交量却并不会创出新高，形成高位量价背离走势。

而放量则多见于短线上涨行情顶部，不过中线顶部也会出现。它的含义就是：在高位成交量创下近期的最大量，并且后期会出现缩量的走势。

背离顶往往是庄家借助指数创新高吸引人气进行出货，往往前期高点已经有明确的庄家出货迹象。而放量顶则是利用市场人气的高涨进行的大力度的出货操作。

它们的区间一般在于：背离顶形成的时间比较长，而放量顶形成的时间比较短。

二、关注上一次行情顶部的意义

我们所说的上一次行情的顶部并不是特指历史顶部，有的时候阶段顶部、短期顶部都能为我们提供一定的参考意义。一般情况下，股价到达前期的高点附近，我们就要关注股价是否会出现回调，因为上一次行情的高点附近有着较大的压力，我们需要密切关注。事实上，在振荡行情中，能够突破前期阶段高点的股票并不多，如果我们想要在振荡行情中获利，就必须要多关注那些突破前期高点的股票，尤其是那些突破历史高点的股票。因为历史高点是一只股票多次都不能逾越的大山，一旦该位置被强势突破了，那么就表示了之前的强大的压力位置变成了如今的强大的支撑位置，股价一旦到达这个位置附近，就很有可能会再次上涨，并且迎来一波大行情。

相反的，一旦历史顶部或者阶段顶部，未能被有效突破，那么带给我们的将是股价在前一次高点附近止步，然后转而开始下跌的风险。因此，我们要时刻关注上一次行情顶部所带给我们的指导意义。

三、上一次行情顶部的实战运用

在实战操作中，我们要多关注那些成功突破长期顶部甚至是历史高点的股票，这样的股票一旦突破成功之后，只要大盘不是处于大的下跌趋势中，往往会给我们带来机会，我们可以再股价有效突破长期高点或者历史高点3个点之后的回调确认后，在此走向上升行情的初期介入这些股票。

下面我们来几个具体的案例。

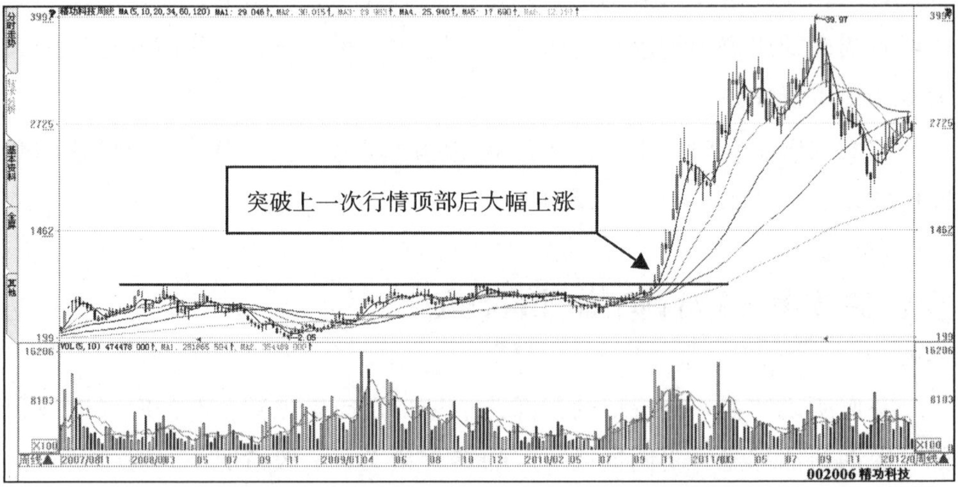

图3－4

精功科技（002006）是一家从事机电一体化的建筑、建材专用设备及轻纺专用设备，从事高新技术产品的研制开发、生产制造、经营销售和技术服务的公司。2000年8月29日，经浙江省人民政府企业上市工作领导小组批准，由浙江精工集团有限公司（后于2002年12月26日更名为精功集团有限公司）、自然人孙建江及邵志明、中国科技开发院浙江分院、浙江省科技开发中心为股东的绍兴精工科技有限公司由有限责任公司依法整体变更为股份有限公司；原绍兴精工科技有限公司2000年7月31日经审计后的净资产5000万元，按1∶1折为投入股份公司股本，各股东持股比例不变。2000年9月10日在浙江省工商行政管理局领取了注册号为

3300001007111 的“企业法人营业执照”，注册资本为5000万元。2004年6月，精功科技登陆深圳交易所，发行3000万股，融资2.316亿元。

图3-4是精功科技自2007年8月至2012年年初的周K线图。从图中我们看到，2010年10月，精功科技突破了上一次行情的顶部，也是精功科技上市以来的最高点。之后，精功科技便一路上涨，在随后的8个月中上涨了3倍以上。可以看到，股票突破了前期的高点，尤其是历史顶部之后，具有非常大的上涨潜力。

当然，精工科技在振荡市场能有如此的表现，与其基本面的催化不无关系，下面我们就来看看精功科技的基本面情况。

我们先来看看2010年10月29日光大证券对精功科技的调研简报，内容如下：

光伏装备业绩爆发，单季利润几何增长。

公司今日公告，其三季报净利润2155万元，其中三季度单季净利1108万元，超过前两季度之和。根据公司业绩预告，四季度主营净利润2193万～2693万元，超过前三季度之和。自年中以来，单季利润环比呈几何级数增长。

公司进入光伏设备市场3年，品牌得到大厂认可，多晶铸锭炉产品销量开始爆发。我们看好2011年光伏设备市场，同时看好公司进口替代的步伐。预计2011年、2012年业绩1.14元、1.68元。公司合理价格29元，对应2011年25倍市盈率，建议买入。

公司业绩拐点已到，未来5年光伏业务复合增长超50%。

根据业绩预告，我们估计今年公司多晶铸锭炉的销售收入大幅增长。预计2011年国内硅片扩产13GW，需多晶铸锭炉2000台，较今年的市场容量增长100%左右。随着公司市场占有率的提升，其明年的铸锭炉业务大幅增长可期。公司近期公告，将增大明年多晶铸锭炉扩产规模，这同样反映了公司对明年订单的较高预期。

考虑公司的铸锭炉业务大幅增长，硅片产能提升，其2011年业绩将继续大幅好转。今后5年我们认为全球光伏市场应可持续40%增长，光伏设备国产化比例的提升，公司同时在光伏设备领域延伸其产品线，预计公司光伏设备业务将会维持5年50%以上的复合增长。

铸锭炉市场5年10倍，精功科技代表的国内厂家将成最大受益者。

今年国内多晶铸锭炉安装量约1000台。按照2010年15GW新增装机，光伏市场未来5年保持40%的复合增速，组件产量/安装量之比维持1.5倍，则2015年铸锭炉市场需求将为10000台，市场总量为300亿元，复合增速60%。

随着技术水平的提高，国内大厂对设备定制化需求强烈。原本占据市场主流的进口厂商，难以提供深入客户的定制化服务。而以精功科技为代表的新进国内厂，经过3年以上的实践检验，产品质量为大厂接受，迅速挤占市场。今年10月，中能52台（产能250MW）大单签给精功科技，表明这一趋势已经开始。若公司能在5年后获得30%的市场份额，则仅此业务贡献收入将是2009年全年销售收入的14倍。

光大证券认为精功科技是国内光伏产业的龙头企业，业绩拐点已到。

2010年11月28日，光大证券再次发布了跟踪精功科技的调研简报，内容如下：

1. 历史性大单，见证国内光伏设备龙头崛起。

公司25日公告，于当日与江苏协鑫硅材料科技发展有限公司签约，拟于明年6月30日前，提供150台（套）多晶硅铸锭炉，供其铸锭项目扩产所需。合同总价4.02亿元。此次大单进账，加上前期公告的订单，公司公告的在手订单242台，且全部缴纳了20%的预付款，几无违约风险。预计这些订单全部在明年结算，锁定公司业绩的强劲爆发。

公司进入光伏设备市场3年，终于崭露头角，成为多晶铸锭炉市场龙头。我们看好11年光伏设备市场，同时看好公司进口替代的步伐。预计11年、12年业绩为1.51元、2.34元。公司合理价格为53元，对应11年35倍市盈率，建议买入。

2. 公司业绩拐点已到，未来5年光伏业务复合增长超50%。

公司25日公告，于当日与江苏协鑫硅材料科技发展有限公司签约，拟于明年6月30日前，提供150台（套）多晶硅铸锭炉，供其铸锭项目扩产所需。合同总价为4.02亿元。此次大单进账，加上前期公告的订单，公司公告的在手订单242台，且全部缴纳了20%的预付款，几无违约风险。预计这些订单全部在明年结算，锁定公司业绩的强劲爆发。

公司进入光伏设备市场3年，终于崭露头角，成为多晶铸锭炉市场龙头。我们看好11年光伏设备市场，同时看好公司进口替代的步伐。预计11年、12年业绩分别为1.51元、2.34元。公司合理价格为53元，对应11年35倍市盈率，建议买入。

3. 铸锭炉市场5年10倍，精功科技代表的国内厂家将成最大受益者。

今年国内多晶铸锭炉安装量约1000台。按照2010年15GW新增装机，光伏市场未来5年保持40%的复合增速，组件产量/安装量之比维持1.5倍，则2015年铸锭炉市场需求将为10000台，市场总量为300亿元，复合增速60%。

随着技术水平的提高，国内大厂对设备定制化需求强烈。原本占据市场主流的进口厂商，难以提供深入客户的定制化服务。而以精功科技为代表的新进国内厂，经过3年以上的实践检验，产品质量为大厂接受，迅速挤占市场。今年10月以来，中能202台（产能1GW）大单签给精功科技，表明这一趋势已经开始。若公司能在5年后获得30%的市场份额，则仅此业务贡献收入将是2009年全年销售收入的14倍。

在两个月内公司接连接到大订单，公司业绩在未来大幅增长是大概率事件。

正是精功科技基本面的逐步转好，未来业绩有极大的增长预期，在这样的环境下，其股价突破历史高点之后才迎来了极大的上涨。

对于我们普通投资者来说，正是需要购买那些突破前一次行情高点，同样基本面具有明显的亮点的股票。

我们继续来看一个案例。

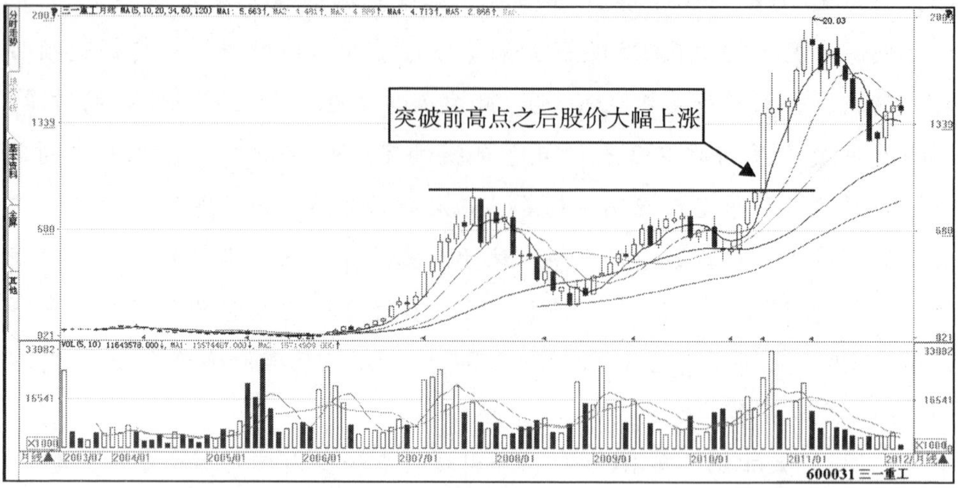

图 3 - 5

三一重工（600031）是一家从事混凝土机械、路面机械、桩工机械、履带起重机械等工程机械的研发、制造、销售的公司。公司是经湖南省人民政府批准，由三一重工业集团有限公司整体变更设立，于 2000 年 12 月 8 日在湖南省工商行政管理局注册登记并领取企业法人营业执照，注册资本 18000 万元。有限公司以 2000 年 10 月 31 日为基准日经审计的净资产 18000 万元，按 1∶1 的比例折为 18000 万股，由原有限公司股东三一控股有限公司、湖南高科技创业投资有限公司、锡山市亿利大机械有限公司、河南兴华机械制造厂和娄底市新野企业有限公司按其在原有限公司的权益比例持有。2003 年 7 月，三一重工在上海交易所上市，发行 6000 万股，融资 9.336 亿元。

图 3 - 5 是三一重工 2003 年上市以来的全景月线图。2010 年 10 月，三一重工突破了 2007 年创下的历史最高点之后，股价在振荡市场中大幅上涨了 101%。三一重工的案例再次说明了在股价突破上一次行情新高之后还有继续上涨的潜力。三一重工能有如此强势的表现，同样要归功于其基本面的催化。

下面我们就来看看三一重工的基本面亮点。

1. 固定资产投资带动需求大增，混凝土、挖掘机、起重机成为业绩增长三驾马车。

三一重工主营业务涉及混凝土机械、挖掘机、路面机械、起重机械和桩工机械等。其中混凝土机械销量全球第一，18 吨全液压振动压路机市场国内占有率第一位，履带起重机市场份额位居国内第一。受益于城镇化建设加速，公路、铁路、城市交通轨道跨越式发展，保障性住房推出等因素，2010 年上半年公司实现营业收入为 169.46 亿元，较上年同期增长 98.43%，净利润总额 28.75 亿元，较上年同期增长 162%，我们预计全年收入增长有望达到 50%。

混凝土商品化率与发达国家相比存在较大差距，混凝土机械仍将快速增长公司目前 53% 的收入来自混凝土机械。发达国家人均混凝土指标为 0.9 ~ 1.4 立方米，我国人均指标为 0.2 ~ 0.3 立方米，存在较大差距。我国混凝土机械是寡头垄断市场，三一重工市场份额达到 57% 以上。徐工机械、中联重科、星马汽车等混凝土机械类产品毛利率远低于三一重工，充分显示了公司在该领域的竞争优势。公司 2.21 亿现金收购生产混凝土搅拌运输车及底盘的湖南汽车，进一步完善上市公司产业链及盈利能力。

挖掘机注入，成为新的增长动力公司完成注入三一重机的挖掘机业务后，公司产品覆盖大中小挖，在国内市场处于领先地位。预计 2010 年销量达到 5000 台，收入达到 80 亿元。三一重机 2008 年、2009 年分别实现净利润 1.456 亿元和 3.8 亿元，呈现翻倍增长的态势。公司承诺 2010 年、2011 年分别实现净利润不低于 4.5 亿元、5 亿元，保证了挖掘机未来盈利能力，公司挖掘机定位高端，产品价格毛利都高于竞争对手，在进口替代空间较大的市场中，未来高速增长可期。

收购三一汽车起重机业务，提升起重机产品竞争力公司已有的履带起重机吨位高，起吊能力强，处于行业第一地位。公司现金 20 亿元收购三一汽车的汽车起重机业务，完善了起重机业务产品系列。2008 年集团公司投资 50 亿元建设起重机宁乡产业园，公司现有生产能力为 3500 台/年，宁乡产业园达产后将形成 5000 台/年的产能。公司承诺 2010—2012 年汽车起重机净利不低于 2.44 亿元、4.17 亿元、5.53 亿元，将较大增厚公司收益。

2．销量大幅增长，市场份额进一步提升。

2010年前3季度公司实现营业收入2590400万元，同比增长82.45%；归属母公司股东的净利润444500万元，同比增长124.70%；EPS为0.88元，扣除非经常性损益后为0.80元。其中，第3季度收入为895800万元，EPS为0.31元。公司业绩符合此前公告预增情况（净利润增长118%～130%）。

主要产品热销：今年以来，国内投资增速较快，公司采取了积极的营销策略，主要产品销量大幅增长，市场份额进一步提升。

根据行业协会统计，1～9月公司挖掘机销量接近9500台，同比增长123%，比行业增速高出40个百分点，市场份额提升至7.5%。汽车起重机销量达1500多台，同比增长65%，比行业增速高出28个百分点，市场份额提升至5.4%。履带起重机销量达到362台，同比增长77%，比行业增速高出16个百分点，市场份额提升至26.9%。

3．出口将是成为未来公司新的增长动力。

三一重工总裁向文波先生提出到2012年出口占比要达到30%。这是国内市场竞争日趋激烈的情况下的必然选择。在金融危机前，2008年，三一出口占比已经到达29.17%，三一已经建立了一定的客户群和品牌影响。随着国际经济的复苏，需求将得以恢复。30%的目标更多的是一个修复的进程。三一国内最早开展海外战略的企业。目前，已基本完成海外印度、美国、德国、巴西四大生产基地和140个营销服务网络的布局，具备良好的硬件条件。

正是由于三一重工稳定持续的业绩增长才使得其在突破了新高之后，股价在振荡市场一路飙升。

我们再来看一个案例。

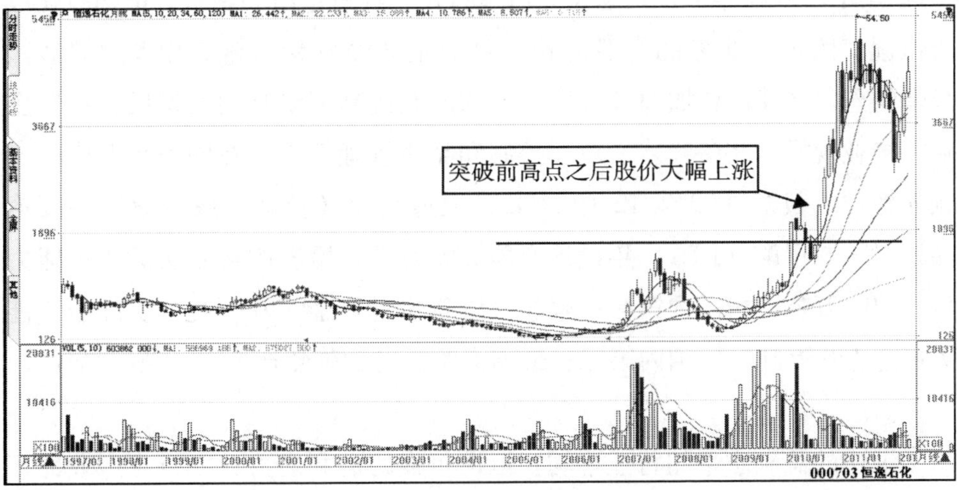

图 3－6

上图是恒逸石化（000703）上市以来的全景月线图。该股原名世纪光华，2010 年 6 月，通过收购重组之后改名为恒逸石化。2010 年 2 月恒逸石化（原世纪光华）突破了 2007 年牛市高点之后，股价经历了几个月的回调之后，再次上升，一年时间之内上涨了两倍以上，这也说明了股价突破前次高点之后具备很大的上涨潜力。

当然，在振荡市场中，恒逸石化能有如此惊人的表现，与其基本面的催化作用息息相关，下面我们就来看看恒逸石化的基本面亮点：

世纪光华增发收购恒逸石化，转型化纤产业，盈利大幅增强。

世纪光华原有铝加工业务持续亏损：世纪光华原有业务为铝加工，生产、销售工业及建筑用铝型材、彩色铝型材、中高档门窗等，注册地在广西北海、主要经营地在河南，控股股东为河南汇诚投资。因为其主要产品技术含量较低、品牌附加值不高，已经连续两年亏损，2008 年、2009 年净利润分别亏损 1594 万元和 2043 万元，分别对应 EPS －0.11 元和－0.14 元。

恒逸石化化纤规模全国前列：恒逸集团成立于 1994 年 10 月，位列 2008 年中国企业 500 强第 240 位，2008 年中国制造业 500 强第 126 位，化学纤维制造业第 1 位，浙江省百强企业第 15 位，历年 AAA 级资信企业。

恒逸集团于2004年7月发起设立恒逸石化，经过重组和整合，恒逸石化成为恒逸集团主营业务的控股公司，目前生产经营精对苯二甲酸（PTA）、聚酯纺丝（PET）和加弹丝（DTY）的产业链高度整合的大型民营控股企业，产业规模、装备技术、成本控制和品质管理等方面在同类企业中处于领先地位。截至2009年12月31日，恒逸石化（及其下属企业）主要产品精对苯二甲酸（PTA）年设计产能226万吨，增容改造后实际生产能力可达290万吨，居国内第一；聚酯纤维年设计产能140万吨，实际生产能力可达150万吨，居国内第三；聚酯涤纶后纺加弹年产能30万吨，居国内第一。

恒逸的盈利水平超行业平均：恒逸较强的盈利能力，来自于产业的规模化带来的成本优势，原材料由公司内部提供，增大了原材料价格的可预见性，增强了定价能力，达到价格传导机制的顺畅，而且不同产业链上的产品周期性不同，完整的产业链使得公司规避单一产品所带来的周期风险，保证企业取得稳定的利润率；另外，其涤纶长丝差别化率达50%以上，超出行业平均值20%以上，使公司的盈利水平远高于行业平均居前列，净资产收益率接近30%，而行业平均在10%以下。

恒逸的物流与区域优势：恒逸石化除去装咯的规模化和产业的一体化领先优势明显之外，在大连和宁波的PTA工厂及福建的新项目均自建码头、PET和DTY靠近纺织发达的江浙地区，使公司具有高效的物流和突出的区域优势，未来产业链延伸还将覆盖长三角和福建地区、渤海湾。

评估与业绩承诺：按照公告，截至2009年12月31日，恒逸石化母公司未经审计的账面净资产为9.39亿元。以2009年12月31日为评估基准日，恒逸石化的净资产预估值约为40.68亿元，增值额约为31.29亿元，增值率约为333.23%。以贴现估值法得到的恒逸石化企业整体价值为564877万元，付息债务为158119万元，股东全部权益价值为406757万元。2009年，恒逸石化2009年年未经审计的归属于母公司所有者的净利润为6.44亿元，其中聚酯和PTA业务的净利润分别超过2亿元。10年，在原有聚酯业务和PTA业务保持稳步发展的基础上，大连PTA产能的全部释放和上海恒逸40万吨/年聚酯产能的建成，恒逸初步估算归属于母公司所有者的净利润不低于7.95亿元。公司承诺以此预测为重组后2010年将达到的业绩，若不能实现此业绩，则公司将按《上市公司重大资产重组管理办法》就补偿作出安排，具体内容将在重组报告书中披露股价上涨空间犹存：世纪光华拟以9.78元的发行价向恒逸集团、鼎晖投资等定向增发不超过4.5亿股。若按增发4.5亿股、恒逸承诺业绩，10年世纪光华EPS将达1.34元。

通过增发收购恒逸石化之后，世纪光华的还得到恒逸石化的业绩承诺，这使得原先濒临退市的股票一下子乌鸡变凤凰。2010年，世纪光华承诺业绩不低于1.34元，这个业绩相对于突破前次高点之时的股价，估值还是相当之低。因此，在恒逸石化突破前高点之时，是我们参与的一个大好时机。

第四章

如何探测熊市中的早期领跌股

一些股票的股价先是快速上涨、形成顶部，随后在其他股票的股价见顶前出现盘整，这样的股票将会成为熊市前期的领跌股。一些股票的股价会提前其他股票跌破过去几年的底部或最近几个月的低点，这预示着这些股票会成为熊市早期的领跌股。每一次的熊市中，总会有领跌股，或是首先出现下跌，并提前市场中大多数股票跌至底部的股票。

——江　恩

第一节　影响股票涨跌的因素

我们要向在熊市初期就能够发现熊市中的领跌股，那么我们作出判断的前提就是我们要对影响股票涨跌的因素要有充分的认识，只有对这些有了充分的认识之后，我们才能够更好地对那些股票会率先进入下跌趋势并且领跌作出很好的判断。

影响股票涨跌的因素有很多，例如：政策的利空利多、大盘环境的好坏、主力资金的进出、个股基本面的重大变化、个股历史走势的涨跌情况、个股所属板块整体的涨跌情况等，都是一般原因，都要通过价值和供求关系这两个根本的法则来起作用。

1．政策的利空利多。

政策基本面的变化一般只会影响投资者的信心。例如：如果政策出利好，则投资者信心增强，资金入场踊跃，影响供求关系的变化。如果政策出利空，则影响投资者的信心减弱，资金就会流出股市，从而导致股市下跌。

当然，有时候政策面的变化，也会影响股票的价值。比如：2001 年下半年国家公布国有股减持政策，不流通的国有股要通过减持变成能够流通的流通股，这就导致原来的流通股的价值贬值，从而导致了股市的大跌。

因此，政策面的利空利多有时候是通过供求关系来影响股市的涨跌，有时候是通过价值关系来影响股市。

2．大盘环境的好坏。

个股组成板块，板块组成大盘。大盘是由个股和板块组成的，个股和板块的涨跌会影响大盘的涨跌。同样，大盘的涨跌又会反过来作用于个股。

因为当大盘涨的时候，投资者入市的积极性比较高，市场的资金供应就比较充裕，从而使得个股的资金供应也相对充裕，从而推动个股上涨。

当大盘跌的时候，则反之。

特别是在大盘见底或见顶，突然变盘的时候，大盘的涨跌对个股有很大的影响：当大盘见底的时候，绝大部分个股都会见底上涨；当大盘见顶的时候，绝大部分个股都会见顶下跌。

在大盘下跌的时候买股票，亏钱的概率极大；在大盘上涨的时候买股票，赚钱就容易很多了。实践也证明，在2001年6月，大盘见到历史大顶，之后一路下跌，几乎所有的股票都下跌了30%～50%。在这段时间，可以说，只要买股票，就会被套牢。很多投资者平均亏损在30%以上。

同样，在大盘见底的时候，即使随便买入一只股票，都可以给你可观的收益。例如，1995年5月19日的大底，几乎所有的股票都上涨了30%以上；2002年1月29日的大底，也是几乎所有的股票都上涨了20%以上。

大盘变盘大幅上涨或大幅下跌的时候对于股票的涨跌影响很大，但是，我们也必须注意到，当大盘没有变盘，处于横盘的状态的时候，大盘的作用就显得不怎么明显，也不怎么重要了。

例如：2003年1月16日之后的几个月的时间里面，大盘大多时候处于横盘趋势。此时大盘对于个股的涨跌影响就不明显，个股的涨跌主要受到其他因素，例如价值关系的影响、主力资金的运作等重要因素的影响。

这样，2003年年初，在大盘横盘的情况下，所谓的“局部牛市”也就是因为几个有价值的板块被主力资金充分发掘而形成的。

总之，不能一味地强调大盘的重要性，也不能忽视大盘的重要性。大盘在不同的时候，扮演的角色也不一样，要具体情况具体分析。

3. 主力资金的进出。

主力资金对于一只股票的影响十分重要，因为主力资金的进出直接影响股票的供求关系，从而对股票产生重要的作用。

任何一只业绩优良的股票，如果没有主力资金的发掘和关照，也是“白搭”。反而有些亏损的ST股票，由于主力资金的拉动，而出现连续上涨的态势。可见，主力资金的重要性。

其实主力资金在一些并不是十分成熟的市场中有另外一个名称，那就是庄家。庄家的炒作通过对资金的支配从而更加加快了股票涨跌的进程。

我们先来看一个例子来了解庄家的行为。甲和乙两个人，甲买了一瓶可乐，花了5元，他把可乐卖给了乙6元，他就赚了1元，乙再以7元卖给甲，乙又赚了1元，甲又加价1元卖给乙，乙又加价卖给甲，这样互相买和卖，这瓶可乐的价格就会抬升到30元，这时候如果来了一个丙，甲乙向丙宣传说，这是一瓶神水，喝了如何的好，丙就花30元买来喝了。这样一来，甲乙两人都赚了很多钱。庄家也类似，庄家在证券公司开了很多账户，我买你卖，你买我卖，依仗它的资金实力，就把股价抬上去了，同时在各种媒体制造声势，把这个股票说的如何如何好，不明真相的散户买了，就像那个丙一样，就上当了。在这种炒作下，股价并不真正反映上市公司的价值。因此一旦谎言被揭穿，股价就会掉下来。对于股票的操作，建议一定要掌握基本的知识再进入，不然就是赌博而不是投资了！最重要的是如果操作不当会产生重大的经济损失。作为一位投资者，既然生在这个市场，就有必要去了解庄家建仓时和获利出货时的典型的行为面的特征，从而为我们抓住牛股和在早期卖出出货股提供先机，再结合其他的基本面和技术面的因素综合作出判断，帮助我们的投资之路走得更为顺畅。

4. 个股基本面的重大变化。

个股基本面的好坏在相当大的程度上决定了这只股票的价值。因此，个股的基本面是通过价值法则来影响股价的。

当个股基本面出现重大的利空的时候，股价一般都会下跌。当个股基本面出现重大的利好的时候，股价一般都会上涨。

当然，这都是一般的情况。特殊的情况，还有在高位的时候，庄家发出利好配合出货，那样股价就会下跌了。那个时候，其主要作用的就是主力资金的流出，从而导致股价的下跌了。

因此，个股基本面的变化或者说个股的消息面对股价的具体影响，还必须结合技术面上个股处于的高低位置来仔细分析，以免上假消息的当。高位出利好，要小心。高位出利空，也要小心。低位出利好，可谨慎乐观。低位出利空，也不一定是利空。

5. 个股的历史走势的涨跌情况。

江恩曾说过："人性不变，所以历史继续重演。"因此，一只股票的历史走势，对于股票将来的走势也会有很大的影响。

打个简单的比方：个股经过前期一段时间（历史走势）的上涨，目前处于比较高的位置。此时，个股上涨的动力就会明显减弱，风险就会逐渐增加。因此，这段时间的上涨（历史走势），对股票将来的走势的影响就表现在风险的增加上面。当然，这只是一个简单的历史走势影响股票将来的例子，还远远没有达到江恩的"人性不变，所以历史继续重演"的境界。

股市是有人控制买卖股票，从而形成的市场。股市的涨跌，都烙上了人性的痕迹。人性影响股市，而人性又是相对不变的。所以，股市的规律也在一定程度上不会改变，历史将在人性的影响下继续重演。

6. 个股所属板块整体的涨跌情况。

大盘对于个股有重要的影响作用，同样，板块的涨跌对于本板块的个股也有相当的影响作用。因为大盘上涨的时候，一般都有热点板块的支持。热点板块形成之后，就会在这个板块中形成赚钱效应，从而吸引更多的资金进入这个板块。这样，供求关系就发生了变化，资金的供大于求，于是这个板块的股票就比其他板块的股票涨幅大的多。例如：1999 年，网络股行情的时候，凡是有网络概念的网络板块股票，都有很大的涨幅。2003 年，汽车行业高速发展，汽车板块的股票明显比其他板块的股票涨幅大的多。

因此，板块效应是个股涨跌的不可忽视的因素。当然，股市的涨跌还有其他的原因，但是所有的原因都必将是通过价值法则和供求关系法则来影响股市的涨跌的。

第二节 熊市初期领跌股票的特征统计与分析

第一节我们对影响股票的因素作出了简单的介绍，根据上面的分析，我们发现影响股票涨跌的根本因素在于其供求关系的变化，而那些基本面、政策面、大盘环境等都是从侧面间接去影响到股票的涨跌。

因此，从根本上讲，影响股票在一段时间的具体涨跌形势的还是股票的供求关系，如果在大盘逐步进入下跌通道的一段时间，一些股票领先下跌，那么只能说明该股票供过于求，资金开始大幅出逃。究其原因，可能是庄家已经赚得盆满体钵，又或者该公司突发了某种利空因素，改变了公司股价的原本的供求关系，又或者是其他的一些因素。不管什么原因，最后还是作用于供求关系，导致资金出逃明显，这样才会导致有些股票在熊市初期便开始大幅下跌。

接下来我们再来看中国股市历次以来大的顶部之后的熊市初期领跌股的情况，从中看看能否寻找到一些领跌股的共同特征，为我们规避领跌股贡献一份力量。

一、1993 年 2 月 16 日至 1993 年 3 月 25 日领跌股统计表

1993 年 2 月至 3 月期间，A 股市场上共有 57 只股票，接下来的统计表格所示的是在这段时间领跌的前 30 只股票的统计表，该表格统计的项目包括跌幅、前收盘价、现价、最高价、最低价、流通市值、流通股本、每股收益、换手率、市盈率、每股净资产和行业。

表 4－1 单位：元

1993/02/16 至 1993/03/25：1993 年熊市初期跌幅排序														
序号	代码	商品名称	涨幅	成交价	前收盘	最高价	最低价	流通市值（亿）	流通股（亿）	年度每股收益	换手率	市盈率	每股净资产	行业
1	SH600602	广电电子	－51.62	10.5	21.6	22.3	10	5.3	0.5	0.368	155.67	42.55	2.376	电子信息
2	SH600630	龙头股份	－48.69	0.49	0.96	0.99	0.47	0.1	0.1	0.188	86.86	2.62	1.81	纺织服装
3	SH600614	鼎立股份	－47.73	11.8	22.5	24.2	11.1	0.5	0.0	0.255	289.48	72.33	2.369	房地产
4	SH600606	金丰投资	－47.12	10.1	19.1	19.4	9.7	1.0	0.1	0.16	100.94	63.19	1.633	房地产
5	SH600629	棱光实业	－46.97	8.06	15.2	15.5	7.85	0.9	0.1	0.025	82.54	316.78	1.537	建材
6	SH600621	上海金陵	－46.95	14	26.39	27.5	13.3	0.7	0.0	0.154	208.91	91.17	2.152	电子信息
7	SH600654	飞乐股份	－46.93	10.8	20.35	21	10.3	3.6	0.3	0.184	106.32	58.72	3.724	电子信息
8	SH600604	＊ST 二纺	－44.09	16.9	30.19	32.5	16	5.4	0.3	0.589	154.26	48.71	2.952	机械
9	SH600619	海立股份	－43.96	178	318	330	172	14.3	0.1	0.062	209.2	2872.7	1.741	电器
10	SH600605	汇通能源	－43.82	10	17.8	18.5	9.45	0.8	0.1	0.131	163.64	76.46	1.224	机械
11	SH600618	氯碱化工	－43.49	18.1	32.08	32.8	17.4	2.4	0.1	0.304	236.44	83.82	2.748	化工化纤
12	SH600651	飞乐音响	－42.58	16.6	28.91	29.6	16.2	1.7	0.1	0.273	219.22	60.81	2.413	电子信息
13	SH600612	老凤祥	－41.74	13.3	22.83	26	12.7	0.5	0.0	0.342	192	63.9	2.532	商业连锁
14	SH600611	大众交通	－41.5	22	37.61	39.5	20.8	0.9	0.0	0.379	220.41	81.84	2.555	运输物流
15	SH600655	豫园商城	－41.38	34	58	63	33	4.6	0.1	0.254	247.9	134.08	4.63	商业连锁
16	SH600616	金枫酒业	－41.16	27.3	46.31	54.8	25.5	1.4	0.0	0.082	317.1	330.61	3.216	酿酒食品
17	SH600601	方正科技	－41.08	8.17	13.87	14.3	7.95	2.5	0.3		126.02		2.627	计算机
18	SH600610	SST 中纺	－40.82	13	21.95	23	12.1	1.6	0.1	0.314	165.08	62.24	2.477	机械
19	SH600609	ST 金杯	－40.07	0.38	0.64	0.66	0.37	0.8	2.0	0.103	121.2	3.73	1.615	汽车类
20	SH600615	丰华股份	－39.27	14.9	24.6	26.5	14.5	0.7	0.0	0.121	170.15	123.71	2.689	房地产
21	SH600608	ST 沪科	－37.91	11.3	18.2	19	10.5	1.3	0.1	0.182	115.19	61.92	1.636	钢铁
22	SH600624	复旦复华	－36.54	0	0.01	0.01	0	0.0	0.1	0.169	166.75	0.02	2.489	计算机
23	SH600626	申达股份	－35.41	10.6	16.38	17.8	10.2	1.0	0.1	0.109	171.45	96.76	1.622	外贸
24	SH600603	＊ST 兴业	－34.35	30	45.7	47.6	27.3	6.0	0.2	0.47	120.85	63.83	4.051	房地产
25	SH600623	双钱股份	－34.13	24	36.45	36.8	23.1	3.1	0.1	0.497	163.4	66.49	3.081	汽车类
26	SH600617	ST 联华	－31.19	0.01	0.01	0.01	0.01	0.0	0.0	0.383	330.39	0.03	2.281	房地产
27	SH600656	ST 博元	－29.62	25.3	35.95	37	22.5	1.1	0.0	0.363	211.28	69.74	1.595	机械
28	SH600628	新世界	－27.34	46.5	64	70	45	1.5	0.0	0.218	161.45	213.3	4.54	商业连锁
29	SH600622	嘉宝集团	－26.77	24.4	33.32	34	21.7	2.0	0.1	0.379	249.2	64.32	2.001	房地产
30	SH600652	爱使股份	－25.88	0.01	0.01	0.01	0.01	7.0	0.1	0.119	208.95	0.05	1.694	煤炭石油
平均值			－40	20.4	34.3	36.1	19.4	2.41	0.188	0.2475	182.41	180.22	2.467	

通过表4－1，我们发现在这段时间领跌股的平均跌幅为40%，跌幅相当之大，这些股票在下跌之前的平均价格为34.3元，属于中高价股类型。这些股票的流通市值和流通股本小得可怜，可能因为当时中国股票市场才刚刚起步的缘故，那些领跌股的平均流通市值为2.4亿元，而平均流通股本只有1880万股，属于小盘袖珍股。这些领跌股的平均每股收益为0.247元，比较中规中矩，但是由于价格过高，市盈率达到了180倍，属于比较高的市盈率水平了，这些股票的平均每股净资产为2.467元。

先撇开行业不谈，从这些行情和财务数据中，我们发现1993年2～3月这段熊市早期领跌股属于中高价的小盘袖珍股，估值相对偏高。

下面我们继续来看看领跌股的行业特点。

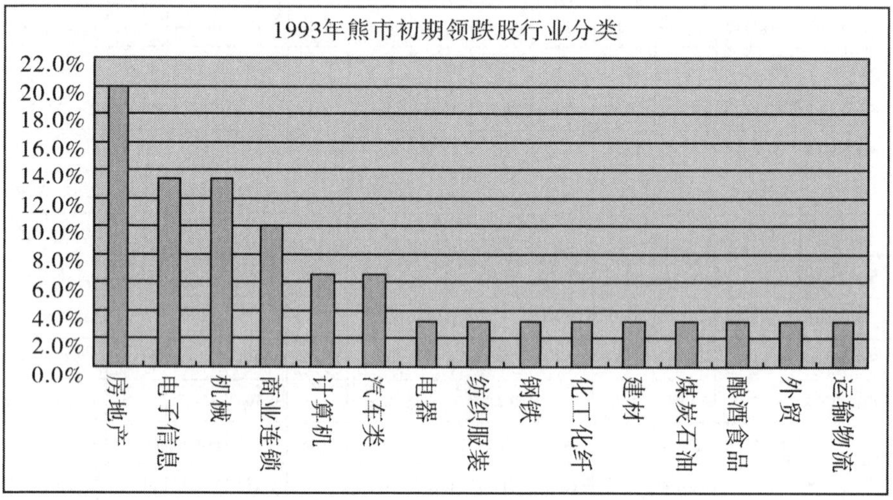

图4－1

图4－1是1993年熊市早期领跌股的行业分布占比图。从上图可以清晰地看到，领跌股行业分布最多的前三位分别是房地产行业、电子信息行业和机械行业，这三个行业的行业占比分别为20%、13%、13%，这三大行业占据了所有行业的将近50%。我们知道房地产、电子信息和机械股都是典型的周期性行业品种，业绩的增长与经济周期有着明显的紧密的相关关系，如果再算上计算机、汽车、电器、钢铁、化工化纤、建材、煤炭石油、外贸、运输物流这些典型的周期性行业，可以算出来周期性行业占到

这次领跌股比率的87%，占到领跌股的绝大多数了。所以在熊市初期，我们需要规避周期性行业的大幅下跌风险，至于具体是哪个行业，那就要看在之前的牛市中，哪个周期性行业的表现最疯狂了。一般来说，在上一轮牛市中表现非常疯狂的股票，在熊市来临时，由于主力庄家获利巨大，所以出货起来绝不含糊，这些股票的下跌速度会非常快。

至于后面几次是不是有着同样的规律，我们就拭目以待了。

二、2001年6月14日至2001年10月22日领跌股统计表

2001年2月至10月期间，此时A股市场已经粗具规模，此时市场已经有1042只股票，接下来的统计表格所示的是在这段时间领跌的前50只股票的统计表，该表格统计的项目包括跌幅、前收盘价、现价、最高价、最低价、流通市值、流通股本、每股收益、换手率、市盈率、每股净资产和行业。

表4-2　　单位：元

2001/06/14至2001/10/22：2001年熊市初期领跌股排序														
序号	代码	商品名称	涨幅	成交价	前收盘	最高价	最低价	流通市值（亿）	流通股（亿）	年度每股收益	换手率	市盈率	每股净资产	行业
1	SZ000557	*ST广夏	-80.55	6.06	31.15	33.6	5.47	17.0	2.8	0.827	142.21	7	1.03	酿酒食品
2	SZ000682	东方电子	-61.8	6.8	17.8	18.1	6.55	40.9	6.0	0.515	127.45	13	1.77	仪表仪器
3	SZ000881	大连国际	-52.26	7.38	15.46	15.2	7.17	11.7	1.6	0.189	136.8	39		工程建筑
4	SZ000861	海印股份	-51.26	13.8	28.29	28.9	13.1	5.1	0.4	0.076	158.86	182	3.40	房地产
5	SH600589	广东榕泰	-50.81	17	34.6	36.4	16.5	6.8	0.4	0.165	176.9	103	3.44	化工化纤
6	SH600390	金瑞科技	-50.78	19.5	39.7	39.9	19.5	7.8	0.4	0.31	57.1	63	6.39	钢铁
7	SH600338	ST珠峰	-50.71	11.4	23.05	23.3	11.2	5.7	0.5	0.21	253.98	54	3.75	有色金属
8	SZ000558	莱茵置业	-49.95	10.5	20.98	21.6	10.5	5.3	0.5	0.114	61.25	92		房地产
9	SH600259	广晟有色	-49.88	7.52	15.01	15.1	7.51	3.7	0.5	0.206	74.6	36	2.28	有色金属
10	SH600230	沧州大化	-49.88	8.66	17.3	17.3	8.5	0.0	0.0	0.271	19.74	32	4.77	化工化纤
11	SZ000938	紫光股份	-49.74	20.1	39.99	40.5	20	12.9	0.6	0.404	39.98	50	2.99	电子信息
12	SH600173	卧龙地产	-49.73	7.65	15.22	15.5	7.56	6.1	0.8	0.254	110.57	30	2.67	房地产
13	SZ000962	东方钽业	-49.64	17	33.66	34.1	15.9	23.8	1.4	0.426	66.29	40	2.87	有色金属
14	SZ000010	SST华新	-49.59	8.55	16.96	17.1	8.49	5.8	0.7	0.136	56.81	63	1.05	机械

续表

2001/06/14 至 2001/10/22：2001 年熊市初期领跌股排序														
序号	代码	商品名称	涨幅	成交价	前收盘	最高价	最低价	流通市值（亿）	流通股（亿）	年度每股收益	换手率	市盈率	每股净资产	行业
15	SH600127	金健米业	-49.37	8.8	17.38	18.2	8.64	16.8	1.9	0.14	85.15	63	2.91	农林牧渔
16	SH600367	红星发展	-49.18	24.1	47.48	47.4	24.1	9.4	0.4	0.393	57.55	61	4.12	化工化纤
17	SH600376	首开股份	-49.18	18.5	36.4	42.5	18.2	7.4	0.4	0.672	181.09	28	5.84	房地产
18	SZ000801	四川九洲	-49.07	2.72	5.33	5.41	2.62	1.1	0.4	0.082	78.3	33	1.27	电子信息
19	SH600530	交大昂立	-49.01	17.8	34.89	35.2	17.7	8.9	0.5	0.253	179.92	70	4.36	医药
20	SH600313	ST 中农	-48.89	8.99	17.59	18	8.75	7.2	0.8	0.08	94.2	112	2.99	农林牧渔
21	SZ000935	四川双马	-48.78	6.5	12.69	14.3	6.48	6.8	1.0	0.183	225.06	35	1.67	建材
22	SZ000877	天山股份	-48.69	1.6	3.12	3.28	1.58	1.0	0.7	0.47	32.85	3	4.90	建材
23	SH600729	重庆百货	-48.66	11.2	21.78	23	11.2	5.7	0.5	0.347	69.38	32	2.00	商业连锁
24	SH600203	*ST 福日	-48.57	7.35	14.29	14.7	7.35	5.1	0.7	0.231	42.59	32	2.32	电子信息
25	SZ000983	西山煤电	-48.13	7.33	14.13	14.4	7.15	21.0	2.9	0.24	118.5	31	3.49	煤炭石油
26	SZ000929	兰州黄河	-48.07	8.88	17.1	17.1	8.81	4.8	0.5	0.028	55.84	318	4.02	酿酒食品
27	SH600777	新潮实业	-48.02	8.93	17.18	17.2	8.88	4.5	0.5	0.315	52.37	28	3.49	房地产
28	SZ000910	大亚科技	-47.99	8.98	17.27	17.3	8.75	7.2	0.8	0.25	53.08	36	3.36	建材
29	SH600183	生益科技	-47.99	8.02	15.42	16.2	8	11.9	1.5	0.437	69.14	18	2.04	电子信息
30	SZ000922	ST 阿继	-47.87	10.2	19.57	19.7	10.1	5.6	0.6	0.214	65.16	48	3.08	仪表仪器
31	SH600309	烟台万华	-47.63	18.2	34.75	35.2	17.8	14.6	0.8	0.207	60	88	2.87	化工化纤
32	SH600674	川投能源	-47.61	6.68	12.75	13	6.68	10.3	1.5	0.319	33.55	21	1.45	电力
33	SZ000836	鑫茂科技	-47.55	17.9	34.15	34.8	17.7	10.9	0.6	0.497	111.14	36		通信
34	SZ000788	西南合成	-47.53	7.75	14.77	15.7	7.75	3.8	0.5	-0.48	111.2		1.71	医药
35	SH600488	天药股份	-47.5	21	40	41.1	21	12.3	0.6	0.339	111.89	62	3.60	医药
36	SZ000887	中鼎股份	-47.35	7.16	13.6	13.9	7.15	6.5	0.9	0.14	40.07	51	2.57	汽车类
37	SZ000798	中水渔业	-47.32	8.78	16.67	16.8	8.7	5.5	0.6	0.244	47.67	36	3.81	农林牧渔
38	SH600255	鑫科材料	-47.29	18.2	34.58	36.4	18.1	5.5	0.3	0.293	77.31	62		有色金属
39	SH600677	航天通信	-47.27	9.91	18.8	19	9.6	16.9	1.7	0.282	63.71	35	1.59	通信
40	SZ000697	*ST 偏转	-47.25	9.23	17.5	17.6	9.2	7.1	0.8	0.324	37.45	28		电子信息
41	SZ000636	风华高科	-47.2	10	18.96	19	9.3	20.1	2.0	0.689	72.95	15	4.01	电子信息
42	SZ000011	深物业 A	-47.18	9.48	17.95	18.7	9.48	8.7	0.9	0.112	88.54	96	0.53	房地产
43	SH600746	江苏索普	-47.14	2.81	5.32	5.61	2.65	2.5	0.9	0.122	72.59	23	1.15	化工化纤
44	SH600131	岷江水电	-47.13	3.59	6.8	6.87	3.59	2.5	0.7	0.111	66.13	32	1.55	电力
45	SH600807	天业股份	-47.06	12.2	22.95	23.2	12.2	7.8	0.6	0.001	57.33	8196	1.99	房地产
46	SZ000033	新都酒店	-46.6	7.06	13.22	13.8	7.06	4.7	0.7	-0.043	96.2		1.46	旅游酒店
47	SZ000007	ST 零七	-46.21	7.8	14.5	15.5	7.8	6.2	0.8	-1.199	89.95		0.39	旅游酒店
48	SH600753	东方银星	-45.56	3.56	6.53	6.59	3.56	1.1	0.3	-0.341	75.94		0.75	房地产
49	SH600766	ST 园城	-45.54	9.9	18.18	18.6	9.72	6.0	0.6	0.124	74.39	80	2.00	房地产
50	SH600743	华远地产	-44.43	6.44	11.59	11.8	6.44	5.0	0.8	-0.978	83.12		0.43	房地产
平均值			-49.25	10.4	20.69	21.3	10.2	8.7	0.9	0.184	88.277	236	2.67	

通过表4－2，我们发现在这段时间领跌股的平均下跌幅度为49.25%，跌幅比1993年熊市初期的领跌股平均价格还要大，这些股票在下跌之前的平均价格为20.69元，属于中价股类型。这些股票的流通市值和流通股分别为8.7亿元和9000万股，与1993年相比，市值和股本规模都有了非常大的增长。虽然这些领跌股票流通市值和流通股本相比1993年有所增长，但是绝对值并不大，这些股票仍然属于低市值的小盘股，这些领跌股的平均每股收益为0.184元，比之前的每股收益下降了不少。所以这些股票的平均市盈率达到了惊人的236倍，着实令人担忧，这些股票的平均每股净资产与之前类似，为2.67元，并没有特别之处。

从这些行情数据和财务数据来看，我们发现2001年6～10月这段熊市早期领跌股同样属于小盘袖珍股，估值较高，只不过价格比之前稍微低一点，但也是中等价格区间。

接下来我们来看看这次熊市初期领跌股的行业特点。

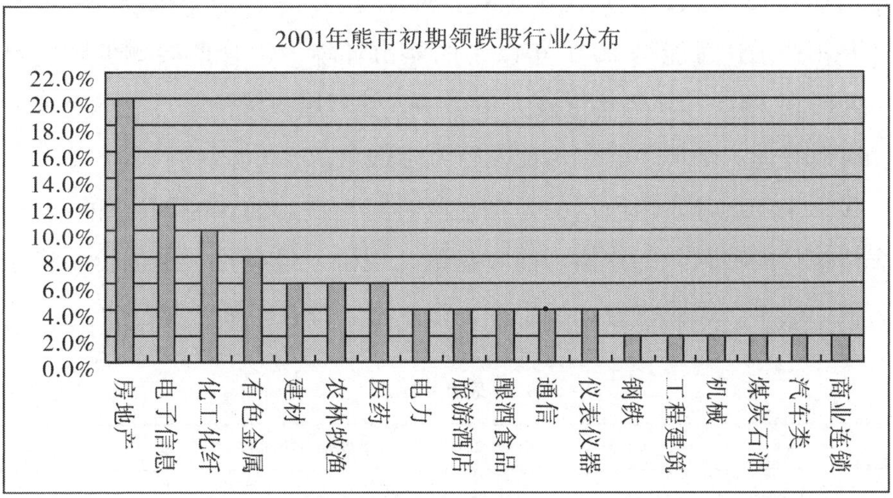

图4－2

图4－2是2001年熊市早期领跌股的行业分布占比图。从上图可以清晰地看到，领跌股行业分布最多的前三位分别是房地产行业、电子信息行业和化工化纤，这三个行业的行业占比分别为20%、12%、10%，这三大行业占据了所有行业的42%。我们知道房地产行业、电子信息行业和化工

化纤行业都是典型的周期性行业品种，业绩的增长与经济周期有着明显的紧密的相关关系。这一点与1993年熊市初期的行业分布特点非常相似，如果再算上有色金属、建材、旅游酒店、通信、仪器仪表、煤炭石油和汽车这些典型的周期性行业，我们可以算出来所有周期性行业占到这次领跌股比率的78%，也同样占到领跌股的绝大多数。这些结果再一次显示，我们需要规避周期性行业的大幅下跌风险，至于具体是哪个行业，我们同样要看在之前的牛市中，哪个周期性行业的表现最疯狂了。

最后我们来看看离我们最近的一次熊市领跌情况，看看我们能不能得出类似的结论。

三、2007年10月16日至2007年11月28日领跌股统计表

2007年10月至11月期间，此时A股市场与2001年相比，虽然股票数量增加到1396只，但是在这6年多的时间里，中国股票市场的新股发行增速并不快。这可能是2001年以来的熊市环境下，管理层减少了股票发行，同时在2005—2007年这段大牛市中，管理层决策的重点是国有股的减持。所以在此大环境下，也不便发行太多股票。

接下来的统计表格所示的是在这段时间领跌的前50只股票的统计表，该表格统计的项目包括跌幅、前收盘价、现价、最高价、最低价、流通市值、流通股本、每股收益、换手率、市盈率、每股净资产和行业。

表4-3 单位：元

2001/06/14至2001/10/22：2001年熊市初期领跌股排序														
序号	代码	商品名称	涨幅	成交价	前收盘	最高价	最低价	流通市值（亿）	流通股（亿）	年度每股收益	换手率	市盈率	每股净资产	行业
1	SZ000922	ST阿继	-49.73	8.25	16.41	15.6	7.95	14.2	1.7	-0.135	110.55		0.56	仪表仪器
2	SZ000543	皖能电力	-45.96	32.3	59.83	60.9	30.9	78.3	2.4	0.077	106.38	423	3.76	电力
3	SZ000617	石油济柴	-45.82	64.9	119.7	129	61.7	62.2	1.0	0.48	66.89	135	2.74	机械
4	SZ000060	中金岭南	-45.47	39.5	72.44	74.8	39.3	183.9	4.7	1.515	64.61	26	5.03	有色金属
5	SH600963	岳阳林纸	-45.09	21.4	38.9	41.5	20.5	36.6	1.7	0.183	103.14	117	6.65	造纸印刷
6	SH600961	株冶集团	-44.85	22.7	41.2	41.2	22.7	49.9	2.2	0.793	58.39	29	3.97	有色金属

续表

2001/06/14 至 2001/10/22：2001 年熊市初期领跌股排序														
序号	代码	商品名称	涨幅	成交价	前收盘	最高价	最低价	流通市值（亿）	流通股（亿）	年度每股收益	换手率	市盈率	每股净资产	行业
7	SZ000758	中色股份	-44.65	65.9	119.1	122	63.8	244.6	3.7	0.602	62.93	109	2.67	有色金属
8	SZ002149	西部材料	-43.39	44.5	78.64	78.2	41.6	10.2	0.2	0.286	131.76	156	3.43	有色金属
9	SH600888	新疆众和	-43.34	19.8	34.89	35.2	19.3	26.8	1.4	0.258	50.87	77	1.94	有色金属
10	SZ000878	云南铜业	-42.66	65.7	114.6	120	62.1	239.8	3.6	1.358	80.39	48	5.56	有色金属
11	SH600459	贵研铂业	-42.66	50.1	87.37	88.6	48.8	25.5	0.5	0.371	78.68	135	6.81	有色金属
12	SZ002175	广陆数测	-42.34	33.3	57.68	53.5	32.4	3.9	0.1	0.368	256.27	90	4.45	仪表仪器
13	SH600307	酒钢宏兴	-42.11	21	36.31	36.6	20.7	69.9	3.3	0.547	65.42	38	5.10	钢铁
14	SH600528	中铁二局	-42.09	20.3	35.09	38.2	19.5	53.9	2.7	0.06	80.94	338	3.92	工程建筑
15	SZ002160	常铝股份	-42	21.8	37.66	38	20.9	9.3	0.4	0.233	120.17	94	3.73	有色金属
16	SH600139	西部资源	-42	13.8	23.81	24.2	12.3	4.9	0.4	-2.196	124.27		-1.14	有色金属
17	SZ000951	中国重汽	-41.99	197	339.5	342	195	230.2	1.2	0.818	29.01	241	5.65	汽车类
18	SH600111	包钢稀土	-41.59	36.2	61.98	63.5	35	74.7	2.1	0.179	79.35	202	3.47	有色金属
19	SZ002155	辰州矿业	-41.54	101	172.8	171	99.6	99.0	1.0	0.248	112.81	407	4.50	有色金属
20	SH600595	中孚实业	-41.35	24.3	41.43	42.5	23.7	87.6	3.6	0.269	78.9	90	3.22	有色金属
21	SH600072	中船股份	-41.07	33.3	56.47	55.4	29.8	72.4	2.2	0.051	130.54	654	3.67	机械
22	SZ000762	西藏矿业	-40.81	23.6	39.92	39.9	21.6	42.6	1.8	0.17	65.49	139	2.25	钢铁
23	SZ000612	焦作万方	-40.75	84.8	143.1	152	82.2	241.0	2.8	0.536	70.03	158	3.15	有色金属
24	SZ000686	东北证券	-40.71	119	199.9	211	118	179.5	1.5	0.147	94.65	808	3.52	券商
25	SH600711	盛屯矿业	-40.39	16.9	28.42	31.3	16.6	4.5	0.3	-0.002	78.34		0.14	有色金属
26	SZ000838	国兴地产	-40.24	21.6	36.15	45.3	21.5	4.9	0.2	0.022	117.65	988	1.05	房地产
27	SH600367	红星发展	-40.11	13	21.64	21.8	12.9	18.1	1.4	0.251	68.02	52	3.53	化工化纤
28	SH600058	五矿发展	-40.08	33.1	55.22	57.5	32.4	100.6	3.0	0.683	58.31	48	4.61	外贸
29	SZ002171	精诚铜业	-39.45	21.4	35.29	35.1	20.6	6.0	0.3	0.389	102	55	4.36	有色金属
30	SH600881	亚泰集团	-39.37	18	29.69	30.2	16.9	183.4	10.2	0.09	50.91	200	2.40	建材
31	SH600362	江西铜业	-39.33	44.8	73.89	74.2	44	126.7	2.8	2.901	107.15	29	5.71	有色金属
32	SH600531	豫光金铅	-39.28	28	46.1	47.7	26.8	37.7	1.3	0.623	111.39	45	3.99	有色金属
33	SZ000628	高新发展	-39.27	10.2	16.78	17.8	9.6	17.1	1.7	-0.726	222.7		1.52	房地产
34	SZ000711	天伦置业	-39.22	10.1	16.6	19.5	9.94	7.9	0.8	-0.272	85.89		3.11	房地产
35	SZ000751	锌业股份	-39.02	15.3	25.14	27.7	15	105.2	6.9	0.12	75.86	127	2.90	有色金属
36	SH600489	中金黄金	-38.53	85.8	139.5	141	85.3	124.7	1.5	0.578	65.87	148	3.42	有色金属
37	SH600495	晋西车轴	-38.47	19.8	32.18	32.4	19.1	12.1	0.6	0.51	64.17	39	4.41	机械
38	SZ002176	江特电机	-38.45	25.4	41.31	39	24.1	3.5	0.1	0.394	261.24	65	4.81	机械
39	SH601168	西部矿业	-38.25	37.1	60.15	59.5	35.8	170.8	4.6	0.646	81.75	58	4.06	有色金属
40	SH600702	沱牌舍得	-38.1	34.7	56.07	56.5	32.1	81.6	2.4	0.059	67.72	587	5.10	酿酒食品

续表

2001/06/14 至 2001/10/22：2001 年熊市初期领跌股排序														
序号	代码	商品名称	涨幅	成交价	前收盘	最高价	最低价	流通市值（亿）	流通股（亿）	年度每股收益	换手率	市盈率	每股净资产	行业
41	SH600962	国投中鲁	-38.09	17.3	27.88	28.8	17.1	19.2	1.1	0.238	66.03	73	3.49	酿酒食品
42	SH600219	南山铝业	-37.72	23.3	37.38	39	22.2	115.7	5.0	0.135	85.22	172	5.62	有色金属
43	SH600022	济南钢铁	-37.6	16.7	26.7	27.3	16	81.9	4.9	0.639	30	26	3.81	钢铁
44	SH600497	驰宏锌锗	-37.46	68.4	109.3	119	67.8	129.8	1.9	2.661	102.37	26	7.07	有色金属
45	SZ000807	云铝股份	-37.41	36.9	59.02	62.3	34.6	156.7	4.2	0.369	93.9	100	2.43	有色金属
46	SZ000960	锡业股份	-37.35	117	187.2	187	109	301.5	2.6	0.384	37.21	306	4.05	有色金属
47	SZ002167	东方锆业	-37.11	23.9	38.06	38.7	23.6	2.4	0.1	0.379	94.9	63	4.22	有色金属
48	SH600500	中化国际	-37.09	18.4	29.25	30.3	17.8	94.8	5.2	0.287	63.6	64	2.62	外贸
49	SZ000952	广济药业	-36.87	30.6	48.43	49.6	29.6	67.0	2.2	0.066	97.82	462	2.38	医药
50	SH601808	中海油服	-36.79	32.3	51.13	52.2	31.8	113.1	3.5	0.381	149.88	129	3.71	煤炭石油
平均值			-40.7	39.7	67.15	68.9	38.4	84.6	2.3	0.3805	93.247	186	3.66	

通过表4－3，我们可以发现在这段时间领跌股的平均下跌幅度为40.7%，跌幅与1993年熊市初期的领跌股平均价格相类似，这些股票在下跌之前的平均价格为67.15元，属于典型的高价股类型。这些股票的流通市值和流通股分别为86.6亿元和2.3亿股，与1993年和2001年相比，流通市值和流通股本规模都有了巨大的增加，这些股票属于典型的中市值的小型流通股本的股票。之所以市值高股本较小，是由于这些股票在大牛市中涨幅非常巨大，价格非常高的因素所致。这些领跌股的平均每股收益为0.38元，这个每股收益不算太差，属于中等水平。但是由于价格过高，在这样的每股收益水平下，市盈率也达到了186倍，这些股票的平均每股净资产与1993年和2001年相比有所增加，为3.66元。

从这些行情数据和财务数据来看，我们发现2007年10～11月这段熊市早期领跌股同样属于中型市值的小型股本的股票，虽然业绩还不错，但是由于涨幅巨大，估值还是非常高，这样的股票下跌起来同样也不含糊。这也说明了不管股票业绩如何，只要涨幅巨大，估值过高，最终难逃下跌的命运。

下面我们来看看这次熊市初期领跌股的行业特点。

图4－3是2007年熊市早期领跌股的行业分布占比图。从上图可以清

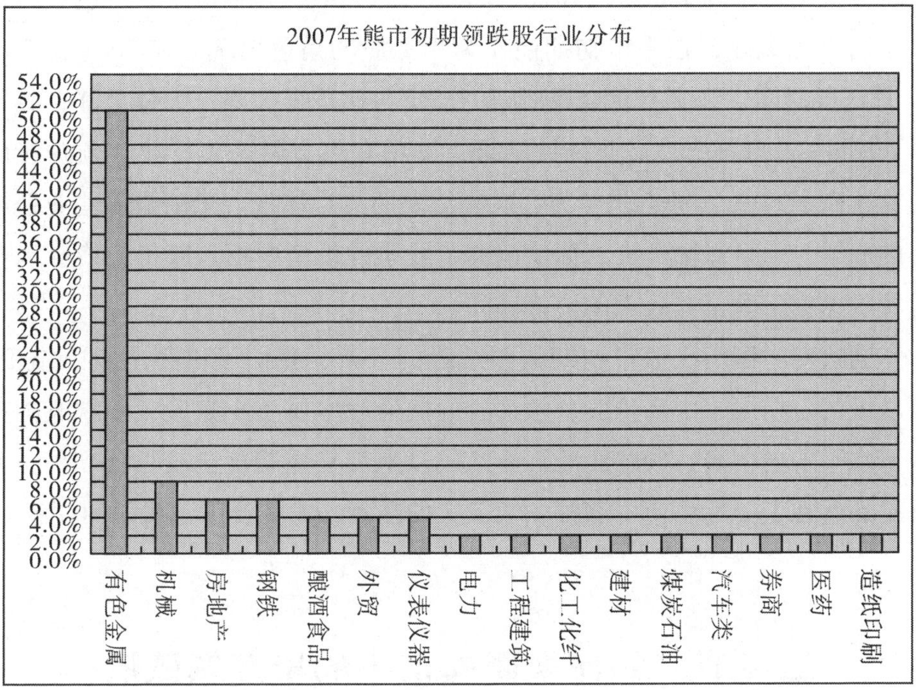

图 4－3

晰的看到，领跌股行业分布最多的前三位分别是有的金属行业、机械行业、房地产行业和钢铁行业。这四个行业的行业占比分别为 50%、8%、6% 和 6%，这四大行业占据了所有行业的 70%，有色金属、机械、房地产和钢铁行业都是典型的周期性行业品种，业绩的增长与经济周期变化的高相关性关系在此再次显现。这一点与 1993 年和 2001 年熊市初期的行业分布特点同样非常相似，如果我们再算上外贸、仪表仪器、工程建筑、化工化纤、建材、煤炭石油、汽车、券商和造纸印刷这些典型的周期性行业，我们可以算出来所有周期性行业占到这次领跌股比率的 92%，我们可以看到超过九成的领跌股都是周期性品种。1993 年、2001 年和 2007 年熊市领跌股的行业分布占比都显示，周期性行业是熊市初期领跌股的主要组成部分，占到绝对的多数，可以说是领跌股的主导。

还有一个细节要说明的是，我们之前提到，在牛市中首先领跌的板块很有可能是那些在上一轮牛市中涨幅巨大的品种。在 2007 年的熊市初期下跌股票中也得到了很好的印证，2005—2007 年的大牛市中，有色金属板块可谓风光无限，在牛市初期便作为领涨股的角色出现。在 2007 年 5 ～10 月这段时间，许多有色金属股票的股价再次拔得头筹，大幅上涨，我们看到图 4 - 3 的领跌股行业统计结果，发现有色金属这个行业在领跌股中占比达到了 50%，这也是主力们疯狂派发的典型体现。无论是那些业绩再好的股票，一旦涨幅过大，估值偏离了股票的价值中枢，股价最终会以非常快的速度下跌至其合理的价值区间。

通过对中国历次熊市初期的领跌股的分析，我们可以得出以下结论：领跌股的价格属于中高价股，领跌股的流通股本属于小盘股，领跌股的市盈率水平普遍偏高，领跌股的行业八成以上都是周期性比较强的品种，尤其是那些在上一轮牛市中涨幅非常巨大的品种，尤其要引起我们的注意。

第三节　如何规避熊市中的早期领跌股

第二节的部分我们介绍了熊市初期领跌股的行情数据特征、财务数据特征和行业特征，在这些方面我们有了一些比较深刻的认识，但是要想在熊市规避到这些领跌股，我们不仅要知道这些，我们还要从技术面和行为面去理解这些股票的下跌原因。

纵观这几次领跌的股票走势，我得出了以下的领跌股下跌前的一些技术面和行为面的特点。

一、下跌前期走势已经明显变弱，甚至形成了双头的特征

正如本章开篇江恩所说：一些股票的股价先是快速上涨、形成顶部，随后在其他股票的股价见顶前出现盘整，这样的股票将会成为熊市前期的领跌股。

如果我们看到一个周期性行业股票，其在之前牛市中涨幅较大，在大

盘在牛市见顶之前就开始盘整或者下跌，走势明显弱于大盘，甚至形成双头的走势，这样的股票我们一定要警惕，很有可能就是这一次熊市下跌的领跌股。

下面我们来看几个案例。

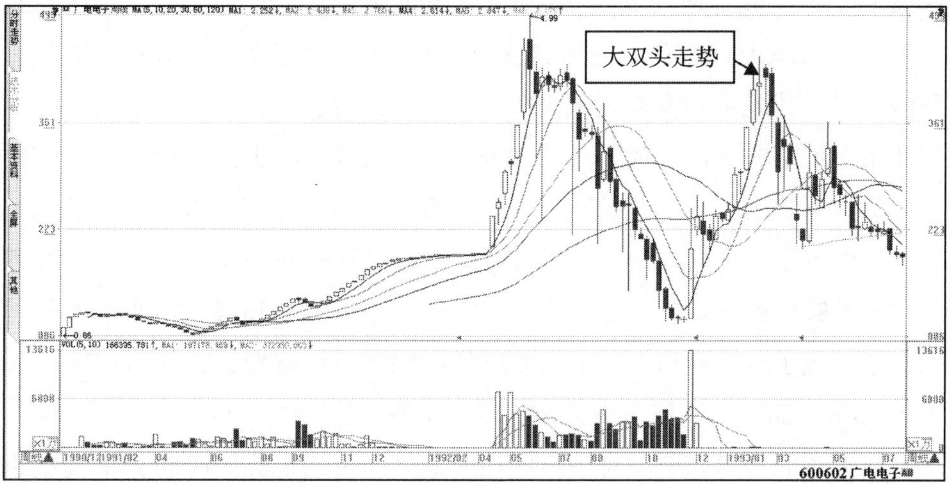

图4-4

广电电子（600602）是一家生产销售真空电子器件及其应用产品、配件、基础材料和生产线设备以及经营性租赁业务的公司，该公司系于1986年12月经上海市人民政府经济体制办公室［沪体改（86）第8号文］批准公开向社会募集方式设立股份制有限企业。1991年10月18日又经上海市外国投资工作委员会［沪外资委综字（91）第670号］批准，在国内率先向境外发行人民币特种股票（简称B股），成为首家中外合资的股份制企业。公司成立初期股本为15694万元。1990年12月19日，中国股市诞生，广电电子也成为第一批正式登陆交易所的上市公司，在当时仅仅只有几只股票在上交所交易的年代，广电电子给老一代股民留下了太多的回忆。

图4-4是广电电子自上市以来至1993年7月的周K线图。从图上可以看出，刚刚成立不久的中国证券市场还很不成熟，股价总是暴涨暴跌，自1990年上市以来至1992年5月，广电电子最高上涨了5倍多，但是同

期上证指数却上涨了接近15倍，广电电子的涨幅还是不够上证指数迅速，从另一个角度看，这也正反映了当时投资者对股票的渴望，但是没有只涨不跌的股市。1992年5月下旬，上证指数进入了大调整状态，快速下跌了70%。与此同时，广电电子下跌了76%，比大盘下跌幅度还大，1992年11月，上证指数绝地大反击，在13周内快速上涨，收复失地，并且还创下了1992年5月的新高，随后股指开始了漫长的下跌。通过观察广电电子我们发现，其股价并没有创下1992年5月的新高，而在1993年2月中旬就开始下跌走弱了，形成了一个大型的双头走势，在随后的整个熊市中，上证指数下跌了77%，而广电电子却下跌了90%，其跌幅真是令人咂舌。

广电电子就是这样一只再熊市下跌初期长期走势弱于大盘，在熊市下跌之前其股价就开始逐步走弱，在这样的大趋势和小趋势共同作用下，广电电子就成了这段熊市初期下跌股票的跌幅之首的股票，在熊市初期下跌了51.6%。而在整个熊市中跌幅达到了90%。

在大盘的相对高位，对于那些长期走势和短期走势同时弱势于大盘的股票，我们要十分注意早早地获利了结，没有获利的甚至可以止损出局，以免造成更大的伤害。

接下来我们来看案例二。

在讲述案例二之前，我先给大家看一则在2001年“金诚杯”全国诗歌大奖赛获得二等奖的一部诗歌作品——《银广厦，一个坍塌的神话》，该诗歌的作者是湖南人舒翼。由于当年这个大赛一等奖缺席，所以这部作品可以说是真正的一等奖作品。

银广厦——一个坍塌的神话

湖南　舒翼

2001年，《财经杂志》在中国证券市场屡屡引发地震，先是揭露基金黑幕，接着给大牛股银广厦的业绩画个大问号。

一阵又一阵狂风，吹开蚂蚁螟虫的浊眼
银广厦停牌，证券会调查一个神话

又一门马后炮在马屁的后面发言
不可能在前沿阵地发现敌情，让我们这些
冲锋陷阵的小卒，再次丧失了目标和堡垒
连狐狸都难以相信，一个业绩连年翻番的蓝筹股
竟已连续两年亏损，光辉形象已资不抵债

我怀抱的竹简早已腐烂，我梦里的新衣
只是皇帝的裸体。我该相信光荣的招牌
还是卑微的灰尘？在情人和敌人之间周旋
就是与信仰作痛苦的斗争

9 月 10 日银广厦复牌，海枯石烂，天开裂
千千万万的散户，两眼一黑朝下跳
15 个跌停板，34 元股价跌到 2 元
从天堂跌到地狱
浮云不痛雨痛，钞票不痛民心痛
这“竖排的泪雨”，何时能洗净信誉的污点
洗净我们前生后世的追问，疑问

我不能不将国有上市公司，读作
换汤不换汤的成语。一股独大，法人是畸胎
一面是公仆，一面是家贼
一个巨大的黑箱，锁着黑幕交易和官场秘密
还锁着陈年旧账和明清三更
而中小股东是散户，散户是一盘散沙

散沙是愚民，悲剧就是邻居
我想起一则报道，散户吴垒盛申购 1000 股银广厦
7 年股价翻了 20 倍，获利 40 余万元

他只是侥幸撞到幸运之神，你不妨算算
那些与上市公司联手的庄家，张开血盆大口
吞掉了多少开花的春天，丰硕的秋季
当散户联名起诉银广厦，证券赔偿竟无法可依
没有铁笼，怎能关住兽性？没有法制
还得请天子下凡？好了伤疤忘了痛
像夫妻吵架，过两天又与错爱拥抱在一起

银广厦，这个绩优股的领头羊
曾率领鸡犬升天。沿着这条线索
前面还有亩产万斤的麦子
还有一浪高过一浪的造神运动
还有用阳光翻新的陈芝麻烂谷子
还有不打地基的颂歌
麦克风用老调，诗人用假嗓子，吹拂睡眠

需要多少尖锐的眼光，在心吏的废墟上考古
需要多少温暖的阳光，才能捡回
那些伤心的雨点，迷路的雨点
一个个坍塌的神话，让圣人也走在
价值回归的路上。而我睁一只眼闭一只眼
瞄准文化的弱点

我也是一个小股民，也曾火中取栗
也曾踩到地雷，被拦腰一刀
被暴风雨篡改，被坎坷的命运酝酿成云梯
花钱买教训，赔钱买逆向思维
这是我有别于其他骚客炒家的特殊品质

那些人到中年的诚实积累，那些
白手白手起家的老板，那些怀着心病的浪子
那些下岗的阿嫂，退休的老人
请给予他们返青的缘分，发芽的热情
让阳光增值的是千万片绿叶

请给予他们一列正点的列车
经过许多大站小站，有上车的拥挤
有下车的快乐，终点叫诚信

读完此诗歌，有种畅怀淋漓的感觉，既揭露了当时中国股票市场的乱象，也说到了广大股民朋友的心声，这样的作品获得大奖，实至名归。

我想大家也应该猜到了我们接下来要讲的这个案例，没错，就是银广厦，现名为＊ST 广厦。

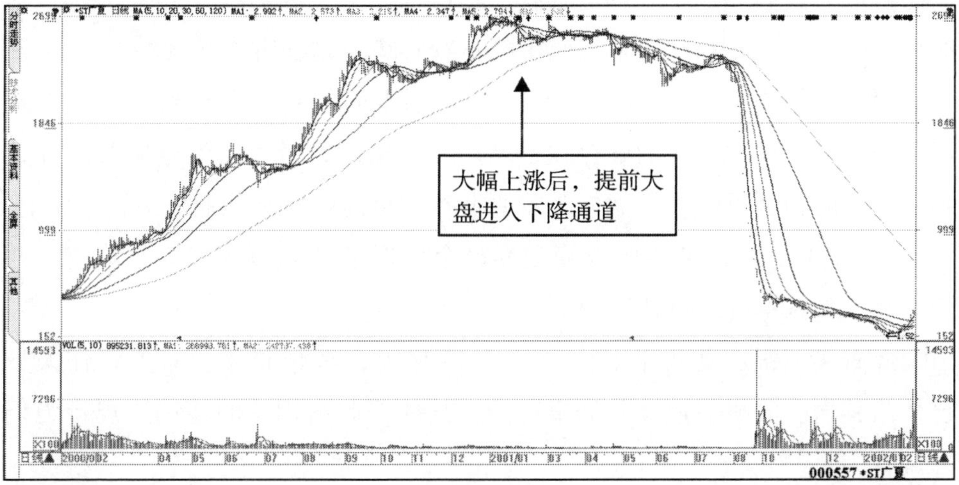

图 4－5

图 4－5 是银广厦（000557）自 2000 年 1 月至 2002 年 2 月的日 K 线图。该公司于 1994 年 6 月登陆深圳交易所，上市之初，表现并不起眼，在

上市后的一年多时间里，该股的股价一直保持横盘整理的状态。从1995年11月开始，银广厦逐步走入上升通道，至1998年7月，上涨了240%之多，随后经历了接近18个月的调整期，但是调整期银广夏股价跌幅不大。2000年1月，银广厦股价再次腾飞，在2000年全年上涨了460%之多，表现非常强势，这其中的原因我想大家也从之前舒翼的那首诗歌中找到了，2000年12月之后，银广厦就此进入下降通道，股价再也没有创出新高。而在2000年12月至2001年6月这段时间，上证指数却再次创出新高，走势也属于上升通道中，从这里我们已经明显看出，银广厦由于之前涨幅巨大，股价已经开始有变弱势的迹象了。2001年7月，银广厦的双头结构终于全部构筑起来了，此时，正是我们卖出该股的最后时刻。因为之前涨幅巨大的股票，一旦形成双头，同时伴随大盘处于弱势情况之下，这样的股票一定会是熊市下跌初期的领跌股。

我们尽管已经可以判断出银广厦可能会变成领跌股，但是确实不知道他会下跌得这么猛烈，这也是我们需要提醒广大投资者朋友们的一点，如果我们得知那些在熊市初期走势已经变弱的股票具有某种基本面变坏的利空的可能，我们一定要宁可信其有，不可信其无，因为在这样一个微妙的时刻，一旦有一些利空袭来，股价的下跌趋势将是摧古拉朽式的。

银广厦的连续15个跌停正是由于其基本面的利空所导致的，银广夏经初步核查，天津公司的确存在产品产量、出口数量、结汇金额及财务数据不实，问题严重，涉及面广，需要彻查。目前公司其他业务运作正常。

8月3日，中国证券监督管理委员会已对公司此事正式立案稽查，并于8月5日派稽查组抵达银川。

经查实，银广夏两年虚构利润7.45亿元，涉嫌犯罪的有关责任人员已依法移送公安机关追究其刑事责任，其他与此案相关的违法违规行为仍在调查中。

自此之后，中国证监会重申，对证券市场的任何违法违规行为，发现一起查处一起，涉嫌犯罪的，坚决依法移送公安司法机关追究刑事责任。中国证监会在此表示，欢迎并感谢新闻界对证券市场的舆论监督，欢迎并支持广大投资者举报证券市场上的一切违法违规行为。

出现这样的情况，可能也是我们普通投资者始料不及的。虽然我们普通投资者不可能获得这些信息，但是这样的股票哪怕是连续跌停，只要哪一天打开跌停，我们都要坚决清仓手中的持股。因为这样的利空是毁灭性的，涉嫌欺诈，不是普普通通的业绩下滑，这样的性质决定了银广厦在即使打开跌停之后，还会继续下跌。事实上，银广厦首次打开跌停之后继续下跌了75%，这样的跌幅对中小投资者来说是毁灭性的。

在熊市初期，一旦发现涨幅较大，提前大盘形成弱势的股票，我们一定要十分警惕，提早逐步卖出，对于那些基本面可能会有疑虑的，更要迅速清仓手中的持股。

二、下跌前期虽然没有明显的异样，但是在大盘转为下跌之后快速下跌，没有企稳迹象，且之前涨幅较大的股票

在牛市见顶之前提前显露出弱势，在牛市见顶熊市初期快速下跌，这种思路，早在80年前的江恩就提出来了。时过境迁，虽然有很多主力仍然按照此套路操作股票，但是有些主力已经开始花样翻新了。有些股票在下跌之前与其他股票没有任何异样，只是下跌之后走势明显弱于大盘，下跌过快，同样下跌之后难以企稳，并且这样的股票在之前牛市中涨幅都较大。这是主力们的另一种出货方式，他们采取迷惑普通投资者的方法，让很多投资者在股价下跌前来不及反应，同时下跌之后，每次反弹非常弱，把企图抢反弹的投资者一网打尽，把他们套在高位。

主力这样快速派发的做法迷惑性很高，我们唯一能做的就是这样的股票一旦在大盘见顶之后显示出快速下跌的状态，我们要对这样的股票高度警惕了，持有的可以卖出，未持有的最好保持观望，不要急着抢反弹。

下面我们来看几个案例。

下图是石油济柴（000617）自2006年9月至2007年12月的日K线图。该公司是一家主营柴油机、气体发动机、柴油及气体发电机组的制造、销售、修理的公司。1996年1月，经批准，由济柴厂作为独家发起人，以募集方式设立股份有限公司。为此，济柴厂对其资产进行重组，将

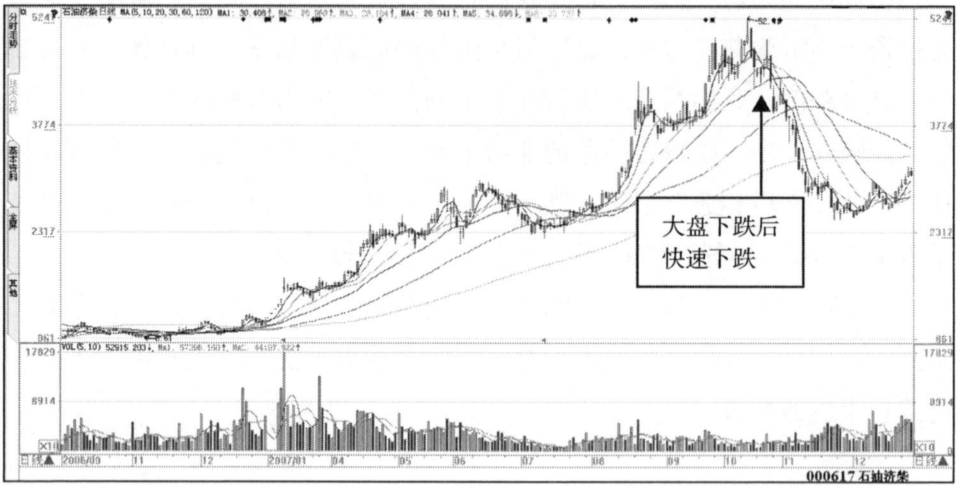

图 4－6

所属的总装分厂、大件加工分厂、中小件加工分厂、锻造分厂、铆焊分厂、油泵增压分厂、热处理分厂、铸造分厂、配套等分厂及内燃机研究所的生产经营性资产经评估后的部分净资产投入本公司，并折为 5500 万股国有法人股，由济柴厂持有。1996 年 10 月，石油济柴成功登陆深圳交易所，发行 2500 万股。

从图 4－6 我们可以看到，石油济柴自 2007 年之后，便进入了缩量上涨的阶段，此时主力已经成功控盘。到了 2007 年 10 月，虽然石油济柴股价再创新高，但是距离起涨点已经有较大的上涨幅度。与此同时，按照我们之前所说的波峰理论，我们发现石油济柴在 2007 年 10 月的上涨周期已经明显低于之前几波的上涨周期。所以，即使股价没有先于大盘变弱，也没有形成双头，但是该股的内在上涨动能已经明显的减弱了。对于这样的股票，我们不排除下跌之后可能还会有继续上涨的可能，但是那要等这样的股票下跌之后再创新高我们才可以考虑介入。否则，我们一定要安全第一，等待这样的股票见底企稳，几周的等待是值得的，一个多月后，石油济柴大幅下跌，成为熊市初期的领跌股。根据经验，这样的股票在随后的熊市中会继续领跌，知道熊市末期。所以，对于这样的股票，我们一定要等到其趋势明朗之后，再去考虑是否需要购买，持股的朋友，要在这样的股票跟随大盘快速下跌的早期就要逐步卖出，否则正是中了主力想把我们套在高位的计谋。

下面我们再来看一个案例。

图 4 –7

图 4 –7 是中金岭南（000060）自 2007 年 1 月至 2007 年 12 月的日 K 线图。该公司是一家主营有色金属铅锌的采、选、冶、加工及电池锌粉等储能材料生产、铝型材加工、幕墙安装工程、出租汽车营运、房地产开发等业务的公司。公司前身为中国有色金属工业总公司深圳联合公司，1984 年成立。1993 年公司改组为深圳有色金属股份有限公司；1994 年 3 月发行内部股份证 2000 万股；1994 年 6 月公司更名为深圳中金实业股份有限公司，股份总数 10000 万股。1996 年 11 月 19 日注册资本调整为 6200 万元，股份总数 6200 万股。1997 年 1 月 23 日，公司股票成功登陆深圳证券交易所。

2005 年 6 月至 2007 年 10 月的大牛市中，有色金属板块的股票可谓风生水起，大牛市初中期和牛市末期都大放异彩，中金岭南自然也不例外，这轮牛市涨幅达到了 25 倍以上，上涨幅度不可谓不大。从图 4 –7 可以看出，自 2007 年 7 月之后，中金岭南开始缩量上涨，值得我们注意的是，自 2007 年 9 月之后中金岭南的上涨周期没有前几次长，这是股票事态转变的一个信号，鉴于中金岭南在牛市中涨幅过大，有属于典型的周期性品种，我们应该对此保持高度的警惕。2007 年 10 月下旬，中金岭南跟随大盘快速下跌，失手了 30 日均线。此时，我们最好的策略就是先清仓手中持股获利了解，准备购买此股的投资者应该持币继续观望，等待中金岭南的企稳。随后，中金岭南一路下跌，1 个多月下跌了 46%。至此，中金岭南的领跌股本质已经暴露无遗。对于这样的股票，我们要在其跟随大盘快速下跌初期就要坚决卖出，以免给我们造成重大损失。随后，中金岭南在熊市中下跌了 85%，远远大于大盘 70% 的下跌幅度。

对于熊市中的领跌股，我们要从股票的技术特点，于大盘的关系，公司所处的行业和公司基本面等多方面综合考虑，出于安全考虑，这里面的因素只要有一条确定该股可能成为熊市中的领跌股，我们最好逐步做减仓处理，以免给我们造成重大损失。

第五章

牛市中的领涨股

一些股价先是下跌并形成底部，并在其他股票的股价见底前跌至最低点的股票，就会成为牛市前期的领涨股。一些股票的股价会提前其他股票突破前几年的顶部或最近几个月的高点，这预示着这些股票会成为牛市前期的领涨股。

——江　恩

第一节　领涨股的概述

一、领涨股的含义

领涨股是指在市场上率先上涨，股价涨幅远远超过大多数股票，并拉动本板块其他股票跟随上涨的股票。在每轮牛市行情中，领涨股一飞冲天，天马行空的走势令众多投资者热血沸腾，纷纷追涨，是做短线获取暴利的上佳品种。

然而，是不是大部分投资者都认识到投资领涨股的重要性呢？这个不尽然。

在大多数情况下，人们倾向于买自己一向喜欢、觉得安心、熟悉的那几档股票。但是，你的爱股通常未必是当时市场最活跃的领涨股，若只因你的习惯而投资这些股票，恐怕只好看他们慢牛拖步。

要成为股市的赢家的法则是：不买落后股，不买同情股，全心全力抓住领涨股。在你采用这项原则之前，要先确认股票是在一个横向底部形态，而且股价尚未向上突破后上升了 5% 或 10%，这样，可以避免追进一只涨得过高的股票。

领涨股的相对强弱度指数 RSI 一般不少于 70，在 1953—1993 年间，每年股价表现最好的 500 只美国上市股票，在真正大涨之时的平均相对强弱度指数 RSI 为 87。股市中强者恒强，弱者恒弱是永恒的规律，一旦大盘跌势结束，最先反弹回升创新高的股票，有非常大的可能就是领涨股。所以，不买则已，要买就买领涨股。这个策略在牛市的初期更加奏效。

二、牛市初期领涨股的形成原因

1. 由于在之前的大熊市中，许多股票的股价已经大幅下跌，市场处于一片恐慌中。我们在第四章也说道，在熊市初期，周期性强的品种，诸如有色金属、房地产、机械等板块都是率先扛起下跌的大旗的，这些股票在熊市的后期，由于下跌幅度已经非常巨大，反而成了抗跌的品种。许多甚至在熊市后期提前见底企稳，这也说明主力资金已经开始提前吸纳那些超跌的周期性品种了，主力们之所以提前吸纳这些品种，是为了在牛市初期树立赚钱效应，让投资者从大熊市的恐慌中逐渐走出来。因此，牛市领涨股是主力们聚集人气，带动板块和大盘上涨的一大利器。

2. 一般来说，在牛市初期领涨的股票，其基本面一般都不错，具有比较不错的业绩和相对合理的估值水平，这些也是那些主力们敢于在熊市初期提前介入，并且在牛市初期将这些股票作为领涨股的重要原因。

3. 从行为面上来说，牛市初期领涨股票往往具有在熊市后期股价就已经开始企稳，提前见底或者在牛市一见底就开始迅速放量上攻的特点，这些其实都给我们传达了一个信号，那就是这些股票有资金提前介入了，一只股票的最终上涨，还是与资金的供给程度有关，只有充分的资金买入，这些股票才会成为领涨股。

第二节　牛市领涨股的统计分析

中国股市自1990年诞生以来，共经历了三次大的牛市初期，1994年8至9月的牛市初期、2005年6月至2006年3月的牛市初期和2008年10月至2009年2月的三次牛市初期，由于1994年之前，我国股票市场股票总数较少，同时还未采取涨跌停板的制度。所以在此我们不讨论那一次的领涨情况，我们主要来看离我们比较近的2005年牛市初期和2008年牛市初期这两次的领涨股的情况。

我们先来看2005年6月之后这轮牛市初期领涨股的情况。

一、2005年6月6日至2006年3月1日领涨股统计表

在这段时间里，上证指数上涨了28.9个百分点，由于刚刚经历了为期4年的大熊市，市场人气极度虚弱，这一轮的上涨可谓异常艰辛，上证指数每涨一段就要通货下跌来进行消化获利盘，在这样的环境下，我们统计了在这段时间领涨股票的前50名情况，下面的表格统计的项目包括涨幅、前收盘价、现价、最高价、最低价、流通市值、流通股本、每股收益、换手率、市盈率、每股净资产和行业这些要素。

表5－1　　　　单位：元

2005/06/06至2006/03/01：深沪A股（涨幅）排序														
序号	代码	商品名称	涨幅	成交价	前收盘	最高价	最低价	流通市值（亿）	流通股（亿）	年度每股收益	换手率	市盈率	每股净资产	行业
1	SH600550	天威保变	216.02	1.23	3.88	4.31	1.18	4.9	1.3	0.307	853	13	3.06	仪表仪器
2	SZ000718	苏宁环球	161	1	2.61	3.39	2.57	4.9	1.9	0.039	114.2	67	1.00	房地产
3	SH600299	ST新材	148.46	2.69	6.69	6.97	2.58	5.4	0.8	0.902	320.9	7	4.45	化工化纤
4	SH600456	宝钛股份	146.7	6.05	14.92	15.5	5.79	11.3	0.8	0.792	436.81	19	3.90	有色金属
5	SZ002025	航天电器	146.39	3.71	9.15	10.5	3.62	3.5	0.4	1.191	546.16	8	4.24	仪表仪器
6	SH600132	重庆啤酒	144.81	6.39	15.65	16	6.3	12.2	0.8	0.308	301.94	51	2.72	酿酒食品
7	SZ002028	思源电气	141.3	1.34	3.23	3.48	1.32	1.1	0.3	0.794	813.53	4	4.15	仪表仪器
8	SH600549	厦门钨业	139.66	7.62	18.27	19.5	7.55	11.0	0.6	0.714	216.65	26	3.50	有色金属
9	SZ000930	中粮生化	136.22	1.71	4.05	4.58	1.56	29.2	7.2	0.144	806.96	28	2.38	酿酒食品
10	SH600497	驰宏锌锗	132.13	8.13	18.88	22.4	8.08	13.2	0.7	0.818	641.89	23	4.51	有色金属
11	SZ002048	宁波华翔	132	1.08	2.51	2.56	1	1.0	0.4	0.227	1132.2	11	3.49	汽车类
12	SZ000406	石油大明	131.18	4.4	10.18	11.1	4.26	27.1	2.7	0.511	304.02	20	5.00	
13	SZ000655	金岭矿业	128.8	1.91	4.37	4.45	1.38	5.2	1.2	-0.387	467.97		0.94	钢铁
14	SZ000927	一汽夏利	126.38	2.35	5.32	5.38	2.22	12.8	2.4	0.163	390.21	33	1.86	汽车类
15	SH600533	栖霞建设	123.75	3.75	8.39	8.7	3.54	6.4	0.8	0.708	324.09	12	3.32	房地产
16	SZ002022	科华生物	119.71	1.02	2.24	2.37	0.99	0.7	0.3	0.684	655.37	3	4.13	医药
17	SH600844	丹化科技	119.51	1.23	2.7	3.2	2.54	0.7	0.3	0.014	78.02	292	0.20	化工化纤
18	SH600312	平高电气	119.41	3.73	8.19	8.48	3.38	8.4	1.0	0.338	301.42	24	3.36	仪表仪器

续表

2001/06/14 至 2001/10/22：2001 年熊市初期领跌股排序														
序号	代码	商品名称	涨幅	成交价	前收盘	最高价	最低价	流通市值（亿）	流通股（亿）	年度每股收益	换手率	市盈率	每股净资产	行业
19	SH600320	振华重工	116.73	5.67	12.29	12.5	5.25	38.7	3.2	1.317	492.37	16	2.97	机械
20	SH600383	金地集团	115.45	0.73	1.57	1.63	0.72	5.4	3.4	0.576	284.32	3	4.12	房地产
21	SH600547	山东黄金	115.04	8.31	17.87	22.2	6.77	10.7	0.6	0.547	502.46	33	3.89	有色金属
22	SH600331	宏达股份	114.33	4.02	8.62	10.8	3.78	17.9	2.1	0.444	687.78	19	2.38	有色金属
23	SZ002008	大族激光	112.65	5.91	12.57	14.6	5.67	6.9	0.5	0.377	690.39	33	2.78	电子信息
24	SZ000060	中金岭南	112.48	0.88	1.88	2.1	0.81	4.9	2.6	0.642	260.14	3	3.33	有色金属
25	SZ000024	招商地产	112.25	3.47	7.36	7.68	3.32	18.0	2.5	1.074	134.71	11	6.10	房地产
26	SH600205	山东铝业	111.35	7.05	14.9	15.8	6.96	28.6	1.9	1.294	422.17	12	4.86	有色金属
27	SZ002024	苏宁电器	110.93	0.66	1.38	1.41	0.64	1.6	1.1	1.045	243.28	1	3.49	商业连锁
28	SZ000069	华侨城 A	109.77	1.4	2.94	3	1.38	14.8	5.0	0.432	148.97	7	2.37	旅游酒店
29	SZ000956	中原油气	109.1	5.72	11.97	12	5.68	30.5	2.6	0.846	353.46	14	6.01	煤炭石油
30	SH600588	用友软件	106.18	8.69	17.91	19	8.52	11.6	0.6	0.572	170.38	31	6.98	计算机
31	SZ000690	宝新能源	105.61	0.49	1.01	1.08	0.46	1.0	1.0	0.4	291.86	3	2.48	电力
32	SZ000006	深振业 A	104.79	0.71	1.46	1.49	0.59	2.8	1.9	0.435	174.82	3	4.35	房地产
33	SH600405	动力源	103.55	1.3	2.66	3.14	1.19	1.3	0.5	0.086	778.43	31	3.39	仪表仪器
34	SH600495	晋西车轴	102.85	3.95	8.02	9.18	3.83	4.3	0.5	0.235	537.75	34	3.83	机械
35	SH600360	华微电子	102.23	5.05	10.21	12.8	4.93	10.2	1.0	0.379	538.25	27	3.16	电子信息
36	SH600879	航天电子	101.88	4.05	8.18	8.21	3.83	28.3	3.5	0.354	190	23	2.35	电子信息
37	SH600694	大商股份	99.66	14.6	29.21	29.3	14.3	50.2	1.7	0.831	136.62	35	8.07	商业连锁
38	SZ002001	新和成	98.66	4.69	9.32	10.7	4.62	5.7	0.6	0.358	431.7	26	4.42	医药
39	SH600271	航天信息	98.62	10.8	21.53	23.6	10.8	17.2	0.8	0.823	201.43	26	6.44	计算机
40	SZ000568	泸州老窖	97.1	2.6	5.13	5.28	2.36	17.1	3.3	0.055	223.44	93	1.83	酿酒食品
41	SZ002010	传化股份	96.49	1.3	2.55	2.71	1.29	1.1	0.4	0.597	837.22	4	3.56	化工化纤
42	SZ000933	神火股份	96.32	0.96	1.88	2.21	0.89	4.4	2.4	0.945	537.62	2	3.09	有色金属
43	SZ000550	江铃汽车	96.28	2.69	5.28	5.48	2.58	6.2	1.2	0.954	479.76	9	3.33	汽车类
44	SH600037	歌华有线	95.52	8.2	16.04	17.8	8.17	31.0	1.9	0.459	152.28	35	4.25	教育传媒
45	SH600663	陆家嘴	95.41	3.74	7.3	7.62	3.04	15.8	2.2	0.42	248.96	24	3.40	房地产
46	SH600151	航天机电	95.4	3.26	6.37	8.38	2.42	9.0	1.4	0.138	648.68	46	2.68	电子信息
47	SZ000031	中粮地产	94.77	1.11	2.16	2.35	0.84	4.4	2.1	0.242	289.85	9	2.60	房地产
48	SH600786	东方锅炉	94.54	9.28	18.05	18.4	9.14	18.5	1.0	2.014	314.93	9	3.94	
49	SH600230	沧州大化	94.51	3.46	6.73	7.11	3.2	5.4	0.8	0.436	217.79	15	3.17	化工化纤
50	SH600420	现代制药	92.97	6.38	12.31	13.4	6.27	6.1	0.5	0.449	326.13	27	3.30	医药
平均值			116.54	4.01	8.558	9.32	3.88	11.8	1.6	0.56	413.07	27	3.58	

在2005年6月6日至2006年3月1日这段时间里，共经历了179个交易日，上证指数上涨了28.9%，接近9个月的时间，上证指数也仅仅上涨了28.9个百分点，说明了众多投资者仍然笼罩在之前的一波大熊市的阴影之中。从上证指数的成交量来看，虽然也有放量的迹象，但是放量的幅度并不是非常大，长时间的向上缓慢攀升，并伴随成交量不规则的放大，说明了这段时间是上证指数的筑底吸筹区，同时也是主力们开始利用领涨股激活人气的阶段。

通过表5-1的统计表格，我们可以清晰地看到，在这段时间里，涨幅前50名个股的平均涨幅为116.54%，虽然这个领涨股平均涨幅和大牛市拉升段相比并不算什么，但是与同期大盘相比，涨幅已经比大盘涨幅高了4倍以上，这样的涨幅在牛市初期已经是非常不错的了。我们观察这些领涨股的情况，可以发现，起涨时它们的平均价格为4元。流通市值和流通股本的平均值分别为11.8亿元和1.6亿股，由于之前巨大的熊市下跌许多股票的市值已经大幅蒸发，由于在熊市底部区筑底阶段，反转尚未确定的前提下，我们看到市场最先上涨的是那些流通市值和流通股本相对较小的股票，再来看市盈率、每股收益和每股净资产的情况，我们看到这段时间领涨前50只股票的平均市盈率、年度每股收益和每股净资产分别为26.6倍、0.56元和3.58元。通过这些数据我们发现，在牛市初期上涨的股票，由于市场主力出于安全性的考虑，他们多数会选择那些业绩非常不错同时具有充分安全边际的股票去炒作。

接下来我们来看这些牛市初期领涨股的行业特征。

图5-1是2005年牛市早期领涨股的行业分布占比图。从上图可以清晰地看到，领涨股行业分布最多的前三位分别是有色金属行业、房地产行业和仪器仪表行业，这三个行业的行业占比分别为16%、14%、10%，这三大行业占据了所有领涨股行业的40%。我们知道有色金属行业、房地产行业和仪器仪表行业都是典型的周期性行业品种，业绩的增长与经济周期有着相当密切的相关关系，如果再算上电子信息、化工化纤、汽车类、机械、计算机、钢铁、旅游酒店和煤炭石油这些典型的周期性行业，可以计算出周期性行业占到这次牛市初期领涨股比率的76%，占到领涨股的七成

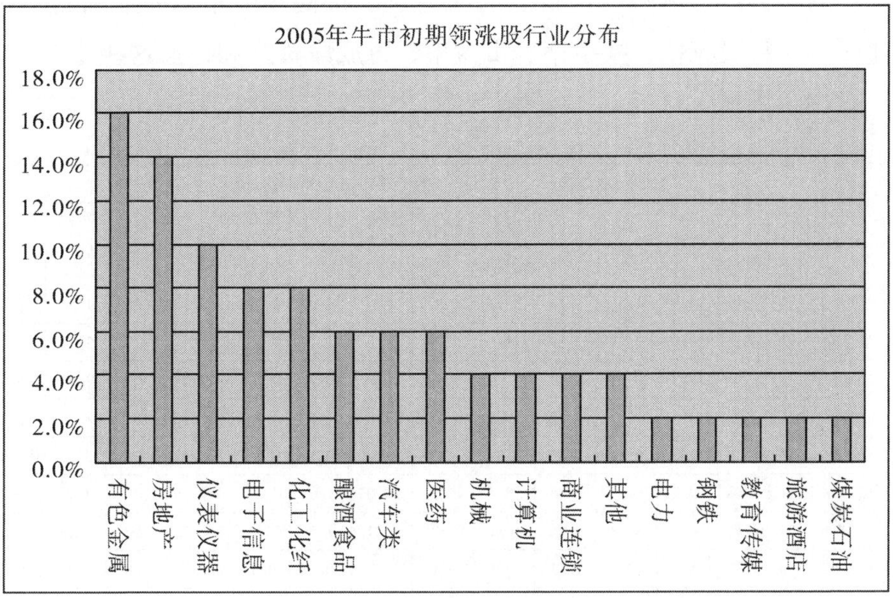

图5－1

以上，这与在熊市初期领跌股大部分都是周期性行业有着惊人的相似。在牛市初期，我们需要规避周期性行业的大幅下跌风险，但是在牛市初期，情况反而变了，我们需要寻找那些周期性的品种，最好这些品种的基本面和业绩不错，同时最好股价在熊市初期就开始下跌，上一轮熊市下跌超跌的品种，这也正是为什么在牛市初期领涨股的行业分布大部分都是周期性品种的重要原因。

为了找到更多牛市初期领涨股的特征，我们继续来看2008年牛市初期领涨股的情况。

二、2008年10月28日至2009年2月17日领涨股统计表

在这段时间里，上证指数上涨了34.59个百分点，由于刚刚经历了跌幅超过70%的大熊市，市场恐慌气氛已经笼罩在人们心中，可谓谈股色变。在这样的情况下，上证指数逐渐振荡上涨，慢慢积聚人气，在这样的大盘环境下，我们统计了在这段时间领涨股票的前50名情况，下面的表

格统计的项目包括涨幅、现价、前收盘价、最高价、最低价、流通市值、流通股本、每股收益、换手率、市盈率、每股净资产和行业这些要素。

表5－2

2008/10/28 至 2009/02/17：2009 年牛市初期领涨股行情														
序号	代码	商品名称	涨幅	成交价	前收盘	最高价	最低价	流通市值（亿）	流通股（亿）	年度每股收益	换手率	市盈率	每股净资产	行业
1	SH600783	鲁信创投	307.57	4.71	1.15	5.13	0.89	4.7	1.0	0.023	587.32	205	1.54	其他行业
2	SZ002091	江苏国泰	221.07	9.27	2.89	11	2.79	9.8	1.1	0.531	339.9	17	2.78	外贸
3	SZ002089	新海宜	217.34	4.73	1.49	5.26	1.47	4.2	0.9	0.204	372.27	23	2.35	通信
4	SZ000661	长春高新	214.91	16.5	5.23	19.3	4.88	17.0	1.0	0.153	263.13	108	2.76	医药
5	SZ002226	江南化工	207.63	5.61	1.82	6.33	1.77	0.8	0.1	0.567	815.61	10	5.22	化工化纤
6	SZ000065	北方国际	204.77	16.6	5.45	18.4	5.3	27.0	1.6	0.222	182.36	75	2.48	工程建筑
7	SH600480	凌云股份	196.32	8.78	2.96	10.1	2.96	13.1	1.5	0.312	346.75	28	2.16	汽车类
8	SZ002253	川大智胜	195.78	21	7.11	22	6.1	2.7	0.1	0.58	803.95	36	7.21	计算机
9	SH600818	中路股份	195.25	7.23	2.45	8.18	1.86	4.4	0.6	0.074	734.12	133	1.26	
10	SH600459	贵研铂业	193.49	15.1	5.14	15.8	5.01	10.0	0.7	－0.764	398.14		4.58	有色金属
11	SH600290	华仪电气	193.13	17.3	5.91	19	4.68	18.5	1.1	0.272	821.12	64	1.49	机械
12	SH600435	中兵光电	192	11.5	3.94	13.5	3.54	10.9	1.0	0.751	351.49	15	4.68	机械
13	SZ002114	罗平锌电	187.06	9.76	3.4	10.8	3.02	7.0	0.7	－0.286	409.45		2.55	有色金属
14	SZ002016	世荣兆业	186	7.32	2.56	7.32	2.25	7.1	1.0	0.219	568.26	33	1.80	房地产
15	SH600586	金晶科技	185.79	5.7	1.99	6.22	1.94	20.7	3.6	0.193	335.2	29	3.82	建材
16	SZ002271	东方雨虹	183.23	36.3	12.82	41	12.7	4.8	0.1	0.836	1015.5	43	8.01	建材
17	SH600640	中卫国脉	182.96	11.3	3.99	12	3.75	23.3	2.1	－0.196	420.78		2.59	通信
18	SZ000762	西藏矿业	176.72	17.7	6.4	19.7	5.25	35.6	2.0	0.18	262.54	98	2.22	钢铁
19	SH600703	三安光电	176.11	0.91	0.33	0.91	0.3	0.6	0.7	0.211	241.43	4	1.95	电子信息
20	SZ002075	沙钢股份	174.73	5	1.82	5.38	1.42	10.6	2.1	－1.293	159.03		－0.17	钢铁
21	SZ000546	光华控股	172.58	6.76	2.48	7.45	2.28	8.5	1.3	－0.123	320.17		0.69	房地产
22	SZ002233	塔牌集团	172.06	6.35	2.33	7.06	2.26	6.4	1.0	0.487	839.76	13	4.48	建材
23	SZ002172	澳洋科技	172.02	5.31	1.95	5.65	1.69	7.7	1.5	－0.801	361.09		2.28	化工化纤
24	SH600149	*ST 建通	171.08	5.53	2.04	5.94	1.77	14.6	2.6	－0.029	359.24		1.59	房地产
25	SZ002179	中航光电	170.9	8.74	3.23	9.2	3.04	7.2	0.8	0.627	189.63	14	5.34	电子信息
26	SH601899	紫金矿业	168.84	5.32	1.98	5.53	1.91	74.5	14.0	0.291	425.4	25	1.11	有色金属
27	SH600773	西藏城投	167.4	4.84	1.81	4.84	1.65	7.0	1.4	－0.125	105.19		－0.07	房地产
28	SZ002192	路翔股份	166.94	8.09	3.03	8.72	2.98	1.9	0.2	0.245	376.49	33	3.60	化工化纤
29	SZ002096	南岭民爆	164.81	8.7	3.29	9.21	3.29	2.2	0.2	0.522	553.26	17	3.50	化工化纤
30	SH600331	宏达股份	164.64	11.8	4.44	12	3.81	71.4	6.1	－0.571	448.92		2.14	有色金属
31	SH600523	贵航股份	164.44	14.4	5.45	14.4	4.72	20.2	1.4	0.238	194.21	60	4.52	

续表

2001/06/14 至 2001/10/22：2001 年熊市初期领跌股排序														
序号	代码	商品名称	涨幅	成交价	前收盘	最高价	最低价	流通市值（亿）	流通股（亿）	年度每股收益	换手率	市盈率	每股净资产	行业
32	SZ002263	大东南	164.05	5.94	2.25	5.94	2.09	3.8	0.6	0.193	750.15	31	3.21	化工化纤
33	SZ000505	ST 珠江	163.78	6.7	2.54	7.5	2.1	16.0	2.4	-0.212	542.1		0.28	房地产
34	SZ002258	利尔化学	163.76	20.6	7.81	21.4	7.65	7.0	0.3	0.65	468.79	32	6.09	化工化纤
35	SZ002169	智光电气	161.71	5.36	2.05	5.7	2.03	1.7	0.3	0.328	389.88	16	3.75	仪表仪器
36	SZ000400	许继电气	161.59	11.7	4.47	12.9	4.29	30.9	2.6	0.101	274.46	116	5.63	仪表仪器
37	SH600158	中体产业	-26.13	27.1	36.66	38.3	8.8	162.5	6.0	0.246	642.07	110	1.41	房地产
38	SZ002248	华东数控	160.74	8.68	3.33	9.38	3.3	2.6	0.3	0.423	820.33	21	4.21	机械
39	SH600425	青松建化	160.59	8.8	3.38	9.56	3.2	21.5	2.4	0.326	285.92	27	3.71	建材
40	SZ000819	岳阳兴长	160.44	1.16	0.45	1.37	0.34	1.4	1.2	0.492	194.54	2	2.21	化工化纤
41	SZ002131	利欧股份	159.62	5.93	2.28	6.78	2.24	2.7	0.5	0.466	361.49	13	3.19	机械
42	SZ002130	沃尔核材	158.11	5.98	2.32	6.27	2.25	1.7	0.3	0.243	659.86	25	3.57	化工化纤
43	SH600720	祁连山	155.29	10.9	4.25	11.3	4.03	55.4	4.7	1.035	259	11	6.09	建材
44	SZ002074	东源电器	154.07	6.14	2.42	6.59	2.21	5.1	0.8	0.28	399.35	22	2.56	仪表仪器
45	SH600379	宝光股份	154.05	8.62	3.39	9.97	2.38	9.6	1.1	0.036	350.74	240	1.78	仪表仪器
46	SH600765	中航重机	153.88	2.08	0.82	2.18	0.79	1.9	0.9	0.477	485.89	4	2.67	机械
47	SH600986	科达股份	153.61	5.06	1.99	5.47	1.8	5.3	1.0	0.063	261.39	80	3.50	工程建筑
48	SH600593	大连圣亚	153.02	7.97	3.15	8.44	3.1	6.1	0.8	0.04	458.92	201	2.89	旅游酒店
49	SH600202	哈空调	151.73	9.57	3.8	10.5	3.65	19.4	2.0	0.998	229.31	10	2.95	电力设备
50	SH600135	乐凯胶片	150.53	7.04	2.81	7.85	2.6	11.5	1.6	0.004	281.26	1594	2.86	化工化纤
平均值			173.24	9.67	4.021	10.7	3.2	16.4	1.7	0.19	434.34	91	3.06	

在2008年10月28日至2009年2月17日这段时间里，共经历了74个交易日，上证指数上涨了34.59%，接近4个月的时间，上证指数上涨了34.59个百分点，上涨力度虽然不是很大，这是因为上一波牛市遗留下来的恐慌还没有完全消退。从上证指数的成交量来看，上证指数有不规则的放量情况，这也说明主力资金开始逐渐吸筹进场。

透过表5-2的统计表格，我们可以看到，在这段时间里，涨幅前50名个股的平均涨幅为173.24%，这个涨幅已经比2005年那一次牛市初期领涨股的涨幅要大得多了，这些领涨股起涨前的平均价格为4.02元，与之前一次相类似，流通市值和流通股本的平均值分别为16.4亿元和1.7亿股。这与前一次同样非常的类似，由于之前巨大的熊市下跌许多股票的市值已经大幅蒸发，由于在熊市底部区筑底阶段，反转尚未确定的前提下，我们看到市场最先上涨的仍然是那些流通市值和流通股本相对较小的股票，再来看市盈率、每股收益和每股净资产的情况，我们看到这段时间领涨前50只股票的平均市盈率、年度每股收益和每股净资产分别为91倍、0.19元和3.06元。虽然每股净资产数据与2005年牛市初期基本相当，但是市盈率和业绩情况与2005年大相径庭，这是怎么回事呢？

我们分析这些情况，目的就是找出一个共同的特征，但是共同的特征并不是千篇一律，每一次的行情都会有各自的不同情况，造成两者在市盈率和业绩方面差距较大的原因我想有以下几点：

第一，2005年牛市初期，市场经历了为期4年的漫长熊市，投资者的投资股票的热情全无，那么在这样的环境下，要想激活人气，必须以那些业绩非常优异的股票作为领涨股，而反观2008年10月后牛市初期的情况，上证指数迅速下跌，但是下跌时间并不长，许多股票已经调整至合理的价格区间。所以，这一次的市场人气比2005年牛市初期要高，有一些业绩一般，但是基本面反转的股票同样得到了众多资金的青睐。

第二，2001年以来的熊市，并不是中国经济增长大幅放缓而导致的。相反，中国经济一直保持持续稳定的增长，这次的熊市是因为国有股减持的政策因素所诱导而发生的。我们反观2008年的大熊市，是国际金融危机所致，全球的经济都遭遇重创，中国的经济也遭遇了增长率的大幅下滑。因此，在2008年10月后的牛市初期，这些领涨股的业绩水平差于2005年也就不足为其了。

第三，由于2005年6月后的牛市初期上涨是以业绩估值较低的股票发起的，那就意味着在之后，那些业绩一般的绩差股还有较大的爆发空间，同时由于大部分上市公司总体业绩不错，所以这轮牛市的上涨基础比较牢固。反观2008年10月后的情况，第一波上涨的股票，业绩表现都一般，同时市盈率高达91倍，这也从侧面说明这轮牛市的上涨缺乏强力的经济基础的支撑。也就是说，在随后一些小盘绩差股再次爆发之后，能够继续炒作的品种不多，这轮牛市持续的时间并不会太长，这是由并不是十分乐观的业绩状况所反映出来的。事实上也是如此，上证指数自2009年8月初下跌以来，至今已经有两年多的时间，其股价仍然没有创出新高，走出牛市行情。所以，2008 年 10 月之后的上涨，只可以看做熊市后的一波较大反弹。

下面我们来看看这一轮领涨股的行业分布特征。

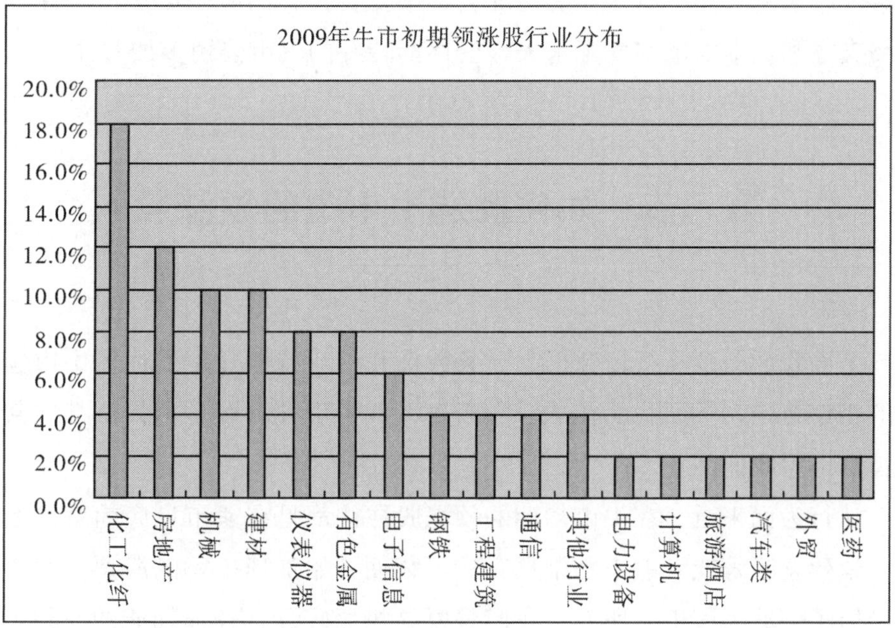

图 5－2

图 5－2 是 2008 年 10 月后牛市早期领涨股的行业分布占比图。从上图可以清晰地看到，领涨股行业分布最多的前四位分别是化工化纤行业、房地产行业和机械行业和建材行业，这四个行业的行业占比分别为 18%、12%、10%和 10%，这四大行业占据了所有行业的 50%。我们知道化工化纤行业、房地产行业和机械行业和建材行业都是典型的周期性行业品种，业绩的增长与经济周期有着相当密切的关系，如果再算上仪器仪表、有色金属、电子信息、钢铁、工程建筑、通信、计算机、旅游酒店、汽车类和外贸这些典型的周期性行业，我们可以计算出来周期性行业占到这次牛市初期领涨股比率的 92%，占到领涨股的绝大多数，这与在熊市初期领跌股几乎都是周期性行业有着惊人的相似。与 2005 年牛市初期的情况相比，牛市初期，领涨股的行业特点是以周期性行业占到绝对的主导地位。

在牛市初期，要想买到领涨的股票，我们必须要多多关注那些小盘低价的周期性股票，根据每次牛市发动行情时的大的经济环境，尽量挑选那些具有业绩支撑和估值合理的股票，尽管有些业绩一般的股票可能因为重组等原因涨幅靠前，但是随着中国市场的越来越规范化运作，重组股实施的难度越来越大。所以这样的情况会逐渐变少，我们应该更多地关注具有业绩支撑和基本面确实发生重大转变逐渐转好的上市公司多加关注。

第三节　如何挑选牛市中的领涨股

上面我们分别从行情数据、财务数据和行业特征分别讲述了牛市领涨股的相似特征，下面我们在从行为面来看看牛市领涨股是否具有某些共通的特点值得我们注意。

从行为面来看，在牛市初期的领涨股往往都是在熊市见底前就已经开始大幅建仓吸筹或者熊市刚刚见底后不久便开始加速抢筹的股票，由于之前经历了一波大熊市。所以，我们需要寻找那些具有较强动能的股票，在牛市初期动能充足的股票的标志就那些在熊市见底之前或者见底之后不久其相对动量吸筹指标大于 2 以上的股票（该指标我已经在本系列丛书第四本的第五章第一节详细介绍过了），在此不再赘述，后面我会简称其为上涨动能。

只有在大盘见底初期上涨动能明显强于大盘和大部分其他的股票的个股才说明其有资金提前建仓关照，如果这样的股票在熊市见底后不久便已经提前走出强势行情，则更加可以判断这些股票将在之后的一段时间里领先于其他股票。正是应了那句兵法名言：三军未动粮草先行！从主力们资金的部署，再结合基本面等条件，我们就可以大致判断出一些领涨股了。

下面我们就来看一些具体的案例。

图 5－3 是天威保变（600550）在 2004 年 12 月至 2006 年 3 月的日 K 线图。上证指数在 2005 年 1 月末至 3 月初经历了一波小反弹，但是随后又

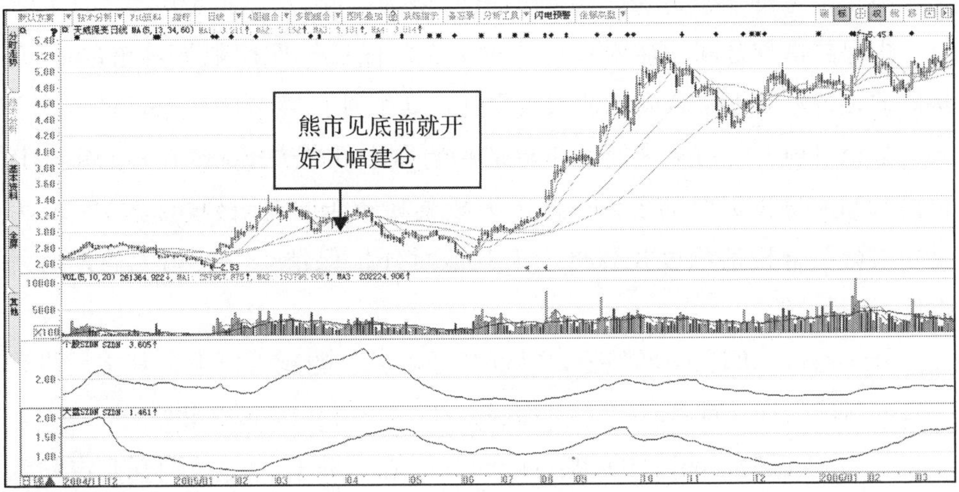

图 5 – 3

创出新低，跌至998点，而天威保变却没有创出新低。我们注意到天威保变在2005年1月至4月这段时间进行了大笔的吸筹，其上涨动能最高达到了3.6以上，远远大于同期大盘的上涨动能。所以在上证指数于2005年6月6日创出998点的新低开始反弹之后，天威保变更是在大盘见底后几天就显示出强势走势。随后，虽然大盘经历了二次探底，但是天威保变却没有在此探底，仍然保持着强势的上升通道之中，最终天威保变成为这轮牛市吸筹区的涨幅最高的股票。

我们再来看看天威保变在基本面上的亮点：

1. 天威保变（600550）拟与三友化工签订总额不超过2亿元的互保合同。

天威保变（600550）公司于2005年4月15日召开董事会，审议通过公司与唐山三友化工股份有限公司签订互保合同的议案：合同一方仅为合同另一方向中国境内银行借款和银行承兑汇票业务提供担保。信用担保的范围包括主合同项下的债务本金、利息、逾期利息、复利、罚息、违约金、损害赔偿金以及诉讼费等质押权人实现债权的一切费用。担保的借款合同的借款本金总额和银行承兑汇票承兑合同的银行承兑汇票本金总额之和不得超过2亿元整，利息不得超过国家规定的利息标准，滞纳金、罚金不得高于本金的千分之五。合同的有效期为两年，自合同生效之日起计算，担保的借款合同的期限不得超过 1 年，保证担保期限不得超过 1 年。担保的银行承兑汇票合同的期限不得超过 6 个月。

截至目前，公司除为河北宝硕股份有限公司提供 3000 万元的银行贷款担保和为持股 51% 的子公司保定天威英利新能源有限公司提供 8000 万元的银行综合授信额度担保外，无其他对外担保情况。公司无逾期对外担保。

公司通过互保合同增强公司融资和抵御风险的能力，也为其之后投资一系列新项目作为铺垫。

2. 天威保变（600550）签订合同总价值 1.83 亿元的拉西瓦水电站变压器项目。

天威保变（600550）公司于 2005 年 5 月 15 日在中国西北地区最大的水电项目—青海拉西瓦水电站变压器招标项目中，中标签订了我国第一个超大型水电工程全部 800kV 特高压变压器的制造合同。该项目共计 15 台 DSP－260MVA/800kV 发电主变压器，总容量为 3900MVA，销售合同总价值 1.83 亿元。公司为拉西瓦水电站水轮发电机组配套的 15 台 DSP－260MVA/800kV 变压器采用单相形式，将是迄今为止国内电压等级最高，也是世界上运行海拔最高的洞室安装单机变压器。

中标新项目，进一步提高了当年的业绩预期。

3. 天威保变（600550）拟以 1.1 亿元增资新光硅业，涉足电路级和太阳能级多。

天威保变（600550）公司于 2005 年 6 月 8 日召开董、监事会，审议通过公司出资 1.1 亿元对四川新光硅业科技有限责任公司（目前注册资本 19850 万元，以下称新光硅业）增资扩股的议案：同意公司以自筹资金 1.1 亿元对新光硅业进行增资扩股。增资扩股后新光硅业总股本 3.085 亿元，其中公司出资占新光硅业 35.66% 的股份，成为该公司第二大股东。

新光硅业主要开发和生产电路级和太阳能级多晶硅，其在建的年产 1000 吨多晶硅高技术产业化示范工程采用的是目前世界上多数厂家采用的成熟工艺，工艺技术达到同类国际先进水平。该项目年产多晶硅 1260 吨。

董事会、监事会审议通过公司资产出售、收购事项的议案：为了进一步优化产业结构，理顺公司业务范围，公司拟进行产业调整。

进行此次调整的主要思路为：一是变压器产业方面，对变压器产品按电压等级划分，220KV 及以上电压等级的变压器归属上市公司，以理顺变压器主业，继续做大做强；二是新能源产业方面，努力寻求并开拓新能源产品这一新的经济增长点，大力发展新能源产业，形成公司新的支柱性产业，精心培育，为公司持续发展注入新的活力。

具体调整方式为：首先公司将持有天威互感器有限公司、北京天威瑞恒电气有限责任公司、绝缘分公司、保定天威今三橡胶工业有限公司、保定天威赛利涂层技术有限公司、保定天威宝峰医疗器械有限公司及保定惠斯普高压电气有限公司的股权经评估后出售给保定天威集团有限公司；其次公司从保定天威集团有限公司收购其在建的秦皇岛出海口生产基地、西藏华冠科技股份有限公司的股权。

公司进一步调整战略方向，增加了对新能源的投资，成为在 2005 年较早转型设计太阳能的企业，成为 A 股太阳能概念的龙头股。

4. 2005 年 7 月 13 日，公司发布公告称将被选为股权分置改革试点企业。

天威保变每 10 送 4 股股票，对价股票上市流通日为 8 月 19 日。

天威保变公司于 8 月 19 日实施本次股权分置改革对价方案：方案实施股权登记日登记在册的流通股股东每持有 10 股流通股将获得公司发起人股东支付的 4 股股份对价。流通股股东本次获得的对价不需要纳税。

方案实施的股权登记日为 2005 年 8 月 17 日，2005 年 8 月 19 日，公司股票复牌，全天交易，股票简称变更为“G 天威”。

对价股票上市流通日为 2005 年 8 月 19 日，对价股票上市流通日公司股票不计算除权参考价、不设涨跌幅限制、不纳入指数计算。

2005 年 8 月 19 日，天威保变正是实施股权分置改革方案。随后，天威保变股价进入快速拉升阶段，随后两个月左右股价上涨了近 70%。

通过如上的案例，在牛市初期，我们应该寻找那些在牛市见底前或者见底初期就已经大幅建仓吸筹完毕，在指数见底刚刚反弹之时就已经开始走强，同时基本面方面也必须具有一定要点的题材，业绩也应该具有一定的保障的股票，这样类型的股票非常有机会在大盘缓慢上涨的吸筹区里成为领涨的明星股。

我们继续来看案例二。

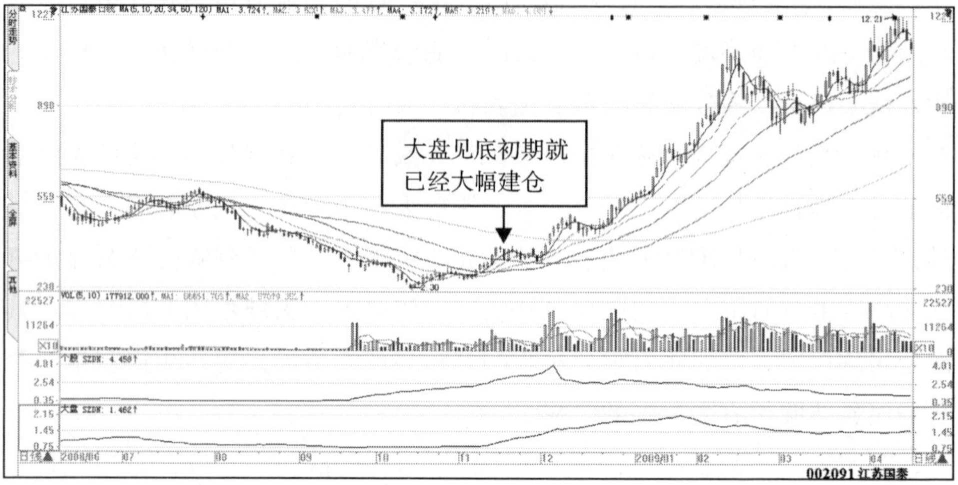

图 5 -4

图 5 -4 是江苏国泰（002091）自 2008 年 6 月至 2009 年 4 月的日 K 线图。该股是一家主营纺织品、轻工品、机电产品、化工品的进出口业务和外派劳务业务的公司。江苏国泰国际集团国贸股份有限公司是经江苏省人民政府苏政复〔1998〕28 号文批准，由江苏国泰国际集团有限公司、江苏国泰国际集团有限公司工会以及自然人王永成、金建明、郭盛虎以现金 2500 万元出资发起设立的股份有限公司。1998 年 5 月 7 日，发行人在江苏省工商行政管理局完成工商登记手续。2006 年 12 月，江苏国泰登陆深圳交易所。

通过图 5 -4 我们看到，江苏国泰自 2008 年 9 月末开始，主力资金就开始逐步关照，至 2008 年 11 月底，江苏国泰的上涨动能指标（该指标已在本系列丛书第四本第五章有了介绍，在此不再详述）已经达到 4.5 以上，远远领先大盘，这正说明该股在大盘刚见底不久就已经吸食了大量的筹码。进入了 2008 年 12 月，江苏国泰在次放量上攻吸筹，终于在 2009 年

1月初，江苏国泰正是进入控盘拉升阶段，一个月上涨近一倍，成为牛市初期的领涨股。

江苏国泰能够在牛市初期拥有如此骄人的涨幅还与其基本面的因素有着重要的关系，下面我们就来看看支撑这只股票领涨的基本面要素。

1. 未来电解液产业链可能向上游延伸是主要看点之一，长期来说公司有望受益汽车新能源的发展。由于国家政策导向，公司锂离子电池电解液有受益新能源汽车长期发展，成为市场关注热点。目前公司电解液产能2500吨/年，为国内最大的电解液生产企业（全球年市场规模接近万吨），行业龙头地位明显。2009年在扩改迁完成后，电解液年底有望达到5000吨/年产能。产业链延伸对盈利能力改善至关重要，但量产突破存在一定风险。占据电解液总成本1/3原材料锂盐—六氟磷酸锂目前掌握在少数国际公司中，公司如在锂盐量产上形成突破，将极大程度上改善盈利能力；公司主营电解液的子公司国泰华荣2008年实现收入2.93亿元，同比增长5.1%；实现净利润4789.2万元，同比增长52.1%。2009年中期公司电解液产能从2500吨增加至5000吨。考虑到出口仍将保持增长，而内销市场因产能限制目前无法满足的需求可提供一部分内销增量，预计公司2009年电解液销量可达到3000吨。

2. 投资六氟磷酸锂，打造长期核心竞争优势。目前亚源公司六氟磷酸锂项目进展顺利，如果未来公司能够顺利生产出合格的六氟磷酸锂产品，不但可以使公司大幅降低原材料成本，更重要的是能够让公司电解液龙头的地位更加稳固，具备长期核心竞争优势。

3. 主营业务稳步发展。公司主业包括外贸及化工产品，外贸业务为收入主要来源。2008年中期贸易收入1.34亿元，占总收入90.8%，化工产品占总收入9.1%。从盈利能力上分析，贸易行业毛利率为8.7%，化工为31%。外贸行业上公司竞争优势明显，但由于外贸行业自身特性，毛利率提升空间较小；化工产品能否维持毛利率及销量上取得增长是提升未来公司业绩的关键因素。外贸业务主要针对美国、日本及欧盟，虽受经济危机影响，但公司竞争力较强，2009年外贸业务仍然有望增长。

4. 行业洗牌有利于行业领先企业。国内出口贸易行业2008年趋紧的生存环境实际上是在加速行业洗牌，对于具备规模优势和品牌优势的企业而言，未来或将面临更大的发展机遇，江苏国泰作为江苏省最大的外贸企业之一，有望从中获益。

5. 公司业绩优异，估值合理。根据国泰君安证券的预测，公司2009—2011年EPS分别为0.62元、0.79元、0.97元，在2009年年初，公司股价较低的时候，这样的业绩正是成为领涨股的一颗定心丸，有了雄厚的业绩支撑，股价在牛市初期上涨时便能够更加坚决。

下面我们来看案例三。

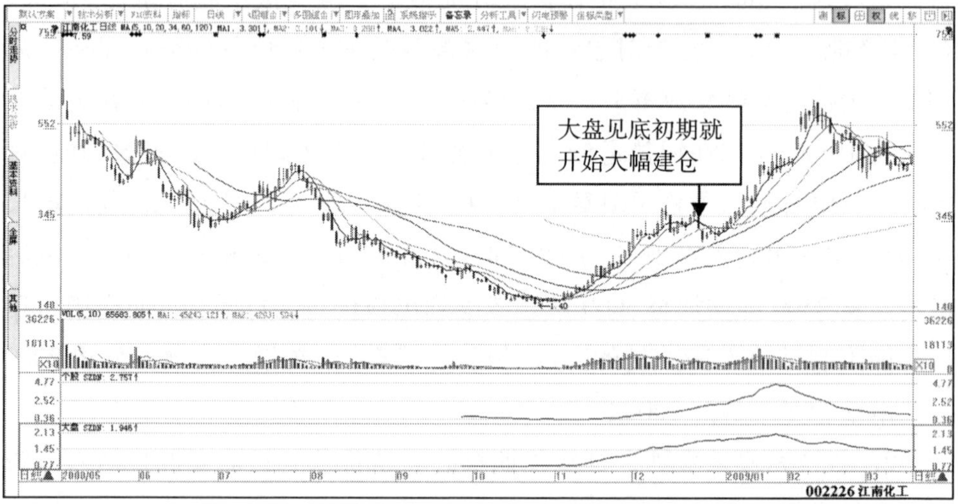

图5-5

图5-5是江南化工（002226）自2008年5月上市以来至2009年3月的日K线图。江南化工是一家主营工业炸药的生产、销售，主要产品为胶状乳化炸药、粉状乳化炸药的公司，该公司是经安徽省人民政府皖政股〔2005〕第51号批准证书和安徽省人民政府国有资产监督管理委员会《关于设立安徽江南化工股份有限公司的批复》（皖国资改革函〔2005〕600号）文件批准，由安徽省宁国江南化工有限责任公司整体变更设立的股份有限公司，公司于2005年12月28日在安徽省工商行政管理局登记注册，注册资本为4033.064万元。

该股票自2008年5月上市之后，可谓生不逢时，跟随大盘一路下跌了

74%，跌幅大与同期大盘的下跌幅度，2008 年 11 月之后，该公司股价逐渐回升，伴随着成交量逐渐放大，该股票有主力资金在 2008 年 11 ~ 12 月开始大幅建仓吸筹，随后，江南化工缩量快速上升，至 2009 年 2 月中旬，短短一个月多月上涨了一倍多。由此可见，充分的建仓吸筹是成为领涨股的重要条件。

江南化工能够成为当时的领涨股，基本面的因素也至关重要，下面我们来看看驱动其上涨的基本面催化剂。

1. 2008 年业绩超预期，2009 年可望“以量换价”，盈利可期。

公司 2008 年第四季度单季业绩超过前三季度累计利润，2008 年业绩超预期。2008 年前三季度累计 EPS 为 0. 32 元，全年 EPS 为 0. 63 元，由此仅第四季度单季 EPS 即为 0. 31 元。可以看出，第四季度单季营业利润率为 21. 49%，而公司第一季度、第二季度、第三季度的单季营业利润率分别为 12. 45%、18. 74% 与 9. 45%。可以看出，第四季度炸药产品价涨与原料硝铵价跌的盈利效应已开始显现。而且，第四季度 EPS 实际为 0. 31 元，已超出此前预测第四季度 EPS 0. 22 元的业绩。

2009 年可望“以量换价”，盈利可期公司 2007 年的炸药实际产量为 34643 吨，而目前公司获得的许可生产能力已达到 6. 6 万吨。但值得注意的是，公司日前业绩快报中指出：“根据工业和信息化部 2009 年度排产计划，本公司和子公司的生产计划为 4. 3 万吨，生产计划较上年减少 3000 吨。”对此，可作如下分析：炸药销售具有明显区域特征，且生产供给受到严格控制，产品价格与产销量存在明显的互动关系，即企业产销量下降意味着区域内炸药供给减少，从而有望带来炸药的价格上涨。某种意义上，2009 年公司可望“以量换价”实现以收入下降换取毛利率的再次提升。

2. 原料价跌，公司炸药盈利有望大幅提升。

硝酸铵是炸药产品的最主要生产原料。以 2007 年数据，江南化工（002226）硝酸铵、乳化剂、煤、水电业务成本分别占公司总营业成本的比例为：47. 11%、11. 54%、1% 与 1. 27%，其余人工、折旧、辅料等合计占比 39. 08%。来自“中国石油和化工协会”的数据显示，全国硝酸铵

2008 年 8 ～ 11 月的月均价格分别为 2950 元/吨、2880 元/吨、2800 元/吨与 2000 元/吨。显然，自 8 ～ 11 月短期跌幅已超 30%。在原料价格大幅下跌背景下，民爆产品炸药价格却在政府指导价下保持高位坚挺。原料价跌与炸药价挺将有望共同推动江南化工（002226）盈利大幅提升。预测公司销售毛利率由 2008 年全年的 30.62% 上升至 2009 年的 46.15%。

3. 公司是国内乳化炸药的龙头企业，下游客户马钢集团和海螺水泥下游需求下滑较小，加之国家刺激经济计划使公司产品需求较为稳定。

4. 公司是 4 家民爆上市公司中唯一一家民营企业，历史负担较小，三项费用率最低。

5. 民爆产品价格由国家制定，价格变动小，行业的利润很大程度取决于原材料情况，硝铵价格变动对公司业绩影响较大，由于最近原材料价格大幅下跌，公司业绩有望继续增加。

6. 政府投资，下游需求拉动公司新增产能。

数据显示，民爆产品在矿山开采、路桥建设、大型电站与农业水利的消费占比分别为 40%、25%、15% 与 10%。政府“4 万亿元投资”的投资行业结构表明：与民爆行业直接关联的投资行业比重达到 61%。江南化工（002226）2007 年的炸药实际产量为 34643 吨，而目前公司获得的许可生产能力已达 6.6 万吨。与此同时，公司募集资金项目（多孔粒状铵油炸药（现场混装车 1 台）、乳化炸药（胶状）（现场混装车 3 台）、粉状乳化炸药及安徽江南爆破工程有限公司增资与自筹资金项目（控股 51% 的马鞍山江南化工有限责任公司）已经或即将陆续完成见效。可以认为，江南化工（002226）正扩产迎接“政府投资”性需求。

在这众多基本面的利好刺激下，江南化工股价节节攀高，成为 2009 年牛市初期的领涨股。

最后我们来看案例四。

图 5-6 是长春高新（000661）自 2008 年 3 月至 2009 年 2 月的日 K 线图。该公司是一家以生物制药、中成药生产及销售、房地产开发为主导产业，辅以开发区基础设施建设、物业管理等为主营业务的公司。公司由长春高新技术产业发展总公司独家发起，于 1993 年 6 月 10 日在长春市注册

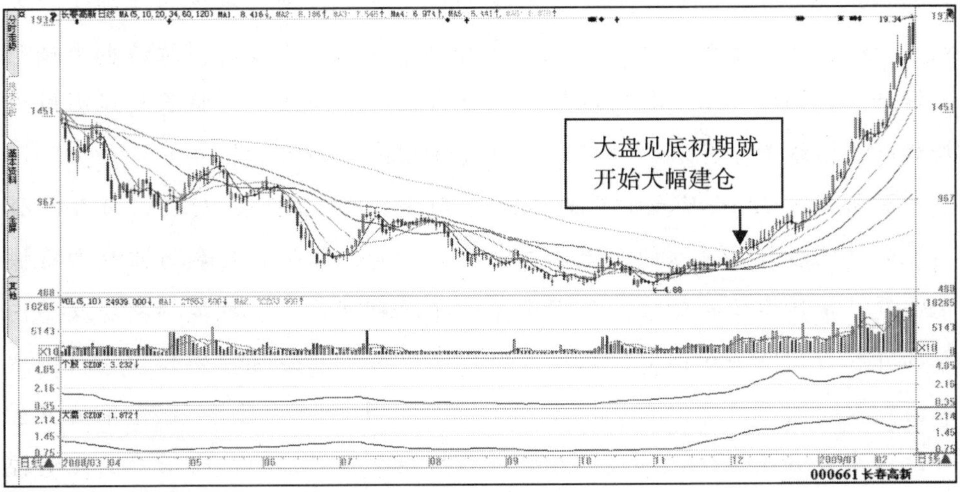

图 5－6

成立。1996 年 11 月 1 日更名为“长春高新技术产业（集团）股份有限公司”并重新进行工商注册登记。1996 年 12 月 18 日，长春高新登陆深圳交易所，发行 1900 万股，募集资金 1.2 亿元。

2007 年 5 月之后，长春高新就率先走入下降通道，之后便没有创出新高。2008 年 10 月之后，长春高新股价逐步企稳，至 2008 年年底，长春高新已经上涨了近五成，并且伴随着成交量的温和放大，此时主力资金对长春高新的建仓基本完成，随后该股进入拉升阶段。终于，在随后的 30 个交易日内上涨了 134%，成为 2009 年牛市初期为数不多的医药板块的领涨股。

当然，该股能够在牛市初期走出如此巨大的上涨行情，不仅仅取决于主力资金对它的关照，其基本面的催化作用同样不可小觑，下面我们就来看看长春高新的基本面亮点：

以下是 2009 年 1 月 20 日，海通证券分析师王友红调研长春高新之后出局的调研简报，内容如下：

长春高新旗下生物医药产业进入快速增长期。金赛药业经过调整重新进入快速增长期，百克生物进入收获期。

未来几年在原有产品快速增长以及新产品不断投放市场的情况下，公司业绩将进入快速增长期。公司业绩主要来自于生物制药，估值水平将明显提升。我们首次给予公司股票“增持”的投资评级，并将长期对公司发展情况进行跟踪。

2009 年 1 月 14 日我们对长春高新进行了实地调研，与公司领导就公司经营情况进行了深入的交流。主要情况和分析如下：金赛药业利润将快速恢复，快速增长将持续。2008 年由于奥运期间停产、计提损失以及国内市场开拓费用较高等因素，业绩出现大幅下滑。但公司的生长素收入仍然取得增长，国内市场份额保持在 40% 以上。生长激素已于 2008 年被卫生部纳入儿童 B 类医保。国内儿童矮小症的病人较多，而接受治疗的比例较小，在进入医保的情况下生长素的市场空间巨大。

公司的生长素水针剂属于国内独家，利润率较高；长效生长素属于全球首家，III 期临床总结报告已于 2008 年第三季度提交药监局，预计 2009 年年内可以获得新药证书以及生产批文，2010 年上市销售。公司是唯一拥有生长素全系列产品的企业，领先的产品决定了公司较强的盈利能力。2008 年治疗烧伤的生物制剂“金扶宁”上市，2009 年处于市场推广期，预计收入将达到 2000 万元，我们预测该产品将成为公司又一个过亿的品种。公司是生物制药企业中首家获得“国家重大新药创制”科技专项资金的企业，一期资金达到 1000 万元，这将使企业的新药研发获得较大支持。公司在研的产品较多，胸腺素和促卵泡生成素处于 III 期临床，其他在研产品如抗肿瘤药物等也在顺利推进，公司未来持续推出新产品的能力毋庸置疑。金赛药业的持续快速增长值得期待。

百克生物——又一个疫苗新秀。百克生物 2008 年获得水痘疫苗生成批文，第三季度开始投放市场，一举打开市场，分食了上生所和祁键生物的市场份额。全年批签发 400 万人份，占 1/3 批签发量，2008 年收入的销量约为 200 万人份。2008 年全年水痘疫苗市场约为 1000 万人份，预计 2009 年将达到 1400 万人份。2009 年水痘疫苗生产企业将增加，公司采取降价的形式占据市场份额，我们判断公司的市场份额将超过 25%，全年销售超过 450 万人份，收入达到 1. 8 亿元。迈丰生物的狂犬疫苗进入批签发阶段，预计2009年全年销售100万人份，收入达到9000万元。另外在研的产品包括甲肝疫苗，艾滋病疫苗等。2008年百克生物上半年亏损1734万元，下半年疫苗上市后全年已经扭亏，2009年业绩将大幅提升。

中药稳定增长。华康药业的收入和利润保持稳步增长，主打产品血栓心脉宁的市场需求较好。公司产品较多，心脑血管用药是公司的主打品种。血栓心脉宁的片剂属于独家品种，近年来增长较好。公司销售模式采取大包形式，毛利率较高但净利率较低。预计2008年净利润在1300万元左右，2009年增长20%左右。

房地产2008年贡献利润增加。公司房地产业务2008年受益房价上涨，利润大幅增长，预计全年利润超过2000万元。

根据房地产信息网数据，销售均价达到3800元以上，同比上涨约20%。进入第四季度，房地产迅速降温。公司存量房在10万平方米左右，以住宅为主，2009年公司将采取降价的形式进行促销，预计利润将下滑到1000万元左右。

亏损企业不会恶化。晨光药业由于资产规模过大，产品缺乏导致连年亏损，公司将采取剥离的方式进行处理，但时间尚不确定。百克药业属于项目公司，短期研发投入没有大幅增长的可能，亏损幅度不会大幅扩大。由于艾滋病疫苗研发难度大，国际上失败的案例较多，研发进度较慢。

母公司亏损幅度将减少。2008年母公司投资收益大幅增长，导致亏损幅度大幅度减少。2009年母公司的负债将下降，另外贷款利率也出现大幅降低，财务费用将大幅下降，母公司的亏损额将减少。

业绩预测与投资建议：根据公司经营情况，2008年虽然金赛药业的业绩大幅下滑，但房地产业绩快速增长，百克生物扭亏以及母公司投资收益大幅增长导致公司合并利润同比大幅增长200%左右，每股收益约为0.15元。基于我们对公司2009年主要产业分析，预测2009年每股收益在0.42元，对应的动态市盈率分别为90.45倍和32.49倍，相对估值与国内生物制品上市公司相当，但考虑到公司良好的成长性，给予公司股票“增持”的投资评级。

通过上面的报告，我们可以判断出长春高新医药行业正在加速发展，进入快速增长期，2009 年长春高新的业绩即将得到释放，这也正是我们看好长春高新能够有别于其他医药股，在牛市初期就率先领涨的重要原因。

在牛市初期，我们需要选择那些行业的周期性强、主力资金在熊市后期或者熊市刚刚见底初期就开始大幅建仓吸筹，并且基本面有着亮点的公司的股票作为购买对象，这样的股票最有可能成为牛市中的领涨股。

第六章

如何判断独立行情走势的股票

独立行情走势的股票是当其他股票下跌时，其上涨；当其他股票上涨时，其却在下跌的股票类型。投资者必须顺应个股的趋势，买入最强势的股票，卖空最弱势的股票。

——江　恩

第一节 独立行情走势的股票概述

独立行情走势的股票是与大盘或者说是与大部分主流股票的走势不一致，甚至相左的股票的走势。

常见的独立行情走势股票由异动股和逆势股组成，异动股在独立程度上说并不是非常长，可能是几分钟、几小时、几天或者一段时间，而逆市股更着重于强调在一段时间内发生逆市行为，逆势股的逆市时间往往比异动股要长，而异动股又是可能形成逆势股的不错的对象。

一、异动股

什么是异动股

异动股是指与大盘走势迥然不同的另类个股，如大盘大跌，异动股则逆市飘红；而大盘涨时，异动股却走出自己的独立行情。异动股属于较为特殊的个股，它或是量的异动，或是价的异动。交易所将每日涨跌幅大于7%、振幅大于10%的个股列为异动股，还将大幅高开或低开的个股以及成交量突然放大的个股都列为异动股。

异动股的特征

异动股一般有如下特征：突然放量，或5分钟涨跌速排名靠前，或量比排名靠前，或委比排名靠前，或涨跌幅排名靠前，或振幅排名靠前，或交易额突然放大，还有很多的技术指标都可以监视股票是否异动，只要是有大资金出入都会在技术指标上留下痕迹的。

异动股的陷阱

一是放量跳空低开的异动股。在早盘开盘时，有个股突然出现跳空低开5个点以上，而且在集合竞价阶段成交上百万股，面对这一异动情况我们要密切关注。如果这种异动股并不是因为政策面出现重大转折，也不是因个股出现系统性风险，那么，就可以认定是庄家洗盘的前兆。放量跳空低开，表明庄家仍潜在其中并未出局，低开明显是震仓洗筹行为，是为接下来的拉升扫清障碍。

二是大幅跳空高开的异动股。一般来说，前一天涨停的个股，第二天都会有跳空高开的动作，但是前一天并未涨停的个股，如果第二天大幅跳空高开，则有两种可能：第一种是庄家的试盘动作，看上方的抛盘究竟有多大，适不适合拉升股价；第二种可能是庄家故意做出拉升的动作，以吸引中小投资者跟风，目的却是为了出货。这种高开很容易形成低走。例如新筑股份，2010年9月30日涨停，收盘价为53.92元，第二天跳空近5个点，以56.40元开盘，明显异动。虽然当天是以十字星收盘，但此后一路上涨，短短的一个多月时间，冲上了80.59元。而另一个相反的例子是上海海林，该股2010年12月10日虽然是涨停，但几乎没量，第二天跳空高开了5个多点，一度冲至涨停。然而，最终却是高开低走，至收盘时甚至还跌了2分。这一天的高开低走放量特别大，换手达到了13.3%，是平时的4倍多。此后该股连跌5天，跌幅达25%以上。

三是尾市打压，K线留下长阴线，次日迅速涨回的异动个股。投资者在操盘中有时会发现一些个股全天走势稳健，却在临收市时突然放量下跌，在K线上留下一条长长的阴线，而第二天却又轻松收复失地。如果此股的30日均线处于明显的上升态势，而股价涨幅不大，则完全可以认定这是典型的打压洗筹行为。例如三维工程，2010年10月25日全天走势稳健，涨势尚好，而到了下午一点半以后开始打压，尤其是临近收市时放量打压，下跌4个多点。但随后短短的一个月，它就走出了翻倍的行情。

四是无故突然放量的异动个股。一些个股在盘中突然异常放量，盘口出现数千手的巨量买单和卖单，日换手率在20%以上，给人的感觉似乎是在换庄。而事实上，这种异动个股除大幅放量之外，股价还存在明显的滞涨现象，因而可以认定是庄家想吸引中小投资者参与而刻意制造的交易量放大假象。如果此时 30 日均线、OBV 指标均未出现上扬，则更可确定为庄家的诱惑行为，中小散户绝对不能参与。例如中科英华，2010 年 11 月 26 日开始连续 3 天突然放量，换手均超过 20% 以上，股价却有滞涨现象，OVB 并没有随成交量的异常放大而上行，反而有下拐趋势。此后该股连续下跌，不到一个月时间跌幅就超过 20% 。

五是连续温和上涨，但偶尔突发跳水的钓鱼竿似异动个股。有的个股在盘中呈现出 45 度的上扬走势，而且日 K 线图上为连续的小阳线。但是，盘中却时不时地出现一下跳水的走势。对如此异动个股，中小投资者以不参与为宜，因为你根本搞不清楚它会在什么时候真正地跳水。对于看不明白的个股，我们中小投资者还是不碰为妙，静观为好。

看完了异动股的介绍我们再来看看逆市股。

二、逆市股

什么是逆市股

逆市股是指走势和大市不同甚至相反的股票。

逆市股的特点

逆市股的股票往往有资金雄厚的大庄家在操纵控盘。当大市上涨，所有股票都翻红时，它却发绿，保持 1% ～ 2% 的跌幅；当大市下跌，大多数股票都发绿时，它却万绿丛中一点红，显示出与众不同的特性。庄家所以要这样做，是为了向投资者显示实力，吸引人们对这只股票的注意，以达到炒作、派发的目的。

逆市股的投资方法

大盘大幅上扬时看不出庄家的实力，大盘调整时庄家的实力就露出端倪了。实力弱的随波逐流，走势弱不禁风；而有强庄入驻的个股则走势坚挺，甚至逆市上扬。当大盘下跌时个股或横盘整理，蛰伏不动：或小幅攀升，逆势而上。表明该股主力实力强大，日后必定有大行情。

如大盘回调的时间越长，个股逆市的时间越长，则越能表明其是强势股。个股当大盘持续走下降通道时，却逆市构筑成一条标准的上升通道，大盘节节走低，该股节节走高；期间大盘跌20%，该股却逆市上涨40%，且升势温和，不紧不慢，无暴涨暴跌现象。显然是一只大牛股。

再如冠农股份，2007年10月当上证指数见顶下跌时，该股却逆市上场，从28元一直上升至66元。

第二节　研究独立行情走势的股票的意义

在说明独立行情走势的股票意义之前我们先来研究一下，何为马太效应。

马太效应（Matthew Effect），是指好的愈好，坏的愈坏，多的愈多，少的愈少的一种现象。来自于圣经《新约·太福音》中的一则寓言。

1968年，美国科学史研究者罗伯特·莫顿（Robert K. Merton）提出这个术语用以概括一种社会心理现象：“相对于那些不知名的研究者，声名显赫的科学家通常得到更多的声望即使他们的成就是相似的，同样的，在同一个项目上，声誉通常给予那些已经出名的研究者，例如，一个奖项几乎总是授予最资深的研究者，即使所有工作都是一个研究生完成的。”

此术语后为经济学界所借用，反映贫者愈贫，富者愈富，赢家通吃的经济学中收入分配不公的现象。

那么在股市中，马太效应又是如何的呢？

股市马太效应

股票价格水平的升降与股市的增量资金数额（新入市或出市资金）和存量资金的周转速度成正相关关系，与股市的增量股票数额（新上市或离市股票）和存量股票的周转速度成负相关关系。市场资金的增加和周转速度的加快表现为需求的扩张，市场股票的增加和周转速度的加快表现为供给的扩张。

同普通商品市场一样，在同一价格变动的调节下，股票市场的需求与供给呈逆向或不对称性变动。同普通商品市场相反，股票市场的价格机制对需求和供给都具有一种正反馈性的激励功能。这种价格正反馈机制总是强化着供给与需求的逆向变动趋势，从而拉大或维持着供求不平衡关系。因此，在股票市场上，价格的上升会推动价格的上升；相反，价格的下跌则会导致价格的进一步下跌。换言之，股票市场的内在机制以一种特殊的马太效应方式表现出来，它直接导致了股票价格背离基本价值而大升深跌、暴升暴跌。

由于马太效应及股价的超常涨跌是股票市场内在运作规则的结果，因而它也就成为股票市场的必然的、常规性的运作形式。股票市场必然有投机、必然超常动荡，因而股票市场永远是一个可以博取差价的场所。

股市在经历了一轮或强或弱的马太式不平衡循环后，可能会进入另一个反向马太循环过程，也可能进入暂时平衡状态。使一轮马太循环中止的原因，如果是价格升涨的中止，通常是因为后续资金量枯竭、高价位所形成的高市场风险、突发利空消息刺激和累积获利筹码过多等；如果是价格下跌的中止，则多是因为价位进入投资价值区域、突发利多消息刺激、累积套牢筹码过多过深等。

简而言之，股市中的马太效应就是那些表现优秀的龙头股的股价会继续保持领先优势，那些表现弱势的弱势股的股价也会继续保持弱势，直到这种格局彻底改变，才会发生变化。因此，在股市中强者恒强，弱者恒弱这句话被许多人熟知，就是因为股市马太效应的影响。

我们研究独立行情走势的股票，就是要找出市场中的强势股票，针对强势股进行投资，按照股市的客观的规律去办事情，提高资金的使用效率，换句话说，我们只有遵循股市中的马太效应，投资那些强势的龙头股，才能在股票市场中获得领先于大盘的收益。这正是我们研究独立行情股票的意义所在。

第三节 独立行情走势的股票的运用

对于独立行情走势股票的运用，我们分成不同的大盘环境来讨论更加的严谨和具有指导意义。

下面，我们就来按照牛市、振荡市和熊市初期这三种大盘环境来研究独立行情走势股票的投资策略。

在牛市中，特别是在牛市上涨阶段，许多股票都表现出非常强势的走势，此时想要发现独立行情的股票并不是一件非常容易的事情。但是，到了牛市调整阶段，特列是牛市调整阶段的后期，此时就会有些之前调整阶段下跌并不多的股票开始在牛市调整的后期提前见底，开始逆势走强上涨，这些股票很有可能成为下一阶段牛市中的领涨龙头股。

对于这样的股票，我们就应该进行进一步的基本面分析考察，如果基本面也非常不错，那么我们就可以大胆地介入这样的股票。

下面我们来看几个案例。

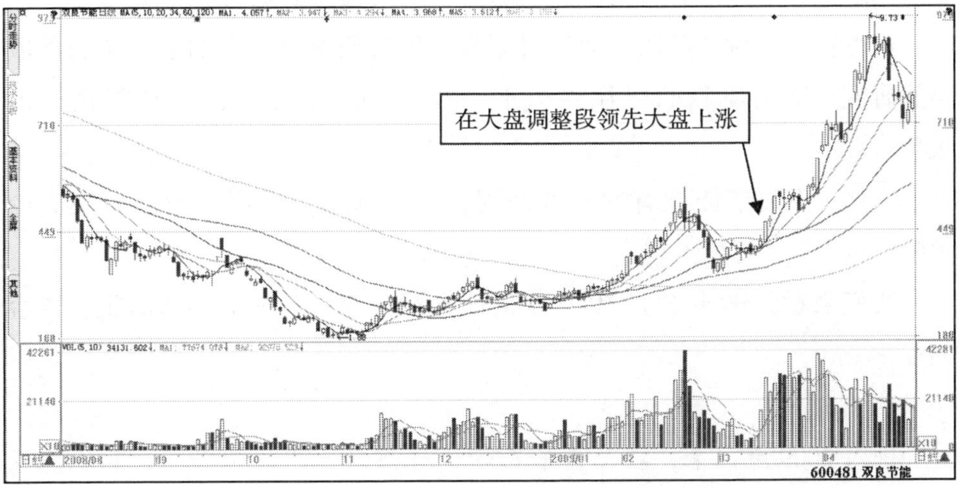

图 6－1

双良节能（600481）是一家制造和销售中央空调系统主机及末端产品，并提供中央空调系统的维修服务的公司。1995 年 10 月 4 日，江苏双良特灵溴化锂制冷机有限公司设立；1997 年 2 月 3 日注册资本增加到 23194248 美元；2000 年 4 月 10 日更名为江苏双良空调设备有限公司；2000 年 11 月，公司经中华人民共和国对外贸易经济合作部批准，由江苏双良空调设备有限公司依法变更为股份有限公司，公司注册资本为 22600 万元，2000 年 12 月 20 日领取变更后的企业法人营业执照。2003 年 4 月，双良节能登陆上海交易所，发行总股本 8000 万股，募集资金 5.8 亿元。

图 6－1 是双良节能自 2008 年 8 月至 2009 年 4 月的日 K 线图。从图上可以看到，双良节能在 2008 年年底跟随上证指数见底企稳，稳步上涨，2009 年 2 月 17 日，上证指数在此进入调整区间，短短 11 个交易日下跌了 13.3%，双良节能也未能幸免，跟随大盘快速下跌。但是，不同的是，至 2009 年 3 月 16 日，上证指数还在底部区徘徊，此时的双良节能却收出了大阳线，当天上涨了 9.46%，接近涨停，随后几天，该股继续攀高，一举突破 2009 年 2 月中旬形成的高点，成为随后一个月的领涨股，一个月时间完成翻倍的好戏。

如果从技术面来看，当大盘还在底部区徘徊时，双良节能就已经脱离底部区走势，走出强势行情，成为随后一阶段领涨的龙头股。

可见在牛市调整阶段，通过对那些在牛市调整阶段末期独立走势的股票的研究，能够使我们抓住牛市下一阶段的龙头股，快速获得诱人的收益。

当然，双良节能能有这样的表现，与其基本面的因素也有着莫大的关联。

我们来看 2009 年 3 月 19 日安信证券对于双良节能的调研简报，内容如下：

进入 2009 年以来，在外盘苯乙烯价格强劲反弹的带动下，和上海赛科意料之外和计划之中的苯乙烯装置停产、检修，以及国内外苯乙烯相关下游产品在去库存化之后进行的补库存，拉动了对苯乙烯的需求，导致国内苯乙烯迅速上涨54.7%，而苯乙烯原料纯苯、乙烯进入2009年来只分别上涨了22%、7%，从而促成了苯乙烯的毛利率达到创历史新高的24%。

公司在原有利士德一期21万吨苯乙烯产能基础上新建二期苯乙烯21万吨产能，二期产能已于2008年4月投产，目前公司拥有总产能42万吨苯乙烯，居国内苯乙烯产能第三，仅次于中海油壳牌石化56万吨、上海赛科石化50万吨产能。2009年苯乙烯产能完全释放恰逢价格暴涨，对业绩贡献巨大。

制冷设备相关产品中，公司将重点发展余热利用溴冷机和空冷器，其中余热利用溴冷机具备高效的节能环保作用，属于国家重点鼓励发展的产业，且公司在这一技术至少领先国内同行两年，已经形成市场品牌影响力，余热利用溴冷机毛利率高达45%以上，未来发展空间巨大。空冷器具备高效的节水作用，尤其在我国北方缺水地区的能源、化工企业急需空冷器作为冷却设备，也属于国家鼓励发展产业，公司利用2008年年初增发募集的资金大力发展空冷器业务，设计年产值10亿元，截至2008年年底已经完工50%左右，2008年实现营业收入3亿元，未来成长空间巨大。

由于2009年公司的苯乙烯业务相对于2008年将扭亏为盈，盈利远超预期，余热利用溴冷机、空冷器成长空间巨大，我们预计2009年、2010年公司将分别实现EPS0.54元、0.63元，鉴于化工和制冷设备分属不同行业，我们采用苯乙烯、制冷设备分别估值的方法，给予苯乙烯15倍PE，制冷设备20倍PE，6个月目标价9.5，首次覆盖给予买入-A投资评级。

从这份简报可以看出，公司主营业务之一的苯乙烯价格强劲反弹给双良节能公司的业绩大幅增加带来了极大的利好，公司其他主营业务余热利用溴冷机和空冷器毛利率高，同时保持稳定增长的势头，这些都给双良节能的业绩增长提供了坚强的后盾，再结合当时双良节能的低估值，在2009年3月中旬，我们无论是从技术面还是基本面考虑，买入双良节能都是非常正确的投资决策。

我们继续来看案例二。

智光电气（002169）是一家从事电网安全与控制设备、电机控制与节

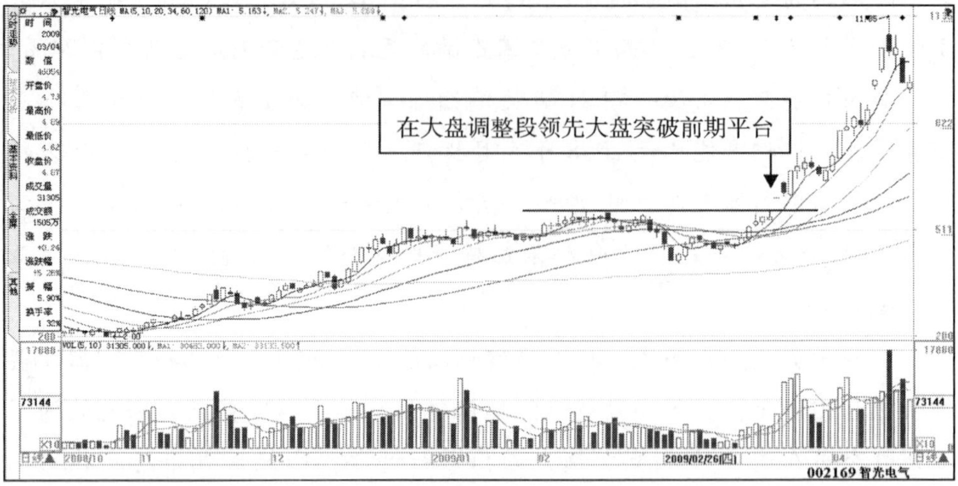

图 6－2

能设备、供用电控制与自动化设备及电力信息化系统研发、设计、生产和销售的公司。公司是经广州市人民政府穗府办函〔2005〕174 号文《关于同意设立广州智光电气股份有限公司的复函》批准，由原有限公司股东作为发起人，以 2005 年 8 月 31 日经审计的净资产 4408 万元为基准，按 1∶1 的折股比例整体变更设立的股份公司。公司于 2005 年 12 月 21 日在广州市工商行政管理局办理工商注册登记，取得企业法人营业执照，注册号为 4401011101839，注册资本 4408 万元，法定代表人李永喜。2007 年 9 月，该公司正式登陆深圳交易所，发行 1800 万股，募集资金 1.67 亿元。

图 6－2 是智光电气自 2008 年 10 月至 2009 年 4 月这段时间的日 K 线图。从图上可以看出，自 2008 年 11 月开始，智光电气便进入上升通道中，从 2008 年 11 月至 2009 年 2 月中旬，智光电气上升了 170% 以上。然而，2009 年 3 月 20 日，智光电气缩量突破前一段时间盘整的高点，提前大盘走出调整格局，又迎来了一波快速的上升行情。

通过智光电气，我们看到，在牛市调整阶段中率先突破前段时间高点，走势独立的股票，有可能成为下一波牛市快速上升的主力军。

下面我们再来看看智光电气的基本面亮点。

1. 生产模式转型，公司业绩增长可期。公司 2008 年前的生产模式采取是以外协为主的制造加工方式。2008 年生产方式开始从以外协为主向自主生产为主转变，至 2008 年 4 月 9 日，公司完成了特种变压器生产制造车间人员的招聘和产品的研发，第一台样机也顺利下线。其中 2500kVA 干式移相整流变压器通过电力工业电力设备及仪表质量检验测试中心试验认证，1100kVA 接地变压器通过国家变压器质检中心试验认证，部分满足了公司成套产品的交货需求。主要产品毛利率出现下降虽然普遍认为公司生产模式的转变将有利于毛利率的提升，但是由于 2008 年上半年原材料价格的大幅度上涨，以及主要产品的市场竞争加剧，使得公司产品毛利率下降，消弧线圈、高压大功率变频器、供用电自动化以及电力信息化产品的毛利率水平分别比去年同期下降 1.08 个百分点、6.58 个百分点、3.31 个百分点和 8.17 个百分点。随着 2008 年下半年年铜和硅钢价格的下降以及自主生产配套能力的增强，估计公司主要产品的毛利率水平在今年会有一定幅度的回升。三项费用上升较快由于公司加大在产品营销和市场开拓的力度，以及继续保持在产品开发的投资强度，公司 2008 年三项费用增长较快，营业费用、管理费用以及财务费用分别比去年同期上升 37.05%、7.88% 和 96.89%。应收账款控制有所加强市场普遍关注的应收账款比重大的问题有所改变，公司面临的客户主要是南方电网、国家电网以及大型发电、冶金、石化企业，回款相对有保证。2008 年应收账款的增幅小于营业收入的增幅。而经营活动现金也在改善，2008 年净额为 –4948 万元，同比增加了 22.32%。公司已经成功地进行了生产模式的转型，加强了财务控制，业绩将逐步改善，有可能进入高速成长期。

2. 公司成功实施战略转型，毛利率有望进一步提升。近期多个募集资金项目的完成，公司实现三方面的转型：

一是变频调速产品用户由电厂扩展到水泥、冶金、石化等高耗能行业，实现由单一的依靠电力系统客户向电力系统外客户拓展的转型；

二是大功率变频调速器研制成功，实现变频调速产品由竞争激烈的低端通用型向高利润的高端大功率产品的转型；

三是特种变压器厂房投产，实现由严重依赖外协向部分外协的转型。

通过这些转型，进一步扩展了公司的产能，2008 年公司基本完成了募集资金项目，消弧选线系统产能扩大到800套，高压变频产能扩大到400套。

3. 高端产品10000kVA级超大功率高压变频调速系统通过国家电控配电设备质量监督检验中心的鉴定。

此次通过鉴定的10000kVA是国内厂家实现的最大功率的产品。如果按照节电率进行估算，在该套系统运行后，按适配高压电机年运行7000小时计算，节电率在20%～40%，年节电可达2000万kWh，以国内工业用电0.5～0.7元计算，每年可以为客户节约电费700万～1000万元。

公司在大功率高压变频调速系统竞争力较强，订单保持迅速增长公司在上月推出7000kVA级超大功率高压变频调速系统后，此次又成功推出10000kVA产品。表明公司在电机变频调速系统已经逐步踏入高端产品行列，也体现公司在领域内较强的研发实力。目前西门子等外资品牌占据高端的市场份额40%左右，这类对手尽管技术实力强，但存在产品价格贵、技术支持和服务响应速度慢、对国内电网适应性差。而采用同类的国产产品能节约投资30%～50%，随着公司在大功率产品技术上的突破，高端市场将是公司未来大展拳脚的地方。公司目前在变频产品上订单增长迅速，在手订单约为2.5亿，明后两年的订单有望保持20%的增长。原材料价格持续下行，产品的毛利率有望维持高位变频产品的主要原材料包括柜体及单元箱、整流移相变压器、IGBT、整流桥、可控硅、旁通桥、可编程控制器（PLC）、电解电容、光纤转接器、驱动模块。由于实体经济危机的日益蔓延，公司向外部采购的柜体及电气元器件如IGBT等价格下降非常快，而公司前期扩大自生产的比率效果也逐步体现。

根据国信证券的预测，公司的变频调速系统毛利率有望进一步上升至38%～40%的水平。2008年变频调速系统产能释放超预期，2009—2010年仍有增加空间，维持公司“谨慎推荐”评级公司变频调速系统2008年原计划生产100套，但从目前实际生产的情况看，2008年将生产约300套。2009年有望达到原设计的产能400套，如果市场需求良好，公司增加生产班次，我们估计变频系统的最高产量估计可以达到年产600套。由于近期电力设备行业股走势强劲，公司股价也相较10月底上涨超过120%，我们维持对智光电气谨慎的态度，维持公司2008年、2009年的EPS分别为0.31元和0.47元，对应目前股价的PE分别为45和29。维持智光电气“谨慎推荐”的评级。

智光电气通过对生产模式，生产设备等产业转型，进一步扩大了公司的产能，提高了公司的毛利率水平和整体的业绩水平增长的预期，同时公司高端产品的研制成功和通过权威机构的检验，使公司的核心竞争力快速提升，众多利好之下，智光电气逆市突破，成为2009年3～4月期间的领涨股。

在振荡市场中，由于股票总体处于波段上涨，波段下跌的格局中，每次上涨和每次下跌的周期大体一致，但是每次上涨和下跌的周期持续并不长，在这样的大环境下，要想取得不错的投资收益，我们就必须要研究那些在大盘下跌阶段尾声和刚刚进入振荡上涨阶段就表现出强势的股票，这些股票由于在振荡市场下跌后期中表现出独立的强势特征，如果这些股票的基本面在此阶段同样具有不错的亮点，那么这些股票很有可能在下一阶段的振荡上涨行情中会有不错的表现。

下面我们继续来看几个案例。

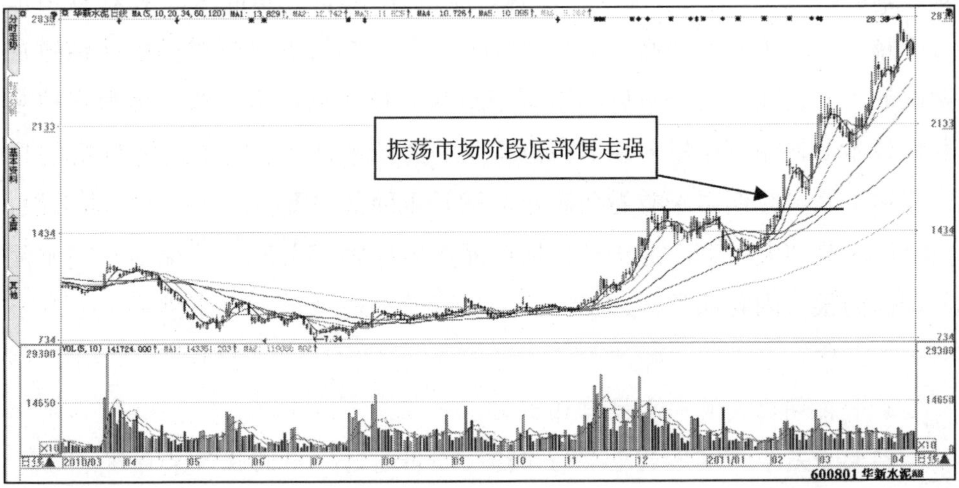

图6－3

华新水泥（600801）是一家主营水泥技术服务、水泥设备的研究、制造及安装修理、水泥进出口贸易的专业化公司。公司是由原华新水泥厂经股份制改组而设立的社会募集式股份有限公司。华新水泥厂前身是由“华中、昆明”两个水泥公司于1943年合并而成立的华新水泥股份有限公司投资兴建的大冶水泥厂。该厂1949年正式投产。1953年华新水泥股份有限公司与天大冶水泥厂合并改名为华新水泥厂。1994年1月，公司登陆上海交易所，发行6772.76万股，融资1.52亿元。

该公司自1994年上市以来，股价表现一直平淡，经历了13年的横盘振荡之后。2007年1月底，华新水泥终于突破了长期的横盘整理平台，创出了历史新高。在2005—2007年这波牛市中，华新水泥上涨了10倍以上。2008年金融危机，对于周期性强的华新水泥来说打击自然不小，股价大幅下挫，几乎回到了2007年1月起涨的水平。在2008年年底至2009年8月的反弹中，华新水泥表现并不抢眼。2009年4月，华新水泥就见了阶段高点，进入了长期的调整格局中。

沉寂了1年多的华新水泥并没有被人们淡忘，2010年11月后，随着大盘见顶回落，华新水泥却顽强地放量上涨，如图6－3所示，可谓逆市走强，2011年1月，大盘继续下探，华新水泥却缓缓企稳，至2011年2月中旬，华新水泥便突破了2010年12月创下的高点，再攀高峰，通过这两次的观察，我们几乎可以确定，华新水泥是一只逆市走强的股票，符合我们技术面在振荡市场初期阶段选择逆势股的条件。

接下来，我们再来看看华新水泥的基本面的情况。

以下是2010年12月9日，长江证券分析师邹戈和刘元瑞对华新水泥的调研简报，内容如下：

第一，湖北市场拐点提前已现。

湖北省是华新水泥最重要的市场，公司超过一半的收入来自该市场。

湖北市场供给出现拐点：2009年湖北区域新增水泥生产线17条，对应水泥产能约2400万吨，是除四川省外第二大水泥投放最多的省份，区域水泥产能集中释放导致今年以来行业利润率大幅下降，今年前三个季度湖北地区全行业亏损，销售利润率仅次于贵州和重庆，排在全国倒数第三位。

但是我们也看到，今年以来，湖北地区水泥固定资产投资同比大幅下降，前10个月累计同增-36%，是今年水泥投资降幅最大的省份，也是全国最早出现大幅下滑的地区。新投产生产线6条，对应产能约1100万吨，主要在3季度前都已经投产；截至目前，已经没有新开工产能，这意味着明年湖北地区没有新增产能，随着之前新投产能消化完，湖北市场供给拐点比其他地区更早的来临！未来三年将是建设高峰期：今年以来，湖北地区固定资产投资增速维持高位，仅次于天津、海南、黑龙江、甘肃和宁夏，12万亿投资政策的推动、《湖北长江经济带开放开发总体规划(2009—2020)》的出台、武汉1+8城市圈建设的持续进行预计至少在未来3年内将维持湖北地区水泥需求的较高增长。

公司布局合理，今明年重点整合湖北市场：将湖北省分为东、中、西部三个地区，从产能分布来看，鄂东南地区（黄石、黄岗、武汉）和鄂西的宜昌地区较为密集，这些地区也是湖北省内需求最旺盛的地区；鄂东南主要是华新、亚东和葛洲坝，水泥产能超过2000万吨，宜昌地区主要是华新和葛洲坝，水泥产能约900万吨。今年的新投产生产线也多集中于鄂东，如：雷山、亚东都在此有新线投产。我们认为随着新增产能消化完、中小企业整合淘汰，该区域大企业有望实现协同效应。

截至2009年年底，公司在湖北省水泥产能约为2300万吨，针对地区产能分布情况，公司2009年、2010年在湖北市场新建线非常少（2009年在襄樊、宜昌新建了两条线，有效避开了过于鄂东南的竞争），希望通过收购来整合市场，以形成更好的区域控制力，在直接收购京兰水泥失败后，公司在今年行业低迷期做了大量努力，年末收购了房县钻石和京兰三源两家水泥企业，在市场整合上迈出了重要的一步。我们预期未来湖北市场的整合将加快步伐。

第二，云南是公司未来重点发展的区域。

截至2010年三季度，公司在云南地区只有1条生产线贡献盈利，2009年公司在云南的市场占有率也仅有3.1%，但受益于于南地区较高的价格和公司的布局优势，云南地区在2008年、2009年均是公司的重要利润来源，占比分别约为21.2%和26.1%。

供需形势仍较好，明年市场将保持高位稳态：从供给的因素看，38号文件的出台，云南新建线得到了有效控制，当地仍有相当部分的落后产能，2400万吨左右，由于执行力度问题，过去几年淘汰速度较慢，但今年起淘汰力度已大大加强，今年约淘汰789万吨，预计未来几年也将维持较高的淘汰水平。

从需求方面看，云南省是和东盟接触的桥头堡，水泥需求主要来自于基础设施建设投资，铁路、公路、机场等，基础设施建设对水泥产量增速的影响最大，未来几年仍是区域基建大发展时期。同时由于云南高原特殊的地质条件，公路干线具有桥梁多、桥墩粗、隧道多且长等特点。因此，修建1公里公路平均消耗的水泥量是平原地区的3倍。基建对水泥的需求量在今后几年内将保持持续增长的态势，将有力地拉动水泥的需求和生产。

公司产能布局金边银角，盈利能维持高位：从云南地区的产能分布情况来看，主要企业是拉法基瑞安、昆钢、红河滇西和公司四家。截至2009年年末，公司仅有昭通一条线，水泥产能仅为160万吨左右，却已为公司带来超过20%的利润，主要是由于公司生产线远离主要竞争点，需求受到周边水电站建设的持续拉动，且处于两省边际地带，能有效沟通两省市场。今年公司又有3条线将投产，其中东川生产线已于10月投产，其余两条将在年底投产，我们看到与昭通一样，迪庆和景洪两条生产线同样是布局水力资源丰富的地区，有较强的辐射能力。随着这三条线在明年实现有效供给，公司将拥有约443万吨的水泥生产能力，明年云南地区所贡献的利润将更大。云南地区是公司未来重点发展的地区，在整合好湖北市场后，将重点整合云南市场。

第三，混凝土产业和垃圾处理将形成未来新的业绩增长点。

混凝土业务是公司积极培育的产业之一，也是实现水泥产业纵向拓展的方向之一，近几年公司陆续加大混凝土投资力度，截至2009年年底已实现420万方的产能。根据公司规划2010—2013年公司将新增3050万方产能，根据目前销售价格，若产能按时建成并完成50%的产能销售计划，有望每年贡献40亿元以上的收入。

2007年华新水泥正式设立环保事业管理部，并明确环保业务为华新四大产业支柱之一。事业部主要包括可替代原燃料和矿物原料两大类业务。

可替代原燃料（AFR）：核心技术是自豪瑞公司引进的协同处置（co－processing），即在水泥生产过程中，从废物中回收资源并部分代替传统燃料和原料。并由此衍生出涵盖市政垃圾、市政污泥、危险废物、一般废物等全面系统的废物管理服务。

矿物原料（MIC，Mineralcomponents）：根据公司的水泥基地建设布局，同步开发当地混合材资源，与国内五大电力集团华能、大唐、华电、国电和中电投旗下的电力企业建立了稳定的战略合作关系，以直供模式，实现粉煤灰、矿渣等MIC资源跨区域整合。与武汉钢铁（集团）公司、鄂城钢铁有限公司、湖北宜化集团有限责任公司等国内知名企业合作，将合作方产生的工业废渣进行综合利用，探索和谐共赢的合作模式。旗下工厂还可利用化工厂副产品磷渣生产改性磷石膏增强球，经加工后可完全替代天然石膏，每年可消耗磷石膏渣60万吨，缓解了当地政府环保压力；加工后产品可供应邻近水泥基地使用，降低工厂的采购成本。

目前，武穴水泥窑协同处理环保预处理工程的扩建工程即将完成，可形成处置垃圾能力10万吨/年，成为国内首个采用第三代技术的预处理市政垃圾工厂。

虽然混凝土产业和垃圾处理业务还处在战略布局期，但是我们认为水泥公司发展混凝土行业能更好地控制市场和提升盈利，是大势所趋。同时垃圾处理未来发展空间巨大，而公司大股东Holcim在这两块业务上有着丰富的经验，随着布局结束、规模效应的显现，预计在1～2年后将形成重要的业绩增长点。

第四，我们上调公司盈利预测，上调为“推荐”评级。

根据公司产能的投放进度和所在市场状况，我们上调公司2010—2012年EPS分别为0.944、2.092、3.046（按照非公开增发后全年摊薄的股份），对应的PE分别为28.67、12.94、8.88；我们认为公司所在湖北区域在水泥行业中提前见底，公司未来业绩下行风险很小；由于公司的每股产量在行业内公司中最大，意味着公司业绩对提价最为敏感，业绩向上的弹性巨大；目前公司处在底部拐点上，未来两年内价格将处在上行通道；公司未来收购和业绩都存在持续超预期可能，我们上调为“推荐”评级。

通过上面的研究报告，我们可以判断华新水泥的业绩拐点已经到来，至少在未来的一年内，公司净利润大幅增长是大概率事件，再加上我们对华新水泥的技术面的跟踪，发现其在2010年年末的逆市上涨和2011年2月初期的逆市走强，都可以看出，该股的走势具有其独立性，走势明显强于大盘，这样的股票刚好符合我们对于独立股在振荡市场的操作思路。

再来看案例二。

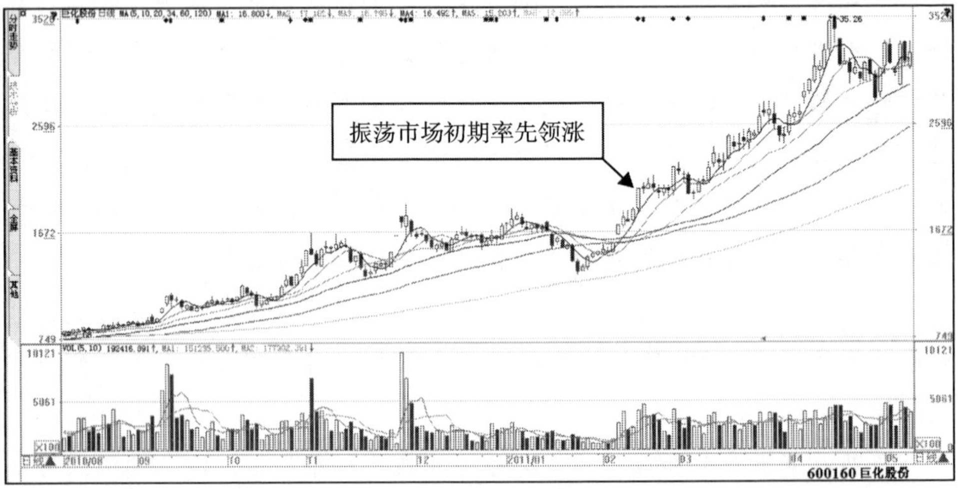

图6-4

巨化股份（600160）是一家以氟化工原料及后续产品、基本化工原料及后续产品和化肥、农药的生产与销售的公司。公司独家发起人巨化集团公司前身衢州化工厂始建于1958年，1984年改名为衢州化学工业公司，1993年经国务院经济贸易办公室批准，并组建巨化集团，衢州化学工业公司更名为巨化集团公司。公司经浙江省人民政府批准，由巨化集团公司独家发起，采取募集方式设立的股份有限公司。该公司于1998年6月登陆上海证券交易所，发行8000万股，募集资金4.6亿元。

图 6 –4 是巨化股份自 2010 年 8 月至 2011 年 5 月这段时间的日 K 线图。我们知道在这一段时间，上证指数处于典型的振荡市场的行情。2010 年 11 月，上证指数见了真的市场的阶段顶点，随后走入行情，透过图 6 – 4 我们发现，巨化股份在 2010 年 11 月之后走势依然强势，创出了前段时间的阶段高点，显示出了其强势的走势特征。进入到 2011 年 2 月初，虽然大盘开始逐渐见底，但是还是没有脱离振荡市场的底部区间，而此时的巨化股份已经显示出强势的状态，于 2011 年 2 月中旬便一举突破了前次的阶段高点，走势显然独立于大盘的走势，考虑到此时刚刚是这次振荡市场行情的阶段底部，所以巨化股份满足我们在振荡市场投资逆势股的技术面的特征。

我们继续来看看巨化股份基本面有何亮点。

1. 业绩超预期增长。

巨化股份发布 2010 年年报，2010 年全年实现营业总收入 54. 86 亿元，同比增长 45. 1%；营业利润 6. 97 亿元，同比增长 56. 59%；归属于上市公司股东的净利润 5. 86 亿元，同比增长 418. 6%。按 6. 12 亿股的总股本计，实现每股收益 0. 958 元，每股经营性净现金流量为 2. 11 元。公司同时公布 2010 年度利润分配预案，拟每 10 股派发现金 2. 5 元（含税），同时每 10 股转增 3 股。

报告期内氟制冷剂产品价格大幅上涨提升公司营业收入。2010 年氟制冷剂及氟聚合物产品价格超预期上涨，创出历史新高。2009 年 11 月受国外氯碱装置和国内相关企业停工的影响，原材料短缺推动氟化工产品价格启动，上涨一直持续至 2010 年年初下游企业备货旺季。之后盘整数月后，受原材料成本上升，下游需求旺盛，部分企业停工，政府强力推动节能减排政策等因素的影响，从 8 月起制冷剂及氟聚合物产品价格再次持续上涨；最终在年末创出新高。产品价格上涨使公司氟化工板块全年营业收入同比增长 80. 73%，收入占比超过六成，带动公司全年营业收入同比增长 45. 1%。此外由于公司拥有完善的氟化工与氯碱化工配套装置，因此受原材料成本上升的影响较小，综合毛利率提升 14. 2 个百分点，达到 28. 03%。

巨圣并表增厚利润，CDM 收入减少与固定资产减值无碍业绩大幅增长。报告期内公司期间费用率基本保持稳定。2010 年 10 月巨化股份完成对巨化集团持有的 74.5% 的巨圣氟化学股份的收购，并表后 2010 年度增加约 7000 万元的净利润。公司 2010 年 CDM 确认收入仅 8663 万元，同比大幅下降；公司报告期内共淘汰了隔膜烧碱，8 万吨 PVC 等多套设备，共计提了约 1.55 亿元的资产减值损失。但尽管有上述的不利影响，公司全年业绩仍达到每股 0.958 元，同比增长 418.6%。

2. 政策支持，倾力打造氟化工龙头产业。

2010 年 11 月 25 日，工信部发布《氟化氢行业准入条件（征求意见稿）》，拉开了国家保护萤石资源政策的序幕。国家政策将使萤石稀缺性资源的属性在市场价格中得以反映，从而从原材料源头推动氟产品价格上涨。另外，政策出台后将导制氢氟酸等初级氟产品全球供应短缺，含氟化学品价格普涨，从而推高国内氟化工产品价格。

氟化工为公司核心产业，其营业收入占公司全部营业收入的 66.24%。随着国家对萤石资源的进一步控制、《氟化氢行业准入条件（征求意见稿）》的公布，将推动国际氟化工向中国转移，氟化工行业面临着强烈的整合预期，行业集中度将进一步提升，有利于中国氟化工的长远发展利于氟化工龙头企业。公司将积极培育含氟精细化学品，利用含氟精细化学品基础单体原料丰富且部分单体不易运输的特点，构筑具有巨化特色的含氟精细化学品产业体系。氯碱化工则只定位成为公司氟化工产业的主要支撑和坚实基础；酸化工也只定位为公司氟化工及石化产业发展配套。公司形成了液氯、氯仿、三氯乙烯、四氯乙烯、AHF 为配套原料支撑的氟制冷剂、有机氟单体、氟聚合物完整的产业链，使原材料和产品的价值沿产业链从每吨百元级向每吨千元级、万元级、十万元级转移，产业链的附加价值向高端化延伸，协同效益明显，未来公司将重点培育锂电池含氟专用化学品、电子含氟专用化学品和光伏含氟专用化学品。

而参考过往经验，未来国家将更大力度的对萤石资源进行整合。

从供求关系看，由于前期行业低迷，部分闲置产能已淘汰，国内目前氟化工产品的实际产能基本平衡。未来 F22 等关键中间体产能扩张受限；

而下游氟化工领域新产品（如 R125），新应用（如高铁用 PTFE）不断扩展，因此我们判断氟化工行业 2011 年将持续景气。

巨化股份是国内少数几家拥有综合配套能力的大型氟化工生产企业，技术实力雄厚，拥有国家级企业技术中心，博士后流动站以及国家氟材料工程技术研究中心。

3. 管理层的锐意进取。

公司在新管理层的带领下，抓住了此次行业机遇，在变革中谋发展；在对现有产品线迅速扩产完善的同时；也积极规划未来 2 ～ 3 年后的增长点，重点建设如 PVDC，HFC－125，HFC－410A 等多个新产品装置，因此我们认为公司未来仍有较大的发展空间。

4. 根据兴业证券的预计，鉴于公司披露多个新项目建设计划，并且部分新项目将在年内建成投产以及氟化工相关产品的价格上涨幅度超出之前的预计，在暂不考虑转增和增发的条件下，兴业证券上调公司 2011 年、2012 年的每股收益至 1.34 元和 1.73 元，并引入 2013 年盈利预测为每股收益 2.01 元，维持“推荐”的投资评级。

在独立的技术面的走势和优异的基本面刺激下，巨化股份在 2011 年 2 月中旬至 2011 年 4 月中旬的 2 个月左右的时间里上涨了 88%，再一次向我们证明在振荡市场的初期，买入那些基本面优秀同时走势独立于大盘率先走强的股票，会让我们在真的市场中获得意想不到的高收益。

在大盘由牛市转为熊市的初期，许多在牛市中吸筹充分并未充分爆发的股票，往往在熊市下跌初期，并未大幅下跌而是表现出抗跌的状态，这些股票往往在熊市初期会积蓄能量，做出最后的上涨冲刺。

对于这种类型的股票，我们一旦把握好了，仍会给我们带来可能冲过一倍的收益。

下面我们来看几个案例。

隆平高科（000998）是一家以杂交水稻、蔬菜为主的高科技农作物种子、种苗的培育、繁殖、推广和销售，新型农药、化肥的研制、生产、销售，政策允许的农副产品优质深加工及销售的公司，公司同时提供农业高新技术开发及成果转让，农业技术咨询、培训服务等业务。公司由湖南省

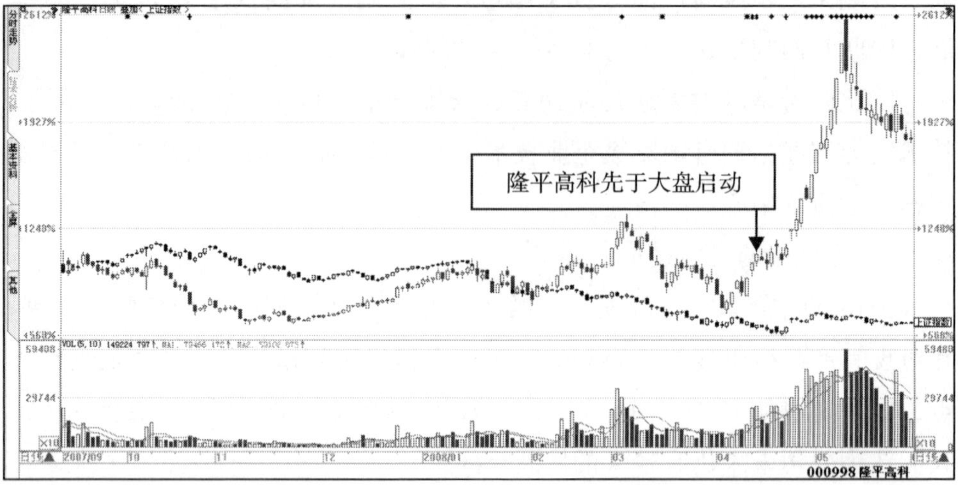

图 6 –5

农业科学院作为主发起人，联合湖南杂交水稻研究中心、湖南东方农业产业有限公司、中国科学院长沙农业现代化研究所、湖南省郴州市种子公司等 4 家企业及袁隆平先生以发起方式设立的股份有限公司。1999 年 6 月 30 日，公司在湖南省工商行政管理局登记注册。2000 年 12 月，该公司成功登陆深圳交易所，发行 5500 万股，募集资金 7. 139 亿元。

图 6 –5 是隆平高科与上证指数自 2007 年 9 月至 2008 年 5 月这段时间的日线叠加图。我们知道，2007 年 10 月之后，上证指数见了 6124 的历史高点，随后，大盘缓缓下跌，反弹至 2008 年 1 月中旬之后，在此掉头下跌，直到 2008 年 4 月下旬，才进入为期十几天的小反弹。而我们观察隆平高科，2008 年 3 月初，逆市创出前次牛市新高，之后虽然跟随大盘下挫，但是 2008 年 4 月初便开始逆市走强，我们看到，隆平高科这只股票就是典型的在熊市初中期走出独立行情走势的股票，进入到 2008 年 4 月下旬，随着大盘开始一小波反弹，隆平高科股价大爆发，在 12 个交易日上涨了 131%，这样的走势在熊市中可谓独树一帜。

隆平高科能够在熊市中取得如此惊人的涨幅，不但取决于其强势的技术面走势，还与其基本面有着莫大的关联，下面我们就来看看隆平高科的基本面亮点：

1. 公司为世界杂交水稻行业龙头，在产品研发方面具有非常强的核心竞争优势。

公司主发起人湖南省农科院成立于1964年，其前身为湖南省农业改进试验所。湖南省农科院是一家历史悠久、科研实力较强的农业科研机构，该院现拥有一批农业科学家，包括联合国粮农组织顾问6人，共取得科技成果781项，其中获国家和省部级奖励的有249项，并且长期保持了作物杂种优势利用研究的世界权威地位，在优质蔬菜种苗的研究与开发方面居于世界领先地位，在稀土农用、农化植保等方面的研究也居于国际领先地位。

公司发起人之一袁隆平先生是中国工程院院士、世界著名的农业科学家，曾获得国家特等发明奖及9次国际大奖，被全世界公认为“杂交水稻之父”。

有如此庞大的研发力量做后盾，公司核心竞争力非常突出。

2. VHK入股新大新有利主业做强。

VHK出资2.67亿元对隆平高科大股东新大新股份增资后持股比例达46.5%。VHK控股股东为Vilmorin&Cie。Vilmorin&Cie是世界最大的种子集团公司之一，在全球范围从事大田作物种子和蔬菜品种研发、生产和商业运作。未来有利于公司种业业务在国内市场做强，并纳入到Vilmorin&Cie的全球布局体系之中。

3. 公司逐步专注主业。

公司转让融城置业和收购亚华的行为从一定程度上显示了管理层专注主业的意图。但从半年报和三季报的情况来看，目前亚华的棉花种子毛利水平并没有充分体现出其应有的巨大盈利价值。管理层需要通过切实提升水稻和棉花种子等主营业务的盈利水平，全面控制费用支出，才能真正实现公司主业的迅猛发展。同时，我们也应该看到，公司通过整合大米、棉花种等新业务来延伸产业链，并适时引入国际种业巨头利马格兰集团实际控制的VHK公司作为战略投资者等一系列大手笔，也充分体现了公司管理层广阔的国际化视野及其对于产业链的深刻理解。

4. 公司未来毛利率有望提升。

相比玉米种，目前水稻种的毛利水平相对偏低，而且公司提高市场占有率的难度也较大。因此，公司必须依靠强大的科研实力，及时推出新的优质品种。我们相信，由公司总部和控股公司所组成的研发体系，以及农业合作社模式的营销服务网络，都将成为未来公司实现产品化，全面提高核心竞争力的基础，同时网络辐射所带来的规模化效应也将进一步提升公司增长的基础。

在熊市的初期和中期，如果发现走势一直领先于大盘的股票，我们就要十分注意，这样的股票很有可能在大盘下跌见底前提前企稳，等到大盘一反弹，便快速上攻，走出行情。如果某股票在熊市初期独立于大盘，基本面也具有一些明显的亮点可循，对于这样的股票，我们要密切关注其在大盘反弹阶段的表现，一旦走出反弹龙头股的行情，我们要快速跟进，速战速决。

很多股票在弱势走出这样的情况也是迫于弱势的大盘环境，主力们只能在大盘还未见底时就开始做好拉升准备，一旦大盘企稳便立即启动主升段，争取为后面的出货留下时间。

我们再来看一个案例。

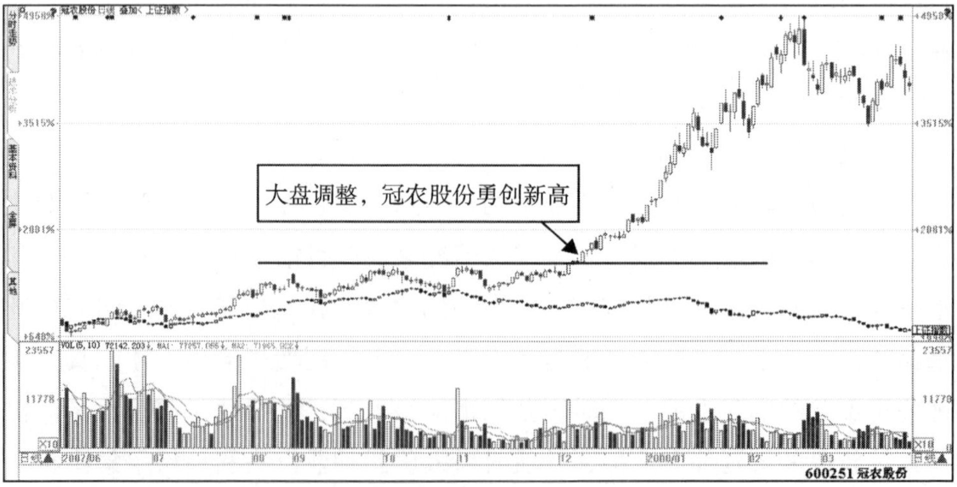

图 6－6

冠农股份（600251）是一家从事果业种植、仓储、加工及销售；马鹿养殖；鹿产品的加工及销售；纸箱、网套等果品包装物的生产与销售的公司。公司是经新疆维吾尔自治区人民政府批准，由新疆生产建设兵团农业建设第二师二十八团、二十九团、三十团为主发起人以 1999 年 10 月 31 日为评估基准日，将其所有的挂果香梨林、马鹿及相关的经营性资产经评估确认后折股投入股份有限公司，按 69.68% 的比例分别折股 2870.9 万股、3238.01 万股、1863.21 万股，其他发起人新疆库尔勒农垦供销合作总公司、新疆农垦库尔勒物资总公司分别以现金 20 万元出资并按同一比例分别折股 13.94 万股，公司设立时总股本 8000.00 万元。2003 年 6 月，冠农股份登陆上海交易所，发行 4000 万股，募集资金 2.3 亿元。

图 6－6 是冠农股份和上证指数自 2007 年 6 月至 2008 年 3 月这段时间的日 K 线叠加图。从图中可以看到 2007 年 12 月，大盘继续向下调整，而隆平高科则勇创新高，走出了独立的行情走势，随后更是进入控盘拉升，缩量上涨，我们由此可见，在熊市初期具有独立行情走势的股票，趁着大牛市的余威，一些股票还可以做出最后的冲刺。

当然，冠农股份能够逆势上涨，与其基本面的亮点息息相关。

下面我们就来中金公司分析师时雪松于 2007 年 12 月 13 日发布的对冠农股份的调研简报，内容如下：

主营业务改善之中。冠农股份是一家新疆建设兵团农二师下属农业加工企业，今年以来通过资产置换和业务转型，目前主营糖业和工业酒精等农产品加工，盈利状况已经有明显改善。

冠农股份最大的亮点是拥有国投罗布泊钾肥 20.3% 的股权。国内钾肥资源紧缺，未来价格将维持稳步上涨趋势。随着罗布泊钾肥一期 120 万吨/年硫酸钾项目在 2008 年年底投产，未来罗钾业绩将爆发式增长，而公司的集团新疆建设兵团将保证冠农拥有的股权比例不被摊薄，冠农的业绩将和罗钾同步高速成长。罗钾的资源禀赋可以和盐湖钾肥的察尔汗盐湖媲美。

罗布泊目前探明的钾资源储量在 3 亿吨左右，而由于部分地区仍未勘探，远景储量能达到 5 亿吨以上，随着基础设施的改善，国投罗钾公司的长期产能规划达到300万～500万吨。由于管理层经验和国家对钾肥项目的重视，预计项目能够顺利按时达产。

未来5年国际钾肥供应仍然偏紧，价格有上涨空间。由于生物能源的发展和全球粮食库存的进一步下降，全球钾肥需求的增长仍将超过产能增长，钾肥价格仍有上涨趋势。

首次关注，给予“推荐”投资评级。我们2007—2010年EPS预测分别为0.14元、0.26元、2.2元和3.16元，复合增长率达到98%，业绩主要来自于罗钾的投资收益。

我们认为公司受益于罗钾股权的持续增值和长期增长潜力，未来3～5年业绩将实现快速持续增长，我们给予公司2009年22倍的一年期目标市盈率，目标价48元，给予“推荐”评级。

短期的风险：罗钾120万吨项目投产日期慢于预期，或者由于基础设施等原因导致的运输不畅等将影响公司2009年的业绩，但不影响公司的长期价值。

透过这份研究简报，我们发现冠农股份的业绩长期增长预期还是非常确定的，冠农股份的基本面状况正在逐渐转好，具备了投资的价值。

当然，对于那些在大盘处于上涨段或者反弹段本该上涨的时段走势非常差，表现落后的股票，我们千万不要因为贪便宜而就指望他们补涨，这样是大部分投资者经常做的不明智的做法，这些投资者往往不敢追高，因为之前可能追高过几次，受到了深深的伤害，所以改为买入涨幅较低的补涨股票。然而，买入之后，他们往往会发现手中股票天天走势不佳，再看股票的龙虎排行榜，那些高位的股票走势却仍然天天一路疯狂上涨，此时，那些买入补涨股票的投资者们就会觉得非常的郁闷，心态失衡，更有甚者，可能最终又抛弃了手中的滞涨股，转而购买一件在非常高位的股票，最后又被套牢在高价位之上。这样的投资过程，我想许多投资者或多或少都经历过。

说到根本，就是没有从本质上弄清楚马太效益在股市中的作用，也就是在股市中，强者恒强，弱者恒弱的道理，当然这个道理不是让大家都去不顾一切的追高买入股票，我们要根据不同的大盘环境，不同的个股作详细的分析，部署。至于这个课题我们在本丛书第四本的第五章短期龙头股这一章节有所涉及，大家可以从中寻找一些端倪，有关这个课题我们在随后的内容中可能还会再次涉及，敬请大家关注。

第七章

熊市后期股价出现新低的股票

对于股价在熊市后期出现下跌的股票，或是股价在下滑了两年或3年后又跌至了一个新低点的股票，如果在熊市行情的开始阶段就跌至了新的低位，那么股价就不大可能会再下跌很多。交易规则应该是：如果股价下跌至一个新的低点，而随后反弹到比之前的底部高3个点时，就预示着这只股票结束了下跌，抛盘也已经得到消化，这只股票正在为趋势再次向上积蓄能量。

——江　恩

虽然第四章我们研究了熊市早期领跌股的情况，但是对于熊市更全面的情况我们了解得并不详尽。在本章里，我们首先会对熊市的大致情况进行一些介绍，随后便进入本章最重要内容部分，对熊市后期许多股票股价出现新低时的操作策略进行研究和总结，力争能够为广大投资者在熊市后期树立正确的投资思路。

第一节 熊市概述

一、熊市一词的来源

说法一

就目前所有的资料来看，在 1785 年的英国，一本叫做《小街交易所指引》的书上，已经出现牛和熊这两个名词。但是，当时牛、熊的意义跟现在不同，当时的伦敦证券交易所叫做小街交易所，简称小街。

从这本书作者的说法，可以看出 200 多年前牛跟熊的意义比现在明确多了。牛不是指希望股市上涨的人，而是等于今天靠保证金买入股票却遭到亏损的人。

荷兰的郁金香交易所早在 17 世纪中叶，就已经发明了保证金制度，但是 1785 年的伦敦，买股票似乎不用保证金。“牛”可以身无分文，就买入股票，希望在必须缴款前卖出获利。根据当时的做法，一个人即使全部财产不到 10 英镑，也可以在伦敦的证券交易所大买股票。例如，这个人可以在 3 月时购买价值 4 万英镑、在 5 月交割股款的股票，融资倍数高达四五千倍。

这个人在结算前，可以想尽办法，把自己买入的股票卖出去，解脱肩上超级沉重的负担。如果整个市场牛群聚集，他就找不到接手的人，就会遭到重大亏损。因此在付款之前，他必须跑遍整个交易所，从一家号子逛到另一家号子，找人接手，他心中充满希望和恐惧，表情阴晴不定，情绪低落、满脸不高兴、脾气不好，跟牛的行为差不多，因此这种作手被人称为“牛”。

在200多年前熊不只是抱持悲观看法的作手，还是实际放空的人，也就是卖出一批股票或公债，同意在未来的某一个时间交出他实际上没有的东西。因此他不断地要找人，希望低价买入他未来必须交出来的证券，对所有不幸的新闻、坏消息、能够压低证券价格的谣言等，他都会很高兴，十足表现出幸灾乐祸的样子。

因此，当时要分辨牛和熊很容易，表情沉重、忧郁的人一定是牛，不断东张西望，拿坏消息吓人的人一定是熊。牛希望股价上涨，熊希望股价下跌。后来的人可能因此把上涨的股市叫做牛市，下跌的股市叫做熊市。

说法二

据记载，这两个股市术语出现于19世纪早期美国股市。首先出现的是熊，在1709年就有所记载，最早是指因为预计股价会跌就卖掉将来才发行而现在还没到手的股票，这样就使得投机商可以以较低的价格购入股票。这样的投机商就被称为牛皮批发商，源自词组sell the bear's skin before one has caught the bear。慢慢的，这个词组就表示对于股价越来越不乐观。为了区分市场的升跌，他们把健步向前的牛作为涨升的象征，寓意向上的趋势不可阻挡，而把倔强好纠缠的熊作为下降的象征，表示下跌结束的遥遥无期。牛市的用法出现于1714年，也是受到了熊市的影响而产生的。

说法三

因为牛是往上攻击（牛角往上顶），所以代表多头市场，代表利多和股价往上走；熊是往下攻击（熊掌向下挥）代表空头市场，代表利空和股价下跌。

二、熊市的时期分类

道琼斯根据美国股市的经验数据，总结出熊市和牛市的不同市场特征，认为熊市和牛市可以各自分为三个不同期间。

熊市第一期

熊市第一期。（顶部阶段）其初段就是牛市第三期的末段，往往出现在市场投资气氛最高涨的情况下。这时市场绝对乐观，投资者对后市变化完全没有戒心。市场上真真假假的各种利好消息到处都是，公司的业绩和盈利达到不正常的高峰。不少企业在这段时期内加速扩张，收购合并的消息频传。正当绝大多数投资者疯狂沉迷于股市升势时，少数明智的投资者和个别投资大户已开始将资金逐步撤离或处于观望。因此，市场的交投虽然十分炽热，但已有逐渐降温的迹象。这时如果股价再进一步攀升，成交量却不能同步跟上的话，大跌就可能出现。在这个时期，当股价下跌时，许多人仍然认为这种下跌只是上升过程中的回调。其实，这是股市大跌的开始。

熊市第二期

熊市第二期。（恐慌阶段）这一阶段，股票市场一有风吹草动，就会触发“恐慌性抛售”。一方面市场上热点太多，想要买入的人反因难以选择而退缩不前，处于观望。另一方面更多的人开始急于抛出，加剧股价急速下跌。在允许进行信用交易的市场上，从事买空交易的投机者遭受的打击更大，他们往往因偿还融入资金的压力而被迫抛售，于是股价越跌越急，一发不可收拾。经过一轮疯狂的抛售和股价急跌以后，投资者会觉得跌势有点过分。因为上市公司以及经济环境的现状尚未达到如此悲观的地步，于是市场会出现一次较大的回升和反弹。这一段中期性反弹可能维持几星期或者几个月，回升或反弹的幅度为整个市场总跌幅的1/3 ～ 1/2。熊市第二期。经过一段时间的中期性反弹以后，经济形势和上市公司的前景趋于恶化，公司业绩下降，财务困难。各种真假难辨的利空消息又接踵而至，对投资者信心造成进一步打击。这时整个股票市场弥漫着悲观气氛，股价继反弹后较大幅度下挫。

熊市第三期

熊市第三期。（底部阶段）在熊市第三期中，股价持续下跌，但跌势没有加剧，由于那些质量较差的股票已经在第一、第二期跌得差不多了，再跌的可能性已经不大，而这时由于市场信心崩溃，下跌的股票集中在业绩一向良好的蓝筹股和优质股上。这一阶段正好与牛市第一阶段的初段吻合，有远见和理智的投资者会认为这是最佳的吸纳机会，这时购入低价优质股，待大市回升后可获得丰厚回报。

一般来说，熊市经历的时间要比牛市短，只占牛市的 1/3 ～ 1/2。不过每个熊市的具体时间都不尽相同，因市场和经济环境的差异会有较大的区别。回顾 1993—1997 年这段时间，我国上海、深圳证券交易所经历了股价的大幅涨跌变化，就是一次完整的由牛转熊，再由熊转牛的周期性过程。

三、熊市六不要

不要盲目杀跌

在股市暴跌中不计成本的盲目斩仓是不明智的，止损应该选择目前浅套而且后市反弹上升空间不大的个股进行，对于目前下跌过急的个股，不妨等待其出现反弹行情后再择机卖出。

不要急于挽回损失

在暴跌市中投资者往往被套严重，账面损失巨大，有的投资者急于挽回损失，随意增加操作频率或投入更多的资金，这不仅是徒劳无功的，还会造成亏损程度的加重。

不要过于急躁

在暴跌市中，有些新股民容易出现自暴自弃，甚至是破罐破摔的赌气式操作。但不要忘记，人无论怎么生气，过段时间都可以平息下来，而如果资金出现巨额亏损，则是很难弥补回来的。所以，投资者无论在什么情况下，都不能拿自己的资金账户出气。

不要过于恐慌

在暴跌市中，恐慌情绪是投资者最常出现的。其实，股市有涨有跌，有慢就有快，这是很自然的规律，只要股市始终存在，它就不会永远跌下去，最终会有上涨的时候。投资者应该趁着股市低迷的时候，认真学习研究，积极选股，及早做好迎接牛市的准备，以免行情转好时又犯追涨杀跌的老毛病。

不要过于后悔

后悔心理常常会使投资者陷入一种连续操作失误的恶性循环中，所以投资者要尽快摆脱懊悔心理的枷锁，在失败中汲取教训，提高自己的操作水平，争取在以后的操作中不犯错误或少犯错误。

不要急于抢反弹

在跌势未尽的行情里，抢反弹如同是“火中取栗”，稍有不慎，就有可能引火上身。当前的市场环境不存在踏空的可能性，投资者千万不要因为贪图反弹的蝇头小利而冒被深套的风险。

四、熊市应对三招

第一招：活着就有希望

试想一下灾区的人民，辛辛苦苦大半生建立起来的家园，一夜之间被夷为平地，这又相当于几个跌停板呢？但是只要活着，勇气还在，奋斗精神还在，相信不出几年他们仍然能够建立起美丽的家园。

“活着就有希望”，不知鼓舞了多少正在深受苦难的人们。这句话在股市上可以演化为“还在市场中就有希望”，这是希望你坚定信心，以高瞻远瞩的长线眼光看待市场，“不畏浮云遮望眼”、“风物长宜放眼量”。

股市永远处于波动中，一轮牛市是在为下一轮熊市作铺垫，一轮熊市也是为下一轮牛市做准备，循环往复。看透了这一点，你自然能够在波涛汹涌当中闲庭信步。马云有一句经典语录：“最大的失败是放弃，最大的敌人是自己，最大的对手是时间”。这句话不只适用于创业，也适用于投资。

斯蒂格里茨曾评论：“中国的经济可能萧条，但绝不会崩溃，13 亿人口的基本需求就足以支撑庞大的经济体运转。”在这样一个自生能力极强的超大规模经济体中进行投资，还有什么可担忧的呢？从长期来看本来就没有熊市，有的只有“熊股”，因此唯一需要担忧的就是你选择的股票是否能够搭上这个超大规模经济体增长的高速列车。

第二招：选好股票后关上计算机

这招看似可笑，却屡试不爽。回想上一次的 5 年熊市，只要你拿的股票不是彻头彻尾的垃圾，到了 2007 年又有几人还被套着？只要买入的公司是个好公司，就算股价长时间下跌，也无法阻碍它的持续经营积累，无法阻止手中股票持续分红和内涵价值的不断提升。

遗憾的是那些经不住折磨、在 2005 年中将股票在底部割肉的人，他们是彻底输掉了。马云也曾说过：“今天很痛苦，明天更痛苦，后天很美好；但是绝大部分人倒在明天晚上”。

所以，关电脑前务必要再审视一下手中的股票，是不是可以安全地拿着。如果在黎明到来之前就被退市，也就失去了扳回损失的希望。

第三招：准备资料掌握信息

在熊市时，我们可以把重仓股票最近三年的年报和最近一期的季报打印出来放在手边，每到信心几尽崩溃的时候，我们可以去细细品读这些报告，不断重温公司管理层的奋发图强和公司业务蒸蒸日上的情景。在这个时候，这些报表可以使我们冷静下来，树立信心与公司的管理层并肩作战；他们付出他们的劳动，我们付出资本价值，但是我们的目标始终如一。

第二节　研究熊市后期的意义

一、熊市后期的介绍

在第一节中，按照道琼斯的分类，熊市的第三个时期，便是我们所认为的熊市的后期。在这一阶段，股价持续下跌，但跌势没有加剧，由于那些质量较差的股票已经在第一、第二期跌得差不多了，再跌的可能性已经不大，而这时由于市场信心崩溃，下跌的股票集中在业绩一向良好的蓝筹股和优质股上。这一阶段正好与牛市第一阶段的初段吻合，有远见和理智的投资者会认为这是最佳的吸纳机会，这时购入低价优质股，待大市回升后可获得丰厚回报。

自 1992 年股市诞生以来，共历经了三次大熊市：第一次是 1993 年 2 月至 1994 年 7 月，上证指数自 1558 点跌到 325 点，跌幅 79%；第二次是 2001 年 6 月至 2005 年 7 月，上证指数自 2245 点跌到 998 点，跌幅 56%；第三次是 2007 年 10 月至 2008 年 10 月，上证指数自 6124 点跌到 1664 点，跌幅 73%。

在一个基本上是只能够依靠做多才能赚钱的单边市场，投资者当然盼望熊市能够早一点结束，牛市早一天到来。但事实上，绝大多数投资者是不可能知道熊市何时能结束，因为股市从本质上是不能够预测的，或者说准确预测的。熊市的杀伤力有两个方面：

一是投资者在熊市容易赔钱。这很容易理解，因为在大熊市，绝大多数股票股价是下跌的，跌幅都很大，能够逆势上涨的股票简直是凤毛麟角，不仅抓不住，就是抓住了也捂不住，难以靠它们的微薄盈利而弥补其他股票的损失。

二是投资者在熊市赔了钱，还会搞坏心态而影响在其后的牛市中赚钱。有很多投资者在熊市中只要看到股市一有个小反弹，就以为见底了，急急忙忙冲进去抄底，结果呢？屡买屡套，不断蚀本。这些投资者会因屡买屡套，最终做到手软而不敢再碰股市。待到股市真正见底，牛市来临时，他们反而认为那只是另一个小反弹而已，不仅自己会观望，还会奉劝周围的人不要进去。从而错过牛市初期和中期最容易赚钱的阶段。

这样的悲剧在每一轮熊市都会上演。问题出在哪里？

问题就在于对于熊市的判断失误。要知道，熊市是一个持续的时间较长且跌幅较大的过程。但很多投资者对于熊市持久的杀伤力估计不足。根据过往的经验，要正确认识熊市，关键是要判断熊市何时进入末期。熊市一般会大致经历三个阶段：熊市初期、熊市中期与熊市末期。若熊市进入了末期，那么，熊市离结束就指日可待了。

熊市末期是很难计算出来的，要依靠市场特征才能够进行判断。一般来说，熊市末期有四个主要的市场特征：

一是前期调整时间已经很长，股市跌幅已经较大。在调整时间方面，调整时间在 1 ～ 4 年。调整时间与跌幅有一定的关系：跌幅大，调整时间短；跌幅小，调整时间长。在跌幅方面，大熊市的跌幅在 50% 以上。从前三次大熊市看，跌幅 70% 是一个终结点，只要跌幅达到 70%，熊市立即结束！

二是股市似死水一潭，对于利好麻木，任何热点、题材都是昙花一现，短线操作无法盈利。没有炒作主题，没有能够引领大盘向上的、大幅上涨的领涨板块，没有能够激起人气的龙头股。很多题材股在公告利好后，只是脉冲式上涨 20% ～ 30% 就止步了，追涨的人总是挨套，这与强势市场中的题材股一涨就是 2 ～ 3 倍形成鲜明对照。

三是成交量逐渐稀少，地量频现，人气日渐低迷。

四是市盈率、市净率等估值指标接近历史低位。

一句话，当平日里最活跃的短线客都不得不离场观望的时候，股市就进入了熊市末期。要注意的是，股市进入熊市末期，并不意味着熊市会马上结束。一般来说，股市进入熊市末期后，还会有20%～30%的跌幅，这是熊市的最后一跌，也是杀伤力最大的一跌，因为这是压倒投资者的最后一根稻草！

对待熊市末期态度和行动的不同，而将长期成功者和长期“拉抽屉”者区别开来。长期成功者会在熊市末期进场，战略性建仓，坐享未来牛市收益；长期“拉抽屉”者因在前期的熊市屡战屡败，最后会在熊市末期彻底斩仓，不仅会倒在黎明前的黑暗里，还会踏空一大段牛市！

二、重视熊市后期的意义

在熊市中，尤其是熊市后期，投资者往往具有如下的心理现象：

1. 失去掌控感。投资人在牛市中的美好掌控感荡然无存，根本无法控制正在失去的利润。

2. 出现羞愧感甚至负罪感。在股市中大量赔钱，使自己觉得愧对家人。

3. 失去自信。投资人不再满怀信心，而是感到心惊胆战。

4. 恐惧加恐慌。不敢买股票，即使买了也“拿”不住。

正是由于到了熊市末期，恐怖和恐慌的气氛有增无减，蔓延在股市中。因此，平日里那些股票投资的“高手”可能也会茫然失措，正是在这样的环境下，那些曾经的绩优股票也开始进入快速杀跌的阶段。此时，大多数投资者谈股色变，有些人甚至痛恨股票，发誓终身不入股市。

然而那些经验丰富的战略家却不这么看，他们凭借自己的经验判断，此时熊市的底部正在逐渐形成，开始战略性建仓。

美国股神巴菲特就有一句名言：“当别人贪婪时我恐惧，当别人恐惧时我贪婪。”

正事凭借着多年的经验和极强的定律，那些战略家们成了股市中笑到最后的胜利者。

他们能有如此巨大的成就，与他们对股市的轮回看得非常透彻，他们可能不在乎一段时间的得失，只要认准了熊市后期的明显特征，他们就会出动大量的资金建仓，享受之后巨大的牛市的理论。

作为普通投资者的我们，对于熊市后期的研究尤为重要，因为我们没有像巴菲特那样雄厚的资金实力，如果我们在熊市中买入过早，到了真正的熊市末期来临，我们便没有资金补仓。所以，这样的策略对于我们普通投资者并不是十分的高效。因此，我们不但要研究熊市后期股票的特征，还要能够精细化地判断在熊市的何种位置实施操作。只有做到精细化的操作，才能为我们带来低风险和高收益。

第三节　熊市后期股价出现新低后的投资思路

在熊市的后期，虽然许多绩差股可能已经提前见底了，但是伴随着大盘创下熊市的新低，其实大多数股票都会跟随大盘在熊市后期创出新低，这是比较常见的现象，这个现象也正说明恐慌情绪还在继续。所以，在此时，许多投资者很难在短时间内把角色转变过来，他们往往还沉浸在恐慌的氛围中，一时半会已经不敢在大幅买入股票，而事实往往是，经历了熊市的末期，股票便会进入牛市初期，此时正是建仓的绝佳时机，如果不重视这是的建仓机会，大盘就会逐渐离开了低价位区间。

根据我们在第四本书第六章，如何选择先涨股与后涨股这一章的分析中，我们知道，在牛市的第一阶段，买入那些业绩优异的周期型股票很容易给我们带来不错的收益。

按照本章江恩在熊市后期操作策略的指示，对于股价在熊市后期出现下跌的股票，或是股价在下滑了两年或 3 年后又跌至了一个新低点的股票，如果在熊市行情的开始阶段就跌至了新的低位，那么股价就不大可能会再下跌很多。交易规则应该是：如果股价下跌至一个新的低点，而随后反弹到比之前的底部高3个点时，就预示着这只股票结束了下跌，抛盘也已经得到消化，这只股票正在为趋势再次向上积蓄能量。此时，我们就应该从下跌的恐慌氛围中解脱出来，冷静地买入符合上述条件的业绩优良基本面优秀的周期类股票，争取获得不错的收益。

下面我们就来看几个具体的案例。

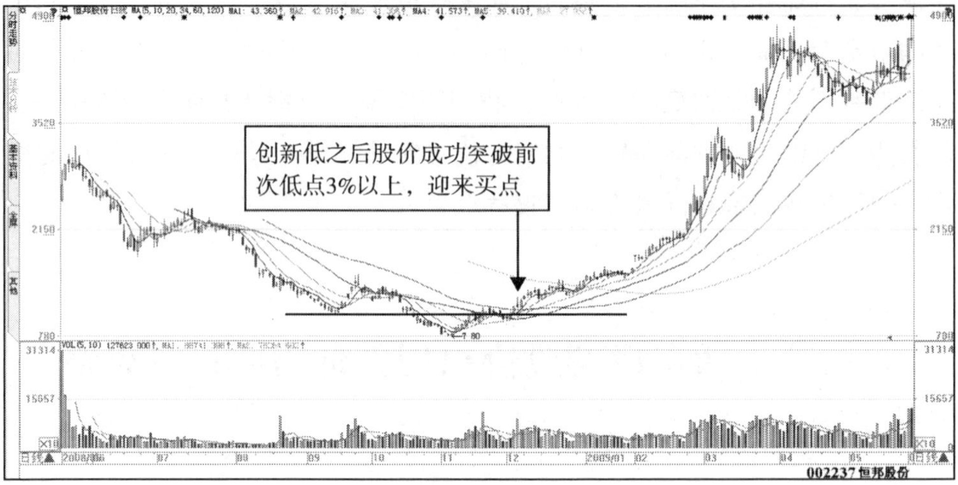

图7-1

恒邦股份（002237）是一家从事黄金探、采、选、冶及化工生产的公司。经牟平县体改委1994年2月6日批复同意，公司由原牟平县黄金冶炼厂发起、以定向募集方式设立。1994年2月18日，公司在牟平县工商行政管理局注册成立，成立时公司名称为“牟平县东方冶炼股份有限公司”。1997年6月26日，山东省经济体制改革委员会确认公司基本符合我国《公司法》的要求，并随文向公司颁发了山东省股份有限公司批准证书，确认公司由原牟平县黄金冶炼厂发起、以募集方式设立。1997年7月14日，公司根据要求在山东省工商行政管理局重新办理了工商登记手续，并更名为“山东东方冶炼股份有限公司”。2003年8月7日，公司名称变更为“山东恒邦冶炼股份有限公司”。2008年5月，恒邦股份登陆深圳交易所，发行2400万股，募集资金6.2352亿元。

图7-1是恒邦股份自上市以来至2009年5月的日K线图。我们知道

2008年的金融危机，使上证指数下跌了71%，而在2008年5月上市的恒邦股份自然也难以幸免，自上市以来至2008年11月，恒邦股份共下跌了73%，在恒邦股份的下跌过程中也形成多个底部，2008年9月中旬，恒邦股份形成一个底部位置，随后进行了几天的反弹之后，股价再一次跌破了这个底部位置，2008年10月28日，上证指数见到本轮下跌以来的最低点1664点。但是此时的恒邦股份并没有创出最低点，而是直到2008年11月7日，恒邦股份才创下这轮下跌的最低点，伴随着大盘的反弹，恒邦股份也逐渐上涨，2008年12月上旬，恒邦股份成功越过2008年9月的那次阶段低点，并且稳定在这次低点的上方3%之上的位置，根据江恩的熊市后期新低估交易规则，此时正是我们购买恒邦股份的大好时机。果然，随后恒邦股份跟随大盘快速上攻，至2009年3月底，涨幅已经达到了289%之多。

恒邦股份能有如此骄人的表现，还有赖于其基本面因素的刺激，下面我们就拉看看恒邦股份的基本面的亮点。

1. 硫酸价格的剧烈上涨给公司带来丰厚的收益。

尽管公司硫酸成本不断上升，但硫酸的生产毛利仍然接近60%。我们按2008年硫酸均价1400元/吨，公司硫酸生产成本650元/吨左右计算，公司2008年仅硫酸毛利就达2.4亿元，对公司2008年EPS直接贡献为1.311元/股。另外，公司的硫酸业务可归属为资源综合利用项目，可属于国家的减免所得税收项目，我们建议公司去申请硫酸业务的税收减免，如果这一块税收能够获得减免，将进一步增厚公司业绩。

子公司通过硫酸生产出磷肥能够抵抗硫酸价格波动的风险，目前产量约为6万吨。募投项目投产后白银和电解铜产量增长较大，利润水平比较可观。

2. 黄金业务稳定发展。

自产金产量平稳增加公司自供原料产金保持平稳增长。预计2008—2010年这部分产金分别为2.1吨、2.3吨、2.4吨；外购原料产金2008—2010年分别为4.3吨、5.06吨、10.4吨。而黄金总产量2008—2010年分别为9.8吨、10.9吨、16.68吨。

3．黄金价格走高有利于业绩增长。

2008年三季度末以来全球金融风暴日渐动荡，黄金作为资金的避险买盘，价格被重新推高。从streettrack的持仓发现，三季度基金的黄金净买入大幅增长。展望四季度，我们认为金价获得进一步上扬，有赖于金融危机的进一步扩大化或深入化，由此刺激黄金投资需求的增加。

由于恒邦股份的典型的周期性行业特征和其充分符合熊市后期技术面投资特点的双重因素作用下，使得恒邦股份在熊市初期走出一波较大的上涨行情。

我们来看案例二。

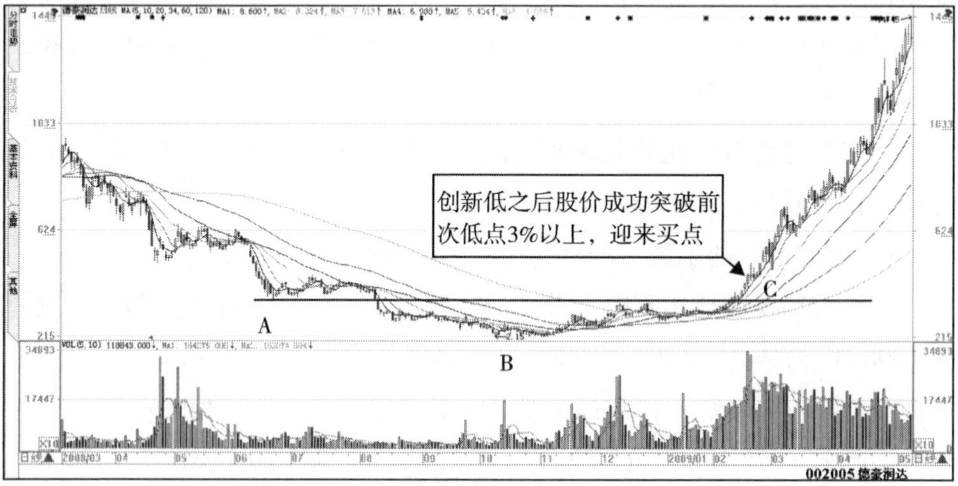

图7－2

德豪润达（002005）是一家从事小家电系列产品的研究、开发、制造及销售的公司，经广东省人民政府办公厅2001年8月6日粤办函〔2001〕493号文、广东省经济贸易委员会2001年8月24日粤经贸监督〔2001〕733号文批准，广东德豪润达电气股份有限公司由珠海华润电器有限公司的5家股东即珠海德豪电器有限公司、珠海通产有限公司、深圳市百利安投资发展有限公司、王晟、胡长顺作为发起人，以珠海华润截至2001年8月31日的经信永中和会计师事务所有限责任公司审计的净资产额人民币7500万元，按照1∶1的比例折为7500万股股份变更设立。2004年6月，德豪润达在深圳交易所上市，发行总股本为2600万股，融资4.732亿元。

图7-2是德豪润达自2008年3月以来至2009年5月的日K线图。通过该图我们发现，在2008年金融危机的影响下，德豪润达逐渐下跌，至2008年6月中旬，形成了上图所示的A低点，德豪润达经历了1个多月的反弹之后，股价再次走入下降通道，直到2008年的10月中旬，德豪润达才达到了本轮下跌的最低点，图中所示的B处，虽然2008年10月之后，上证指数开始了逐步上涨的行情，但是德豪润达只是缓慢涨幅并不大，也没有突破之前下跌中形成的A低点，直到2009年2月下旬，德豪润达开始放量上攻，一举突破了上一轮熊市中形成的低点A点上方3%以上。此时，也达到了我们在熊市后期股价出现新低之后的买入规则，此时，正是我们从技术面判断后的大好的介入时机。随后，德豪润达不负众望，在之后的3个月时间里上涨了两倍以上，在一年多时间里上涨了6倍以上。

当然，德豪润达等能够取得如此傲人的涨幅，与其基本面的质地息息相关，下面我们就来看看它的基本面情况。

1. 进军LED新兴产业。

德豪润达计划向公司控股股东珠海德豪电器有限公司以及战略投资者芜湖经开区光电产业投资发展有限公司、芜湖市龙窝湖建设开发有限公司和芜湖远大创业投资有限公司等共计4家公司非公开发行1.6亿股，发行价格为9.54元，共募集资金近16亿元，用于公司全资子公司芜湖德豪润达光电科技有限公司LED产业化项目。

公司LED产业化项目涉及了LED产业的上、中、下游三部分，一是LED照明项目（下游），这一项目总投资为5.33亿元，项目建设期为两年，项目建成后将形成汽车灯、船用灯等专用灯具100万套、室外灯具20万套、室内灯具500万只的产能，年均销售收入将达到18亿元，利润为2.1亿元；二是LED封装项目（中游），该项目计划投资5.7亿元，建设期为3年，设计产能为年产50亿只大功率芯片封装器件，项目达产后年年均销售收入将达到19.2亿元，净利润达到2.74亿元；三是LED芯片项目（上游），该项目计划投资5亿元，建设期为两年，涉及产能为年产50亿只可见光LED芯片，项目达产后年均销售收入将达到4.87亿元，利润为

0.79 亿元。

2. 主营业务盈利能力提升。

公司小家电业务盈利能力提升，内销增 50%。公司以前主营业务是小家电，为我国最大的三家小家电出口企业之一，过往三年由于人民币持续升值，此项业务盈利能力有限，去年四季度由于金融危机出现亏损。今年以来，公司积极拓展国内市场，本年内销有 50% 以上的增长。同时因为原材料价格下跌，公司产品毛利率大幅度提升。前三季度，毛利率从 13.4% 上升到今年的 19.0%，上升了 5.6 个百分点，极大地提升了公司的盈利能力。加上公司从二季度正式进入 LED 行业，形成三季度单季实现利润 2800 万元，EPS 为 0.09 元，预计 2009 年净利润在 6000 万元左右，EPS 为 0.19 元。

从 2008 年较大亏损到 2009 年业绩逐步扭亏为盈，正是公司基本面的逐渐好转，才使得德豪润达的股价能够在一年多的时间里扶摇直上，创造一年多时间上涨 6 倍以上的神话。

下面我们来看案例三。

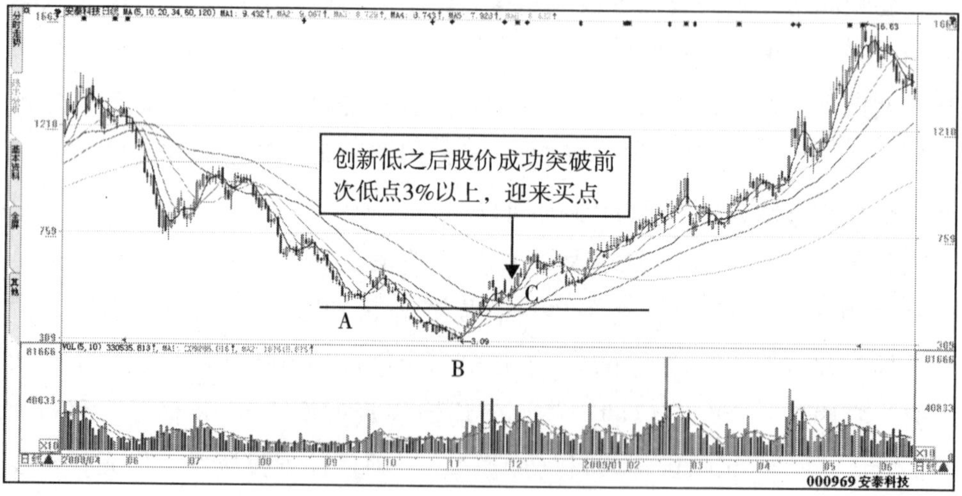

图 7-3

安泰科技（000969）是一家以新材料与制品以及技术、生产装备的研究、开发、设计、生产和销售；相关技术开发、技术转让和技术咨询服务；企业自产产品及技术出口业务；经营本企业生产所需原辅材料、机械设备、仪器仪表及技术的进口业务；开展对外合作生产、“三来一补”业务为主营业务的公司。公司由主发起人钢研总院以原下属北京市钢研新材料总公司等三家全资子公司的全部资产及在宜昌黑旋风锯业有限责任公司的30%权益经评估确认后的净资产投入股份公司，联合其他五家发起人（以现金出资），共同发起设立的股份公司，于1998年12月成立，并于1999年3月获得自营进出口权。2000年5月，安泰科技登陆深圳交易所，发行总股本6000万股，融资8.988亿元。

图7－3是安泰科技自2008年4月初至2009年6月的日K线图。在2008年熊市中，安泰科技也是下跌惨烈，在形成图中所示的A点的低点之后，安泰科技反弹了7个交易日之后，再次加速下跌，直到2008年11月，安泰科技才见了2008年熊市的最低点，图中所示的B处。随后，安泰科技跟随大盘回升，至2008年12月中旬，安泰科技便突破了之前下跌所形成的低点A点，达到了我们在熊市后期股价出现新低股票的买入规则，买入位置即为图中所示的C处附近。此后，安泰科技，走出了一波较大的上升浪，4个多月上涨了近两倍。

作为一只中盘股，能有如此的表现，确实来之不易，下面我们就来看看安泰科技的基本面的亮点。

2009年3月2日，中信证券分析师罗延军发布了对安泰科技的调研简报，内容如下：

经过近一年的跟踪，公司先进技术产业化进程又向前了一步，我们依旧看好非晶项目在配电领域的节能作用，也将能给公司带来业绩上的突破投资要点：公司连续10年保持增长，营业收入突破30亿元，同比增长15.31%，归属上市公司股东的净利润达到1.48亿元，同比增长7.3%，每股收益0.34元，略低于我们预测，主要源于超硬材料（金刚石制品）海外业务受金融危机影响，非晶项目进展慢于我们预期半年左右（非标设备调试＋奥运会）和汇兑损失及财务费用上升较快。新兴项目进展情况，公司“年产4万吨非晶带材及制品项目”首条1万吨生产线已进入热试阶段，热试完成即可开始试生产，后续3万吨产能的两条生产线的技术优化方案，并进入了设备定制阶段；“高性能难熔材料及制品产业化项目”已完成厂房及附属办公用房建设；“高品级聚晶金刚石材料及高档专业金刚石工具产业化项目”土建工程已全部完成，工艺设备已完成订货，部分设备已提前投入使用，这三个项目，按公司计划，2009年所有项目要达到预定可使用状态即投产状态，我们预测二季度完成非晶项目由热试进入试生产，后续三条线的调试时间将远少于第一条线，年底4万吨生产线将进入投产阶段。管理费用、营业费用增幅都小于收入增幅，公司在业务整合及内部管理方面得以改善，股权激励（17.52元/股）的实施有助于公司在先进技术产业化方面加大力度，在业绩上寻求突破。公司目前项目都处于调试期，资金压力比较大，拟发可转债的募集资金为7.5亿元，主要为了偿还银行贷款（4.2亿元），其余的投资特种合金精密带钢项目（1.2亿元），补充流动资金（2亿元）。给予公司强烈推荐的投资评级。明年业务将进入募投项目收获期，我们预测公司2009—2011年EPS为0.43元、1.04元、1.26元，净利润复合增长超过30%，作为一家拥有自主知识产权能够给行业带来革命性突破的公司，我们给予10年25～30倍市盈率，未来6～12月的目标价格为26.0～31.2元。风险提示：河冶科技免税期已过，能否继续享受优对公司业绩有一定影响，公司非晶项目还处于调试阶段，试生产效果还需进一步跟踪。

2009年3月10日，上海证券分析师朱立民也发布了对安泰科技的调研简报，内容如下：

报告目的：安泰科技是我们2009年年度策略中推荐的十大政策受益投资组合股票之一。在公司2008年度报告公布后，我们撰写公司深度报告，补充说明我们在2009年对它进行推荐的理由。

主要观点：非晶带材市场潜力极大，较取向硅钢更具性价比非晶带材与取向硅钢相比有明显的节能优势；非晶合金变压器比取向硅钢变压器更具性价比；非晶带材的制造环节与投资效益明显优于取向硅钢；行业龙头日立金属拟再扩大两倍非晶带材产能。

金刚石工具项目和难熔材料及制品项目技术可靠性高金刚石工具项目是原有项目的扩产和产业升级；高性能难熔材料及制品项目拥有自主知识产权和成熟技术。

股权激励大局已定，影响股价上行的因素已不存在股权激励方案已获证监会和股东大会通过，为未来3年设定财务业绩考核指标下限。

三大募集资金投资项目2009年年底之前建成投产三大募投项目建设期推迟主要是受召开奥运会的影响，将在2009年6月底前完成投资、年底前建成投产。

虽然这两家证券公司的研报撰写人各不相同，但是他们都着重提到了安泰科技的新兴项目，公司“年产4万吨非晶带材及制品项目”首条1万吨生产线即将投产的情况，这也是安泰科技的基本面亮点，随着这些新项目的逐渐上马，安泰科技的股价也会节节攀高。

对于熊市后期股价出现新低的股票操作，我们只要把握住基本面和技术面的双重关口，在我们既定的买入位置介入，一般来说，我们都是可以获得非常不错的收益的。

我们再来看一个案例。

华孚色纺（002042）是一家主营纯棉纱线、混纺纱线、纯棉坯布、混纺坯布等的生产和销售的公司。2000年10月，经安徽省体改委（皖体改函〔2000〕79号）、安徽省人民政府（皖府股字〔2000〕第37号）批准，由安徽飞亚纺织集团有限公司作为主发起人，以其下属的全资企业淮北第二纺织厂生产经营性资产出资，联合淮北市国有资产运营有限公司、安徽省国有资产运营有限公司、上海东华大学科技园发展有限公司、淮北印染集团公司及上海市纺织科学研究院等其他5家发起人，共同发起设立本公司。公司于2000年10月31日登记注册，注册资本6000万元。2005年4月，华孚色纺在深圳交易所挂牌上市，发行4000万股，募集资金1.52亿元。

图7－4是华孚色纺自2008年5月至2009年6月的日K线图。2008年12月，华孚色纺越过了在之前熊市的次低点A点，成功突破了A点以上

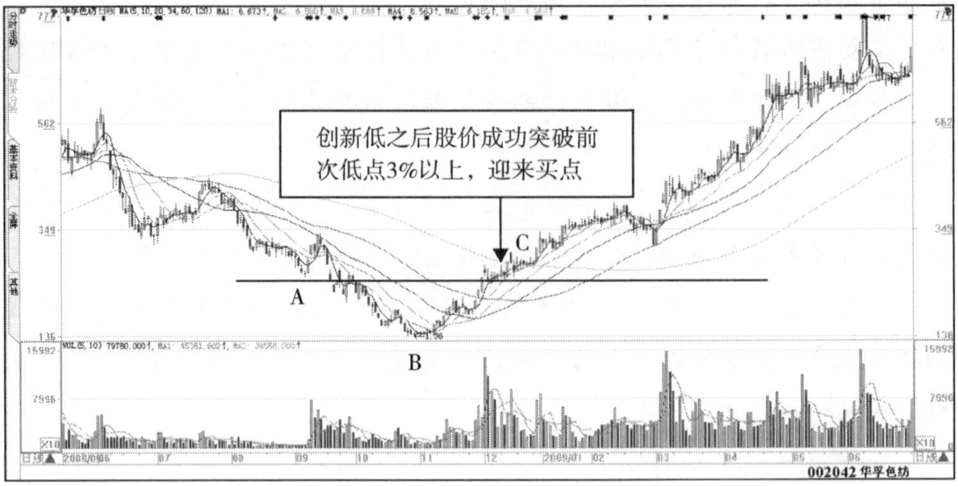

图 7-4

3% 的位置，达到了我们的买入位置，随后该股票在接下来的几个月里上演了翻倍行情，华孚色纺的故事还没有结束，在 2008 年熊市底部至 2010 年 10 月这 2 年多的时间里，华孚色纺股价上涨了 8 倍以上，创造了一个奇迹。

下面我们就来看看推动华孚色纺股价上涨的基本面的催化剂。

我们先来看看 2009 年 3 月 11 日申银万国分析师吕琪和王华发布的华孚色纺的研究简报，内容如下：

投资要点：华孚控股入主，飞亚股份浴火重生。随着飞亚股份经营持续恶化，淮北市国资委于 2008 年 1 月向华孚控股出让持有的飞亚集团 100% 国有股权，华孚控股成为公司的实际控制人。2008 年 5 月，飞亚股份拟通过非公开发行 13511.1 万股普通股收购华孚控股、华人投资以及其他 8 位自然人合计持有的包括深圳华孚进出口有限公司 100% 股权、华孚控股所持江西华孚纺织有限公司 40% 股权、浙江缙云华孚纺织有限公司 29.7% 股权以及浙江金棉纺织有限公司 37.5% 股权，合计资产作价 12.61 亿元，增发价 9.33 元/股。飞亚股份于 2009 年 1 月更名为华孚色纺，转生为全球第一大色纺纱生产企业。色纺纱具有环保时尚特性，前景广阔。色纺纱先染后纺，不同于传统纺织工艺流程，主要应用于针织衣物，生产技术难度更高，小批量多品种特性使其具有更高附加值，且更加环保，符合现代衣着的发展趋势，未来发展前途广阔。资产整合后业绩大幅提升，估值水平具有吸引力。预计公司将于二季度实现资产合计并表，2008 年公司年报表示公司 2009 年将力争实现 EPS 为 0.77 元，我们保守预计合并报表后公司 2009 年、2010 年实现 EPS 为 0.71 元、0.78 元，目前股价具有明显吸引力。行业龙头，前景看好，估值便宜，给予"增持"评级。随着色纺纱全球领先的华孚控股入主飞亚股份，公司基本面获得明显改善，我们认为华孚色纺将继续在色纺纱领域做强做大，未来前景值得看好。目前二级市场股价低于大股东增发价为 9.33 元/股，对应 2009 年 PE 仅 12 倍，PB1.2 倍，估值便宜，我们保守给予公司 2009 年 15 倍 PE，1.5 倍 PB，公司合理股价为 10.65 ～ 11.15 元，给予"增持"评级。

申银万国对华孚色纺评价颇高，认为重组后的华孚色纺其股价严重低估，2009—2010 年预期的估值水平非常低，给予增持的评级。

为了全面了解该公司的基本面状况，我们再来看天相投资分析师对华孚色纺的调研简报：

公司 2009 年第一季度实现营业收入 6362 万元，同比增长 71.61%；营业利润亏损 310 万元，亏损额同比大幅缩小 88.18%；归属母公司净利润亏损 124 万元，亏损额同比大幅缩小 95.20%，基本每股收益亏损 0.01 元，好于预期。

公司 2009 年一季度业绩好于预期，归属母公司净利润亏损额同比大幅缩小 95%，主要得益于：色纺纱技改完成，公司生产恢复正常、产品结构优化（色纺纱销售增加）；费用的大幅下降。

产品结构优化拉动营业收入同比增长 72%。2009 年一季度，公司完成色纺纱技术改造工程，生产恢复正常，色纺纱销售增加，压缩了传统白纱产品的业务比重，产品结构逐步优化；而去年同期公司 1、2 月份改制停产，营销产品销售，具备低基数效应。

毛利率同比提升6个百分点。公司2009年一季度综合毛利率为-3.95%，同比大幅提升6个百分点。由于技改刚完成，公司色纺纱产品质量方面尚有一定缺陷，影响了产品的盈利能力。但可以预见的是：随着公司色纺纱业务的逐步成熟，毛利率水平将迅速提升。

三项费用均大幅下降。由于公司生产情况步入正轨，折旧、水电等费用计入制造费用，当期管理费用同比大幅降低84%。公司色纺纱产品主要销售给浙江华孚色纺，该关联交易使得销售费用同比降低41%。公司现金流正常，贷款规模相应降低，同时贷款利率亦有一定幅度的下降，公司财务费用同比下降72%。

公司2009年一季度业绩好于我们预期，我们上调2009—2010年EPS至0.05元和0.12元（原为0.01元和0.08元）。我们预计2009全年净利润将扭亏为盈，主要得益于：预计盈利能力较强的色纺纱产品的占比将持续提高，这将明显改善公司纱线板块的盈利能力。

毛利率将持续回升。公司色纺纱业务逐步成熟，毛利率水平将逐步提升。

费用率大幅下降。三项费用均将延续2009年第一季度的下降趋势。

定向发行股份购买资产将如期完成。公司预计2009年上半年将完成定向发行股份购买资产事宜，假设2009年5月1日为资产交割日，公司上半年将实现净利润4500万～5000万元。

盈利预测和评级。假设资产交割如期完成，我们预计公司2009—2010年的摊薄每股收益分别为0.77元和0.90元，以4月17日收盘价11.05元计算，对应的动态市盈率分别为14X和12X，仍具备一定的估值优势，维持“增持”评级。

从申银万国和天相投资的分析报告中我们都可以得出华孚色纺这样明确的基本面信息，公司重组以及进入落实阶段，2009年和2010年的业绩有了充分的兑现预期，相对于目前华孚色纺的股价，估值严重偏低，正是由于华孚色纺基本面的根本性变化，才使得公司股价在两年多的时间里上涨了8倍有余。

这也告诉我们，在我们操作股票时，不仅仅要关注其技术面的买入位置，更要从基本面上进行全面细致的分析，只有把两者完美地结合起来，我们才能在资本市场上获得更好的收益。

第八章

牛市中弱势形态的股票

熊市中，一些股票的股价在下跌至极限低点后会出现反弹。如果在下一轮牛市行情的开始阶段，这些股票反弹的时间只维持了2～3个月，随后股价就再也无法突破第一次反弹的最高点，说明这些股票处于弱势形态。

——江　恩

与美国股票市场不同的是，在中国股市，对于大部分的股票，普通投资者只有做多的权利，却不能自由地做空。如果说在美国许多投资者对于弱势股票的研究是为了做空的需要，那么在中国，我们研究弱势股票就是为了给投资者在牛市中提高警惕，避免买到这样弱势形态的股票而导致在大好的行情中获得不理想的收益。这就是我们研究牛市中弱势形态股票的原因。

牛市中的弱势股票不仅仅是在熊市转变为牛市初期的一种形式，在牛市个股阶段中都会有不同程度的弱势股票。在本章里，我会带大家去看看牛市不同阶段的弱势形态股票，帮助大家在牛市中尽量避免买到这样的股票。

第一节　弱势形态股票概述

一、弱势股的含义

弱势股是强势股的对称，其整体表现恰与强势股相反。所谓弱势股，就是成交量较小、换手率偏低的股票。它在行情中的表现是，大盘反弹时其反弹不力，而大盘下跌时却很容易下跌。

一旦被界定为弱势股，则对其补仓应慎之又慎。因为我们补仓操作不是为了进一步套牢资金，而是要尽快将套牢的资金解套出来，在不能确认补仓之后股市会走强的前提下，匆忙在所谓低位补仓，风险其实是很大的。确认了强势股，敢于不断对强势股补仓才是资金增长、收益增加成功的关键。

下面我们就来看一位朋友的一次操作股票案例。

汉王科技（002362）是一家具有强大技术研发实力的公司，其主营业务包括智能人机交互领域的手写输入和识别为起点，依托自主研发的手写识别技术（识别手写文字的软件技术）、笔迹输入技术（输入手写信息的

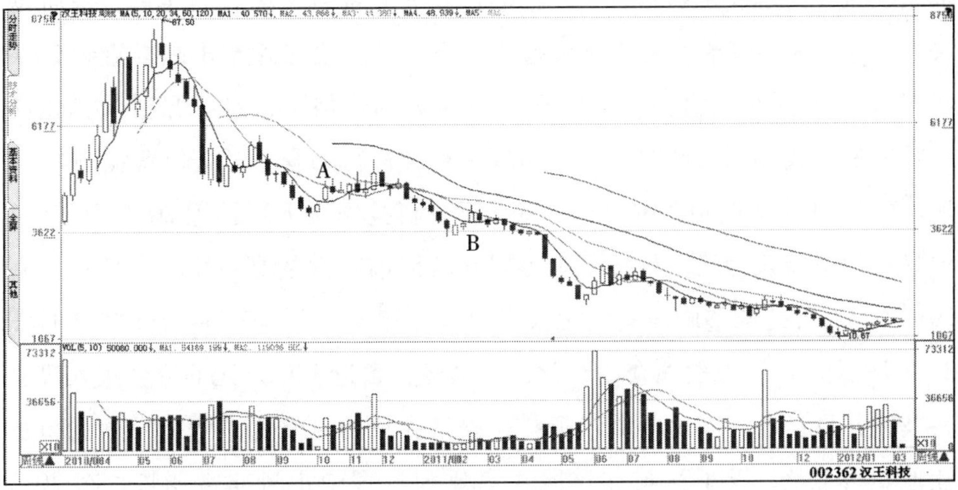

图 8－1

硬件技术)、OCR 技术和嵌入式软硬件技术等四大核心技术，逐步开发出一系列适合自身技术特点和市场需求的产品和服务。该公司是经北京市发改委京发改〔2005〕2609 号“关于同意汉王科技有限公司变更为汉王科技股份有限公司的函”批准，由原汉王科技有限公司整体变更设立的股份有限公司，公司以 2005 年 8 月 31 日经审计的账面净资产 80051396. 29 元按 1∶1的比例折为8005. 1396 万股，余额0. 29 元计入资本公积。2005 年12 月19 日，公司取得变更后的企业法人营业执照，注册号为 1100001514024 号。

2010 年 3 月，汉王科技登陆深圳交易所，发行 2700 万股，筹资 11. 313 亿元。我们的故事就从这里讲起。

2010 年 2 月，笔者和一位朋友凑巧一起出差去上海，飞机上派发了一些财经类的报纸，以供消磨时间，我们各自拿了一份。当时报纸上以一个版面大肆报道和介绍了汉王科技即将上市这件事情，和我一起同行的这位朋友就跟我聊起这个股票，说他觉得这个股票非常好，技术先进，有些动心了，当时我也没太在意，这次的事情就这样过去了。

2010 年 3 月 3 日，汉王科技股票上市，我那朋友也就在关注那只股票，可能是他当时出于对大盘不看好的缘故，总之当时他就没有买到这只股票。随后，汉王科技两个多月上涨了 1 倍以上，这段时间，我时常听我那朋友跟我提起汉王科技，碍于当时汉王科技涨幅太大，我也就没有太多关注了。后来，随着大盘进入调整浪，汉王科技也是逐步下跌，直到2010年10月，眼看汉王科技已经跌至上市附近的价格了，刚好当时大盘也是一片向好，我那朋友此时便逐步对汉王科技进行加仓，加仓位置在图8－1所示的A处，虽然到2010年11月，汉王科技确实上涨接近20个百分点，但是，他坚持认为汉王科技至少可以在涨回前一次的高点附近。所以，在2010年11月的调整中没有卖出汉王科技，相反的，他又在2011年2月图8－1所示的B处再次加仓，至此，他已经花费近100万元的资金买入汉王科技，并且信心满满地等着汉王科技绝地大反击。然而，随后发生的事情让他始料不及，汉王科技在这段大盘反弹过程中走势非常弱势，在2011年4月之后便加速下跌，至2011年5月，汉王科技已经距他第一次买入位置下跌了57%了，这两次买入让他损失惨重。

事后再一次闲谈中，我那个朋友才跟我讲述了他买入汉王科技的辛酸经历，虽然对他来说，这些亏损的资金只是他资产的一小部分，但是这样无谓的损失也让他比较心痛。

其实，在当时的振荡市场环境下，我们纵观汉王科技这只股票，自2010年10月以后，就基本可以判断这只股票是处于弱势形态之中的了，我们观察汉王科技在每次大盘反弹的阶段涨幅都非常有限，是一只十足的弱势股，对于这样的股票我们应该尽量去回避他，而不是继续加仓买入。

二、弱势股的特征

弱势股一般有这样的特点：

1. 大盘涨，它微涨或横盘；大盘跌，它比大盘跌得还快；大盘止跌，它继续小跌；大盘反弹，它不反弹。强势股总是涨跌互现，整体攀升，不时地掀起波澜，带给人希望和收获；而弱势股却有很大一部分时间是在盘整。

2. 弱势股盘整的结果，要么是在某天突然跳个水，在更低价位上继续盘整，要么是进入阴跌，绵绵无期。

第二节 判断牛市各个阶段的弱势股

对于牛市各个阶段的弱势股我们可以分为这么几个类别，牛市初期的弱势股，牛市中期的弱势股和牛市末期的弱势股。

牛市初期的弱势股是指江恩在本章开始阶段所说的弱势股，熊市中，一些股票的股价在下跌至极限低点后会出现反弹。如果在下一轮牛市行情的开始阶段，这些股票反弹的时间只维持了 2 ～ 3 个月，随后股价就再也无法突破第一次反弹的最高点，说明这些股票处于弱势形态。

这种类型的股票在大牛市中非常少见，因为大牛市持续时间长，那些一开始弱势的个股总有机会在之后爆发起来，那么在大牛市中，这样的现象多半发生在牛市初期，在时间持续很短的牛市中，这样的状况往往经常发生，遇到这样的股票，我们应该在其没有突破之前形成的高点之前，保持观望的状态，切不可贪便宜买入这样类型的股票。

下面我们就来看几个案例。

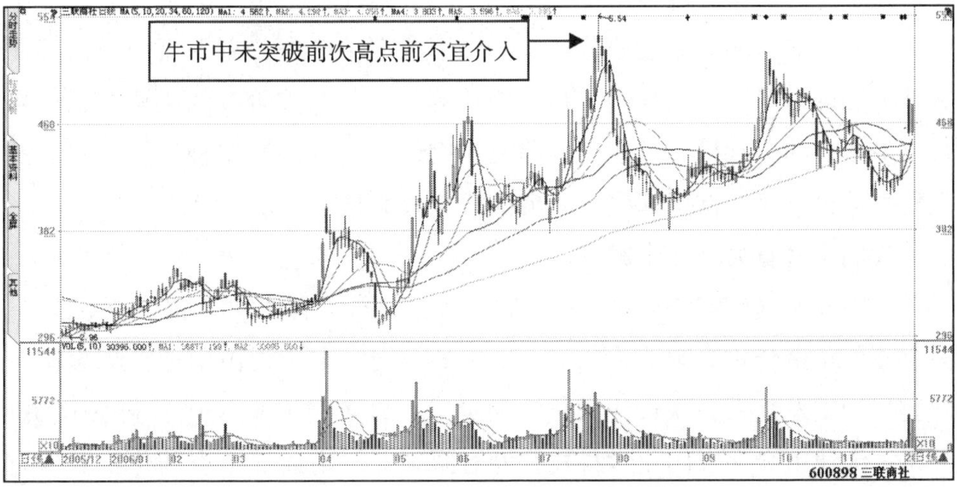

图 8 –2

三联商社（600898）是一家主营家电类商品、通信类商品和信息类商品的公司，公司前身是郑州市百货文化用品公司，1987 年 6 月在郑州市百货公司和郑州市钟表文化用品公司合并的基础上组建成立。1988 年 12 月组建成立郑州市百货广化用品股份有限公司，并公开发行股票 400 万元。1992 年 7 月，更名为郑州百文股份有限公司（集团）。1996 年 4 月，三联商社在上海交易所上市，发行 7825 万股。

图 8 –2 是三联商社自 2005 年 12 月至 2006 年 12 月的日 K 线图。从上图可以看出，在 2005 年进入牛市以来，三联商社股价涨幅并不大，可以说是滞涨的品种，2006 年 7 月下旬，公司股票形成明显的高点，之后进入调整中，此时，市场中许多股票已经有了很大的涨幅，要想找到例如三联商社这样类型的股票，实在是不容易。所以，很多投资者会在三联商社调整阶段的 2006 年 8 月和 11 月介入这只股票，虽然之后三联商社最终突破之前的高点，并且涨幅惊人，但是在其股价未突破前次高点之前，我们只能视为股票处于调整格局之中，此时的股价能否上涨，还具备很大的不确定性。因此，在三联商社调整的弱势阶段，我们最好的策略就是等待其走出调整格局形成突破之后在参与，当然我们也可以选择那些已经突破了前期高点的股票去购买。

在牛市行情中，赚钱的最重要的原则就是操作牛市中的强势股，而不是买入股价滞涨的弱势股票苦苦等待，因为在牛市中，在大盘分股票都在突破上涨的情况下，而我们一旦去苦苦等待那些调整阶段的股票，我们将会错过太多的获利机会，这样，即使我们最后等待的股票补涨了，我们的复利收益也是大幅低于那些买入突破股票收益策略的投资者的。

我们再来看另外一个案例。

江山股份（600389）是一家从事化学农药、有机化学品，无机化学品、高分子聚合物等制造、加工、销售的公司。本公司由南通精华集团有限公司为主发起人，联合沈阳化工研究院、江苏省农业生产资料（集团）公司、天津市绿保农用化学科技开发有限公司、南通江山农药化工股份有限公司工会共同发起设立。1999 年 8 月，公司向主发起人回购股份后，注册资本变更为 11000 万元。2001 年 1 月，江山股份登陆上海交易所，发行

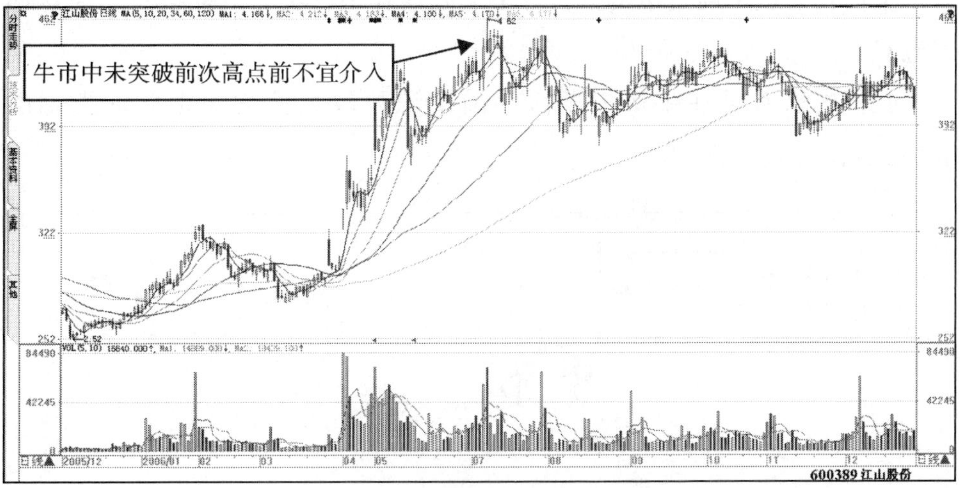

图 8－3

4000 万股，募集资金 2.8 亿元。

图 8－3 是江山股份自 2005 年 12 月至 2006 年 12 月这段时间的日 K 线图。从图中可以看出，江山股份自 2006 年 7 月初形成阶段高点以来，走势逐渐趋弱，一直处于振荡盘整的行情中，此时是我们观望的时机而非买入的时机，尽管最后江山股份也是突破了此高点，但是在牛市中，个股没有走强之前，我们不应该在股票进入较长期的调整中去介入一只股票。一般来说的牛市调整买入，是针对几个星期甚至几天的调整周期的，而江山股份的调整周期显然过长。

通过三联商社和江山股份的案例，我们要学会正确地处理在牛市走势呈弱势的股票，对于这样类型的股票，我们更多是要去观望，而不是在其较长的调整周期中就过早地介入。

牛市中期的弱势股，我们可以将其分为两类，第一类是指在牛市初期的一段时间表现非常出色，但是到了牛市中期却已经透支了其涨幅的股票类型，第二类是指整个牛市表现都处于整理状态，股票并没有充分激活的弱势股。

第一种弱势股票可能在后面的牛市后期都难以有很好的表现，但是第二种弱势股，可能在牛市的后期迎来爆发，这一点需要区别对待。

下面我们就来通过案例分析一下遇到这样两种类型的股票我们应该如何应对。

我们先来看看在牛市中期因为前期涨幅较大而逐渐走弱的类型的股票。

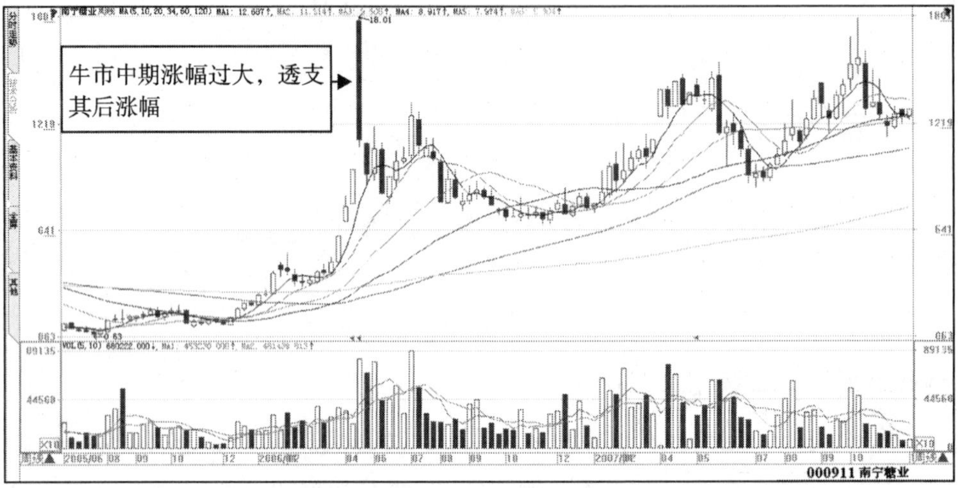

图 8－4

南宁糖业（000911）是一家主要从事机制糖、酒精、文化用纸、蔗渣浆的生产、加工、销售和提供售后服务等的公司。公司独家发起人南宁统一糖业有限责任公司是1997年1月合并组成独资企业。经广西壮族自治区人民政府“桂政函〔1998〕75号”文批准，统一糖业作为独家发起人通过重组后，将其与制糖、酒精和文化用纸生产相关的主要经营性资产折股投入，拟以募集设立方式设立股份有限公司。1999年5月，南宁糖业登陆深圳交易所，发行5600万股，募集资金2.3576亿元。

图8－4是南宁糖业自2005年6月至2007年10月的周K线图。透过该图，我们发现，虽然南宁糖业在2005年6月至2005年12月期间，涨幅并不大，但是从2006年年初开始，南宁糖业便开始加速上涨，短短19周内股价上涨了7倍以上，令人咂舌，但是，在2006年5月中旬创下新高之后，南宁糖业的股价开始回落，陷入了漫长的调整格局，而且直到2007年10月，南宁糖业的股价再也没能创下新高，试想，如果我们要是在南

宁糖业进入调整阶段介入该股，到牛市末期，我们也许能获得几十个点的收益，但是错过的却是其他如日中天上涨的强势股。因此，对于在牛市中期涨幅过大，陷入较长期调整格局的个股，在没有明确的创出新高之前，我们不能因为贪图其走势，风险小而介入，这样的策略是非常不明智的，正确的做法是，对于这样的股票，在牛市后期，只要不是强势突破了之前的高点，我们都要警惕，再者，这样的股票即使突破了之前的高点，我们也还要根据基本面等情况进行综合分析，看起股价是否已经大幅高估，如果发现这些股票的股价已经严重高估，同样不适合购买，在牛市中期，我们应该多多关注那些之前涨幅不大，突破前期高点正处于攻击形态的强势股，而不是死守这些调整中的弱势股。

我们继续来看一个案例。

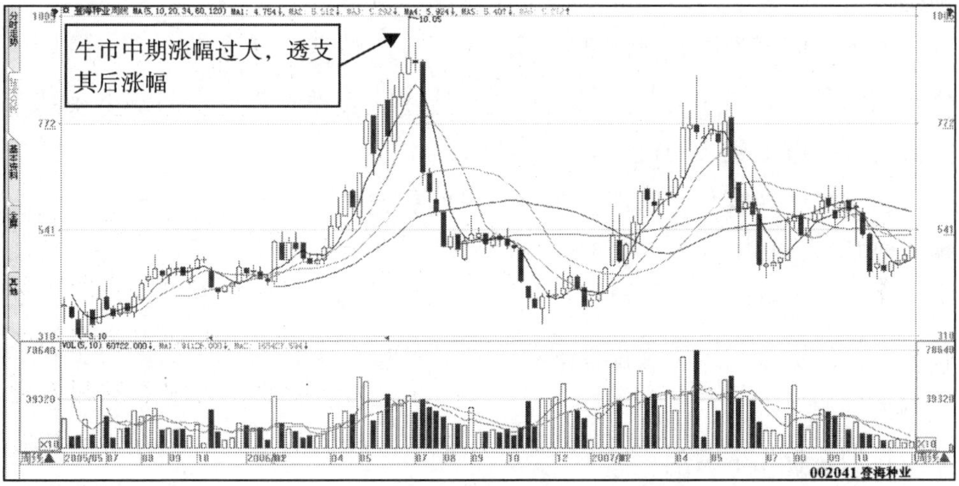

图 8－5

登海种业（002041）是一家以“登海”、“西白”等自育玉米杂交种、大白菜杂交种为主，具有种子选育、生产、经营相结合为主营业务的公司。公司是由莱州市登海种业（集团）有限公司整体变更设立的。莱州市登海种业（集团）有限公司的前身是莱州市登海种业有限公司。1998 年 7 月，莱州市农业科学院以所属远征种子公司设立莱州市登海种业有限公司，公司注册资本 1027. 7 万元，股东两名。莱州市农业科学院出资 707. 7

万元，占注册资本的68.86%；李登海以实物资产出资320万元，占注册资本的31.14%。2000年12月8日，根据山东省人民政府鲁政股字〔2000〕49号批准证书批准，莱州市登海种业（集团）有限公司采取整体变更的方式变更为山东登海种业股份有限公司。2005年4月，公司登陆深圳交易所，发行2200万股，募集资金3.674亿元。

图8-5是登海种业自2005年5月至2007年12月的日K线图。从图中我们可以清晰地看到，登海种业在2005年6月至2006年3月这段时间，其股价走势并不起眼，累计涨幅只有51%，而从2006年3月底至2006年6月底这段时间，登海种业加快了上涨的脚步，这段时间登海种业上涨了92%，我们一看涨幅，却也不算涨幅过大的品种，但是，作为刚上市1年多的次新股，在牛市中能有如此的表现，实属不易，随后，登海种业进入调整行情，在整个牛市过程中再也没有创下新高。

如果我们因为该股之前涨幅不高，而且调整充分就大举介入，最后等待我们的只有悔恨和痛苦。我们会因为这样的弱势股毁掉我们在十年难遇一次的大牛市中赚钱的机会。

通过统计观察我们发现，在牛市中期有这样一个有趣的现象，那些表现一般甚至逆势下跌的弱势股，往往都是一些刚刚上市不久的新股，可能由于新股上市处于牛市中段，主力资金的目标股票基本都已经锁定，不便腾出更多的资金和经历去操作那些新股，这也是为什么牛市中新股表现往往不太好的原因。

我们来看几个案例。

新民科技（002127）是一家以丝绸及其原料业务，包括化纤纺丝、各类丝绸织品的织造和印染、丝绸服装制造、纺织助剂制造以及纺织品进出口贸易等为主营业务的公司。该公司系经江苏省人民政府苏政复〔2001〕48号文批准，由吴江新民纺织有限公司整体变更设立的股份公司，发起人为柳维特、吴江创业发展有限公司、周建萌、姚晓敏、陈兴雄、陈建华、杨信兴、姚明华、北京汇正财经顾问有限公司、苏州大学纺织技术开发中心。股份公司于2001年4月28日在江苏省工商行政管理局登记注册成立，注册号为：3200002101762，注册资本3847万元。吴江新民纺织有限公司

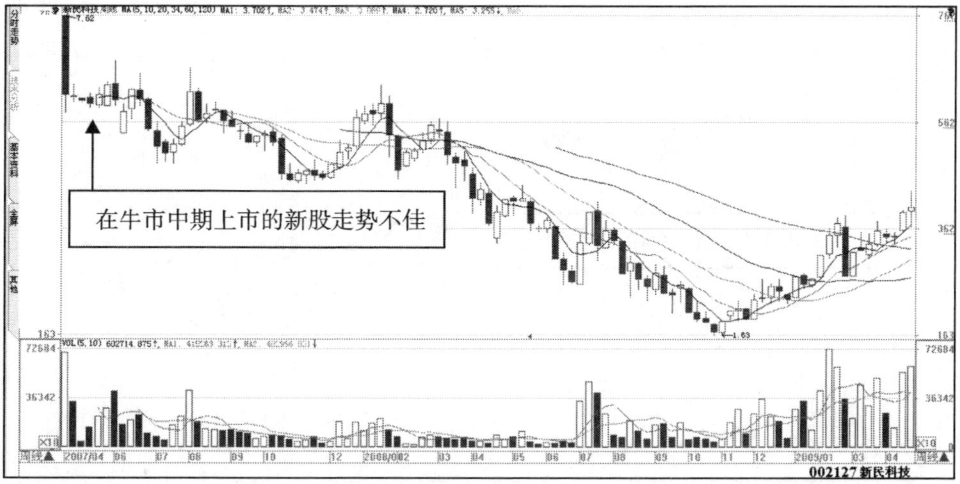

图 8－6

成立于 1999 年 7 月 12 日，是由原吴江新民丝织总厂 45 名中高层员工共同以现金出资 425 万元设立。2007 年 4 月 18 日，新民科技登陆深圳交易所，发行 2800 万股，募集资金 2.632 亿元。

图 8－6 是新民科技自 2008 年 4 月上市以来至 2009 年 4 月的周 K 线图。从图中我们可以看到，新民科技自上市之后，股价便开始缓缓下跌，至 2007 年 10 月底，新民科技的股价已经下跌了 39%，而同期大盘上涨了 59%，其这段时间的收益落后于大盘 98%，我想这也是因为牛市已到中期阶段，主力资金已经布局完善，对于这些次新股来说，可以布局的资金和做盘的时间都不充分，主力资金控盘度底，这也是导致在牛市许多新股上涨低的原因，对这样的股票，我们要敬而远之，虽然这些刚上市的新股基本面优良，业绩兑现没有问题，但是获得不了资金的青睐，我们不能因为其涨幅很低落后于大盘就期待这样的股票能够补涨，而买入他们，这样会给我们带来重大的经济损失。

我们继续来看一个案例。

银轮股份（002126）是一家从事机油冷却器、中冷器等热交换器以及相关零部件和系统的研发、生产和销售的公司。该公司于 1999 年 2 月 1 日经浙江省人民政府证券委员会浙证委〔1999〕11 号文批准设立。1999 年 3

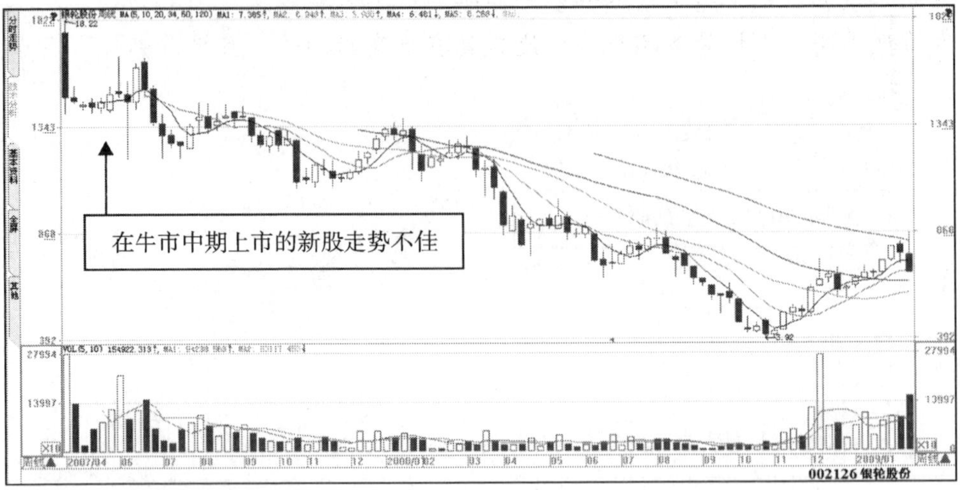

图 8－7

月 10 日在浙江省工商行政管理局注册登记，登记号为 3300001005508，注册资本为 1000 万元。2004 年 4 月 21 日经资本公积和未分配利润转增股本，公司注册资本增至 7000 万元。2007 年 4 月，银轮股份在深圳交易所上市，发行 3000 万股，融资 2.514 亿元。

图 8－7 是银轮股份自上市以来至 2009 年 1 月的周 K 线图。银轮股份与之前的新民科技在同一天上市，其股价走势也基本如出一辙，至 2007 年 10 月底，银轮股份股价下跌了 38%，同期大盘上涨了 59%，股价走势落后大盘 97%，可谓与新民科技同病相怜。在牛市中期，与他们相类似的股票还有很多，它们只不过是许多股票中的两个个体而已，这也从侧面告诉我们，在牛市市场中，我们一定要购买一件突破了的强势股票，对于那些走势不佳的新股，我们要坚决地予以回避，以免使我们的资金在牛市中造成亏损。

当然，牛市中期并不是只要走势弱势的股票就定没有希望，下面我们就来看几个在牛市中期走势偏弱，而在牛市末期突然走强的股票。

云煤能源（600792）是一家主营焦炭、焦炉煤气、煤焦油深加工和苯加氢深加工等产品的公司。2011 年 11 月 1 日之前，该公司名为＊ST 马龙，而在 2005—2007 年间，该公司还没有实行风险退市警示，叫做云南马龙，

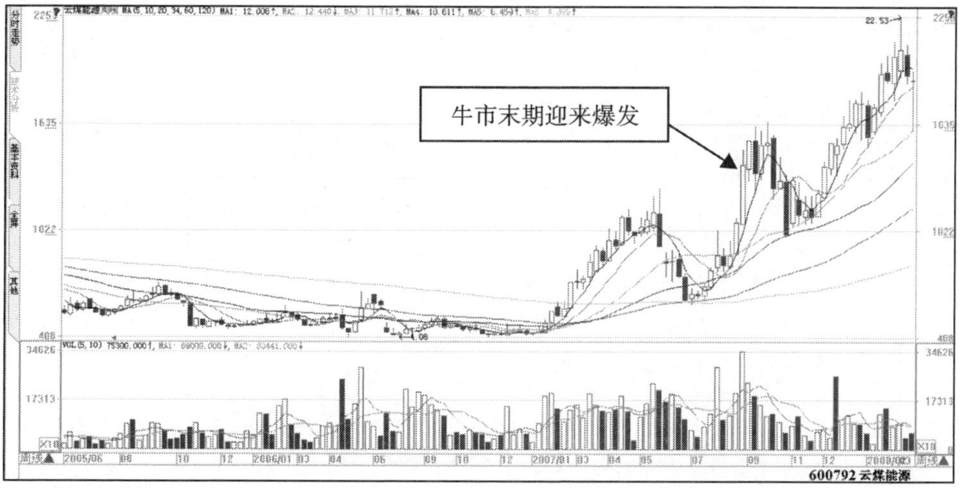

图 8-8

云南马龙化建股份有限公司由云南马龙化（集团）总公司发起，按募集方式设立，云南马龙化建（集团）总公司于 1994 年 8 月在原马龙县水泥厂、马龙县磷化工厂基础上组建。云南马龙 1997 年 1 月在上海交易所上市，发行 1500 万股，募集资金 7200 万元。

图 8-8 是云南马龙自 2005 年 6 月至 2008 年 3 月的周 K 线图。从图中我们可以看到，该股自 2005 年 6 月初至 2007 年 6 月末这两年多时间里，涨幅只有可怜的 11.6%，在整个牛市初期和中期可谓表现非常糟糕，但是自 2007 年 7 月开始，随着大盘进入牛市末期，云南马龙股价开始复苏，至 2008 年 3 月上旬，股价上涨了 229%，这样的涨幅，在牛市末期算是非常不错的了，对于那些在牛市初中起弱势的股票，一旦其基本面有所改善，股价突破前期的高点，走势变得强势起来，这样的股票在牛市末期走势就可能转强。

我们来看案例二。

广济药业（000952）是一家生产经营医药原料药、医药制剂、饲料添加剂，出口本企业自产的各类药的公司。公司的前身湖北省广济制药厂是湖北省医药总公司原料药定点生产厂家，始建于 1969 年；1993 年 3 月 18 日，经湖北省体改委鄂改生〔1993〕195 号文批准，由湖北省广济制药厂

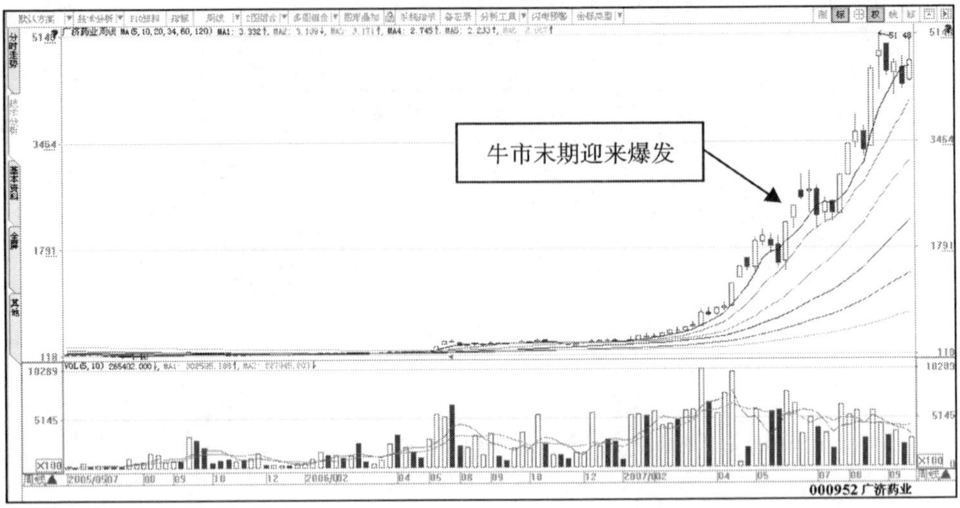

图 8－9

整体改制，与湖北回春制药厂、武穴市财振会计实业公司共同发起，以定向募集方式设立湖北广济药业股份有限公司。1999 年 11 月，广济药业登陆深圳交易所，发行 5000 万股，募集资金 2.515 亿元。

图 8－9 是广济药业自 2005 年 6 月起至 2007 年 9 月这段时间的周 K 线图。从图中我们可以看到，广济药业在 2005 年 6 月至 2007 年 4 月这段时间，涨幅并不是十分惹眼，属于牛市初中期滞涨股，而到了 2007 年 5 月之后，广济药业股价才开始快速上涨，也就是说，对于牛市初中期的弱势股，一旦蓄势完毕，强势突破前期的高点，走势形成强势，此时我们便要转变思路对待了。

牛市末期的弱势股，往往是那些在牛市前期和中期已经涨幅较大，在牛市从中期向末期转变过程中已经明显显示出弱势的股票。这样的股票由于之前涨幅已经巨大，透支了随后的涨幅，即便大盘在之后创出新高，这些股票也不会有创新高的表现，相反，牛市中期创下的最高点就成为这些股票在这一波牛市的最高点，这样类型的股票往往还具有这样的基本面特征，业绩一般，甚至有些股票业绩为负值，属于 ST 类的股票，一旦我们在牛市末期的初期就遇到明显走势弱于大盘，业绩一般，同时之前涨幅巨大的股票，我们应该坚决回避它们。

下面我们来看几个案例。

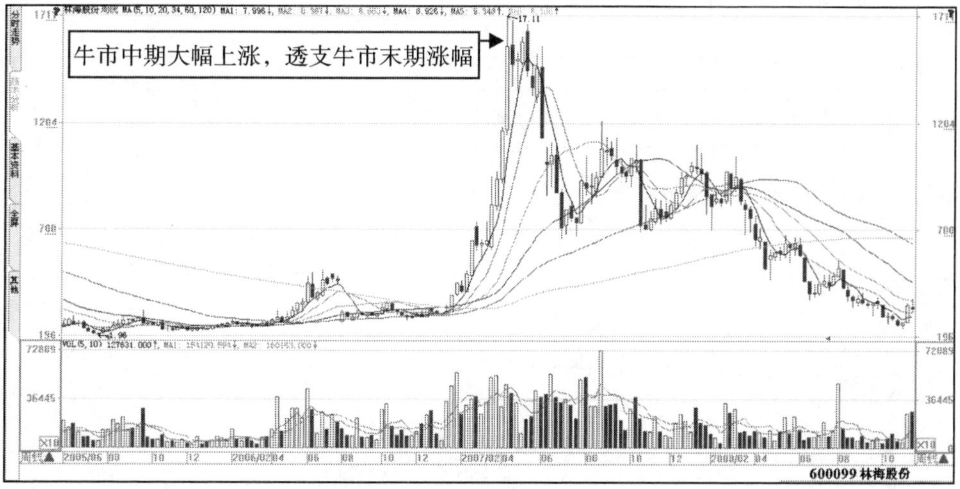

图 8－10

林海股份（600099）是一家从事园林机械、喷灌机械、木材采运设备、内燃机、摩托车、助力车、消防机械、微型汽车及以上产品配件的制造和销售，汽车自货自运业务的公司。公司前身为泰州通用机械厂，成立于1956年，1961年更名为林业部泰州林业机械厂。1996年又更名为泰州林业机械厂，现为中国福马林业机械集团有限公司（原中国林业机械总公司）之全资公司。公司独家发起人福马集团在对所属泰州林机厂进行分立改组的基础上，公开募集股份有限公司。1997年7月，林海股份登陆上海交易所，发行4000万股，募集资金2.426亿元。

图8－10是林海股份自2005年6月至2008年10月的周K线图。我们观察林海股份在2005年6月至2006年1月初的走势发现，在牛市初期，林海股份涨幅只有可怜的31%，然而，2007年1月中旬以后，林海股份的股价就像是坐上了发射的火箭，在短短的12周时间里，涨幅达到了近4倍，如此快速的上涨，使得该股在牛市中期透支了其涨幅，2007年4月下旬开始，林海股份就进入了调整空间，截至2007年6月底，林海股份下跌了55%，跌幅快赶上熊市情况了，在牛市末期，对于这样的股票，不管其跌幅有多大，我们也不能贪图小利而买入，要记住一句股市中的哲言：强

者恒强，弱者恒弱。对于这样的股票，我们要坚决回避之。

我们再来看一个案例。

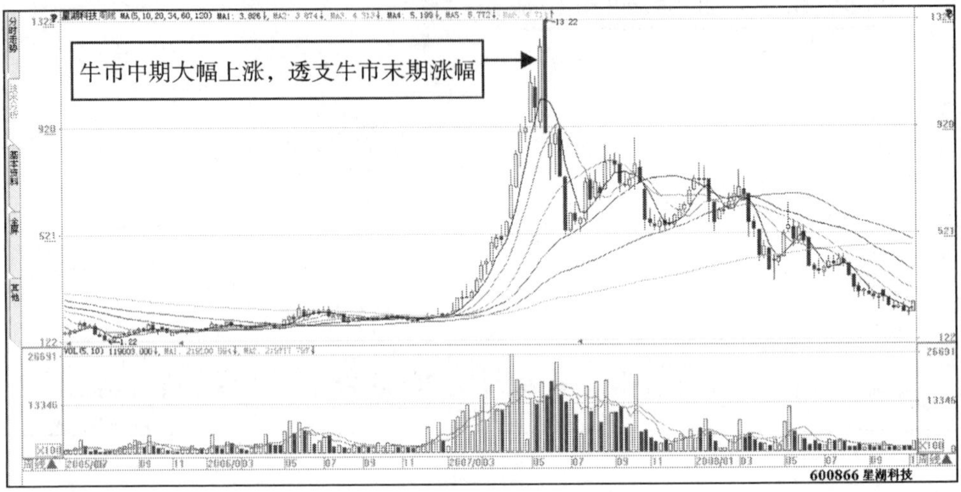

图 8－11

星湖科技（600866）是一家以生产、销售化学原料药、核苷（酸）类及氨基酸类生化产品；食用调味剂、调味产品等为主营业务的公司。公司前身肇庆地区微生物厂，1981 年更名为“广东肇庆味精厂”。1992 年 4 月始进行股份改组，将原公司经营性净资产 1700.8 万股折为 1700.8 万股国家股，肇庆市财政局以 1330 万股折为 1300 万股国家股；同年 4 月 18 日“广东肇庆星湖味精股份有限公司”宣告成立。1994 年 8 月，星湖科技成功在上海交易所挂牌上市，发行 1260 万股，融资 6652 万元。

图 8－11 是星湖科技自 2005 年 5 月至 2008 年 9 月的周 K 线图。从图中我们看到，自 2005 年 6 月至 2007 年 1 月这段时间里，星湖科技的股价仅仅上涨了 31%，在牛市初期属于滞涨股，然而这一切都在 2007 年 1 月中旬以后发生改变，该公司股价从 2007 年 1 月中旬至 2007 年 5 月下旬这 4 个多月的时间里，上涨了 450%，如此之快的上涨速度，令人咂舌。然而，在“5·30”事件之后，公司的股价在短短 5 周时间，下跌了 56%，在牛市末期，这样的股票也是我们一定要规避的品种，我们看到自此次下跌之后，星湖科技的股价逐步走低，再也没有上好的表现。

像这样的案例在牛市中期还有很多，我们不妨再看一个。

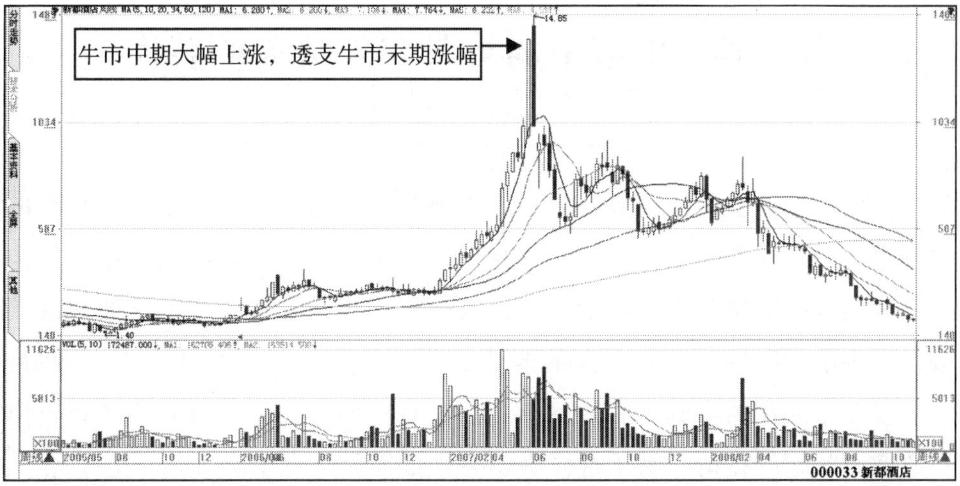

图 8－12

新都酒店（000033）是一家以酒店客房出租，餐饮及其他，场所出租和停车服务为主营业务的公司。公司前身中外合资振兴公司，始建于 1984 年 1 月。1993 年始进行股份化改组，在原有净资产折股的基础上，于 1993 年 30 日至 1993 年 10 月 29 日，发行公众股 3500 万股，职工股 700 万股，1993 年 11 月 15 日，“深圳新都酒店股份有限公司”宣告成立。1994 年 1 月 3 日，“深新都 A”在深交所上市交易，发行 4200 万股，融资 1.323 亿元。

图 8－12 所示的是新都酒店自 2005 年 6 月至 2008 年 10 月的周 K 线图。透过上面的周线图，我们可以发现，自 2005 年 6 月至 2007 年 1 月这段时间里，新都酒店涨幅平平，但从 2007 年 1 月中旬开始，新都酒店加速上涨，18 周时间上涨了 3 倍以上，然而，新都酒店并没有守住其涨股，2007 年“5·30”事件之后，新都酒店股价迅速下滑，7 周时间跌幅达到 55%，之后其股价虽然有反弹，但是都难以达到之前的高点，总是反弹高点一波低过一波，在整个牛市末期股价呈现逐渐下跌的走势，对于这样的股票，我们应该坚决敬而远之，不可盲目操作。

第三节　牛市中弱势股向强势股的转换

在牛市中，所谓的弱势股不是一直都会表现弱势，弱势股与强势股的关系也不是一成不变的，对于那些在牛市中期之后，涨幅巨大，在牛市末期表现弱势的股票我们是需要谨慎，但是对那些在牛市初期不久便表现弱势，在牛市中涨幅落后于大盘的弱势股票，他们并不一定就一直会弱势，这些股票可能在牛市的中后期逐渐走强，对前期高点形成有效突破，走出一波波澜壮阔的行情，对于这样由弱变强的股票，我们要跟踪关注，在其有效突破前期高点走势变强之后择机介入。

下面我们来看几个案例。

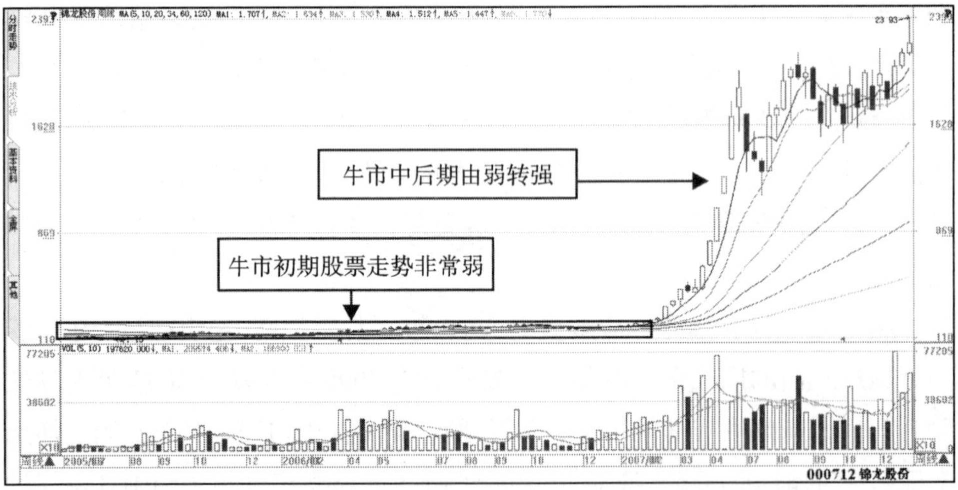

图 8－13

锦龙股份（000712）是一家从事自来水的生产和供应的公司。公司由清远市纺织工业总公司、清远市金泰化纤股份有限公司、清远市奥美制衣厂、清远市远德针织制衣厂、深圳市清泰威贸易有限公司等共同发起，并采用募集方式而设立。公司前身清远市纺织工业总公司，成立于 1988 年，注册资金1亿元。1997年4月，锦龙股份登陆深圳交易所，发行1670万股，融资1.2162亿元。

图8－13是锦龙股份自2005年6月至2007年12月这段时间的周K线图。从图中我们可以发现，自2005年6月至2007年2月这段时间，锦龙股份的股价走势都是非常弱势，一直处于横盘振荡整理阶段，这样的表现，在牛市初期，我们只能将其视为弱势形态，而2007年3月中旬开始，锦龙股份终于突破了之前的盘整平台，股价逐步由弱变强，这样的情况，与主力资金建仓的程度和该股票的基本面转变情况息息相关，突然由弱变强可能是因为主力资金建仓吸筹完毕，又或者是公司的基本面发生了转变，或者两者同时都有，在众多因素的刺激下，导致一些在牛市初期弱势的股票在牛市中期或者后期逐渐变成强势股。

下面我们来看看这些当时锦龙股份的基本面亮点。

1. 通过转让股权筹集资金，酝酿新的运作转型。

2007年1月19日，公司公告称以1.05亿元转让富麟公司、富鹏公司各26%股权。

锦龙股份公司第四届董事会第五次会议审议通过了公司《关于转让东莞市富麟实业有限公司26%股权的议案》以及《关于转让东莞市富鹏置业有限公司26%股权的议案》。

经公司第四届董事会第五次会议审议通过，公司于2007年1月5日签订协议，转让富麟公司26%的股权和富鹏公司26%的股权，股权受让方为君鑫公司。本次股权转让以截止2006年8月31日，经广东恒信德律会计师事务所有限公司审计的富麟公司、富鹏公司的净资产为主要依据溢价转让，转让价格分别确定为5775万元和4725万元。本次股权转让事项为非关联交易。

富麟公司、富鹏公司为我公司的参股企业，公司以上股权转让交易完成后，公司将不再持有富麟公司、富鹏公司的股权。

通过此次运作，公司增加了运行现金流，可能为公司的并购战略提供资金支援。

2. 收购金舜公司，进军房地产业，实行多元化投资策略，增加公司的主营业务来源。

公司2007年3月20日公告称，锦龙股份（000712）公司第四届董事会第六次会议审议通过了公司《关于收购东莞市金舜房地产投资有限公司51%股权的议案》。公司拟收购东莞市金舜房地产投资有限公司（下称“金舜公司”）51%股权，股权转让方为东莞市荣富实业有限公司（下称“荣富实业”），收购价格以经广东中广信资产评估有限公司评估的金舜公司的净资产价值为依据，按照51%的股权比例确定。锦龙股份已于2007年3月19日在清远市与荣富实业签订合同，收购荣富实业持有的金舜公司51%的股权。

东莞市金舜房地产投资有限公司成立于2006年11月30日，位于东莞市凤岗镇雁田村镇田北路，是一家有限责任公司，法定代表人为邓照祥，注册资本为1000万元，公司主要从事房地产投资。

金舜公司的股权结构为：荣富实业占51%股权，广东东荣正明投资有限公司占49%股权。

本次股权收购暨关联交易完成后，金舜公司的股权结构变更为：锦龙股份占51%股权，广东东荣正明投资有限公司占49%股权。

金舜公司是一家成立于2006年11月30日的房地产项目公司，金舜公司拥有位于东莞市凤岗镇雁田村8.7万平方米的商业用地。东莞市凤岗镇东、南、西三面与深圳辖区接壤，雁田村则是凤岗镇离深圳最近的区域，距深圳罗湖口岸仅18公里，到深圳机场及港口仅30分钟车程，随着深圳大外环高速、博深高速、清平高速等深圳市外围道路的规划建设，凤岗镇承接深圳经济辐射的区位优势更加明显。金舜公司拥有的商业用地位于雁田村中心商业区域，周边配套设施完善，开发潜力巨大，金舜公司计划将该片商业用地开发成凤岗镇的标志性高尚大型商住小区。

金舜公司拥有位于东莞市凤岗镇雁田村中心商业区域的商业用地，周边配套设施完善，具有成熟的开发条件和较高的商业开发价值。

金舜公司将于2007年对该商业用地进行开发筹备工作，并于2008年全面启动该房地产项目的整体开发。收购金舜公司51%股权的关联交易，有利于提高我公司的盈利能力和抵御市场风险的能力，有利于公司长远的发展。

此次收购秉承公司一直以来既定的发展战略，目的是通过收购金舜公司，将开发条件优越、开发经济潜力高的优质土地储备资产装入上市公司，形成本公司未来新的利润增长点，有利于公司未来的稳健经营和持续发展。

3．业绩大幅增长。

2007 年 4 月 13 日公告指出，锦龙股份 2007 年 1 ～ 3 月每股收益 0.26 元，每股净资产 2.99 元，净资产收益率 8.68%，营业收入 5357.71 万元，同比下降 33.33%，净利润 3956.39 万元，同比增长 22 倍。

业绩大幅增长，也是其股价转弱为强的坚强后盾。

4．进军金融业，进一步拓展盈利渠道。

公告称，锦龙股份公司已于 2007 年 6 月 1 日在东莞市与东莞市城信电脑开发服务有限公司和东莞市金银珠宝实业公司分别签订了股权转让意向书，东莞市城信电脑开发服务有限公司和东莞市金银珠宝实业公司有意向将其分别持有的东莞证券有限责任公司（下称“东莞证券”）各 20% 的股权转让给本公司。签约各方约定，以经具有证券从业资格的中介机构对东莞证券评估、审计的结果作为作价参考依据，以便进一步商定转让价款并签订正式的股权转让合同。如能达成上述交易，我公司将持有东莞证券 40% 的股权。

虽然仅仅是一家主营自来水生产和供应的公共事业的上市公司，但是公司却一点也不保守，公司实施了一系列的战略化运作，进军房地产，入主收益稳定的东莞证券，与此同时，公司业绩也在蒸蒸日上，正是在这些利好下，公司股价才由弱转强，变成了涨幅惊人的公共事业类的上市公司。

我们再来看一个案例。

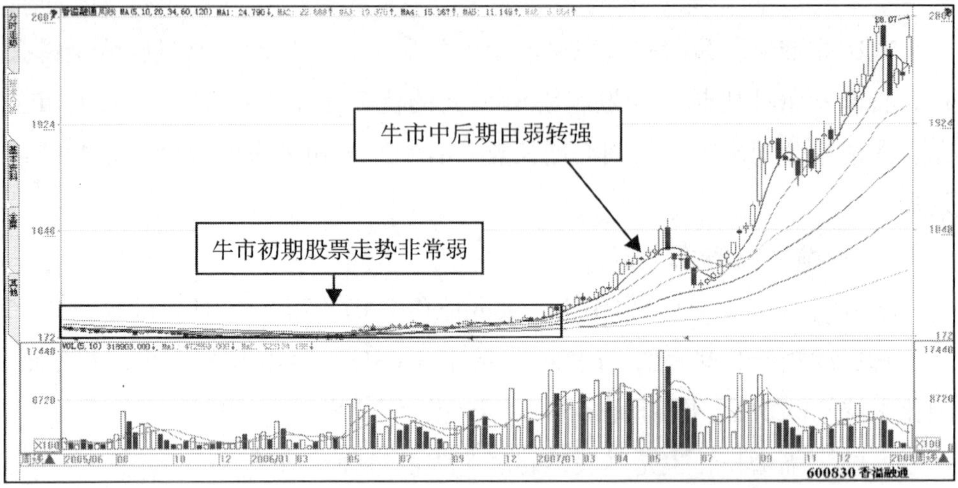

图 8－14

香溢融通（600830）是一家主营商业、广告、进出口、餐饮服务、娱乐及旅游等业务的公司，公司前身宁波市郡庙企业总公司的经营实体，创建于 1982 年。1992 年 9 月，联合中国农业银行宁波市信托投资公司、宁波海曙市场建设公司、宁波海发实业公司等 12 家单位共同发起，设立宁波城隍庙商城股份有限公司。1993 年 5 月，公司更名为“宁波城隍庙商场股份有限公司”。1994 年 2 月，公司在上海交易所成功上市，发行 1270 万股，募集资金 6606 万元。2008 年 5 月 26 日之前，香溢融通名为大红鹰。

图 8－14 是大红鹰自 2005 年 6 月至 2008 年年初的周 K 线图。从图中可以看，2005 年 6 月至 2007 年 1 月这段时间里，香溢融通表现令人沮丧，这段时间香溢融通上涨了 27%，而上证指数上涨了 163%，其走势可谓严重落后于同期大盘，然而自 2007 年 1 月下旬之后，大红鹰股价开始复苏，并且越过了前期的盘整平台，至此开始了其上涨的步伐，从 2007 年 1 月中旬至 2008 年 1 月中旬的 1 年时间里，大红鹰股价上涨了 701%，这段涨幅远远领先于同期的大盘和其他大部分股票。大红鹰能够在牛市中由弱变强，告诉我们强势股和弱势股并不是一成不变的道理，它们在一定的条件之下是可以互相转换的。

大红鹰能够取得如此惊人的涨幅，与其基本面的催化作用有着莫大关系，接下来我们就来看看当时大红鹰的基本面亮点：

1. 股改获得通过。

2006年10月25日，公司发布公告，公告称：S大红鹰公司股权分置改革方案已经由召开的公司股权分置改革相关股东会议审议通过。公司股权分置改革的方案为向实施登记日登记在册的全体流通股股东每10股定向转增6.6股，股权分置改革方案实施A股股权登记日为2006年10月20日；

股权分置改革的通过，使得公司综合竞争力进一步提高，使得公司管理层更加积极，为公司进入规范化的股份制企业提供了强有力的保证。

2. 公司业绩快速增长。

大红鹰一季报称，2007年1～3月每股收益0.036元，每股净资产1.547元，净资产收益率2.329%；实现主营业务收入27997.6万元，同比增长19.36%，实现净利润1313.21万元，同比增长154.648%。

半年报显示，大红鹰2007年1～6月每股收益0.102元，每股净资产1.559元，净资产收益率6.518%；实现营业总收入7.07亿元，同比增长35.19%，实现净利润3703.16万元，同比增长115.892%。

正是业绩的不断增长使得的大红鹰的股价上涨才有了十足的底气。

3. 定向增发提高公司的综合竞争力。

2007年8月13日，大红鹰发布了有改观定向增发的公告，公告指出大红鹰公司五届临时董事会会议通过了关于公司符合非公开发行A股股票条件的议案。

同意公司向浙江香溢控股有限公司、中天发展控股集团有限公司非公开发行股票，发行股票数量为9000万股，计划募集资金62640万元。

此次定向增发的通过，为进一步扩大和提升公司在融资及融资服务业务的规模，做大做强主营业务，提高公司的盈利能力，有利于促进公司持续发展。

对于那些在牛市前期或者中期走势较弱的股票，我们应该用理性的思维去对待它们，一旦这些股票走势变强，而且基本面情况也符合我们的投资逻辑，我们可以在其突破前期高点之后大胆介入。

第九章

回调或反弹不足2～3个月的股票

根据经验，在牛市中，一只股价处于上升过程中的股票进入回调，其回调的时间不会超过2～3个月，其股价往往会在第三个月恢复向上的趋势。相反，一只处于下跌过程中的股票，若其股价出现下跌后反弹，那么其股价往往会在第三个月继续下跌。

——江　恩

本章开头部分江恩对于牛市和熊市中回调和反弹的论述是对牛市和熊市中回调和反弹周期规律的总结，虽然只有寥寥数字，但是已经一针见血的切中了牛市中的回调和熊市中的反弹规律的要害，在本章里，我们会为大家更为具体细致的解读这个规律所带来的指导意义，帮助我们在牛市和熊市中能以更好的心态去应对股市的涨涨跌跌。

第一节　牛市中回调不足 2 ~ 3 个月的股票

所谓“牛市”，英文（bullmarket），也称多头市场，指证券市场行情普遍看涨，延续时间较长的大升市。此处的证券市场，泛指常见的股票、债券、期货、期权（选择权）、外汇、基金、可转让定存单、衍生性金融商品及其他各种证券。其他一些投资和投机性市场，也可用牛市和熊市来表述，如房市、邮（票）市、卡市，等等。

一、牛市一词的来源

说法一

就目前所有的资料来看，在 1785 年的英国，一本叫做《小街交易所指引》的书上，已经出现牛和熊这两个名词。但是，当时牛、熊的意义跟现在不同，当时的伦敦证券交易所叫做小街交易所，简称小街。

从这本书作者的说法，可以看出 200 多年前牛跟熊的意义比现在明确多了。牛不是指希望股市上涨的人，而是等于今天靠保证金买入股票却遭到亏损的人。荷兰的郁金香交易所早在 17 世纪中叶，就已经发明了保证金制度，但是 1785 年的伦敦，买股票似乎不用保证金，“牛”可以身无分文，就买入股票，希望在必须缴款前卖出获利。根据当时的做法，一个人即使全部财产不到 10 英镑，也可以在伦敦的证券交易所大买股票，例如，这个人可以在3月时购买价值4万英镑、在5月交割股款的股票，融资倍数高达四五千倍。

这个人在结算前，可以想尽办法，把自己买入的股票卖出去，解脱肩上超级沉重的负担。如果整个市场牛群聚集，他就找不到接手的人，就会遭到重大亏损，因此在付款之前，他必须跑遍整个交易所，从一家号子逛到另一家号子，找人接手，他心中充满希望和恐惧，表情阴晴不定，情绪低落、满脸不高兴、脾气不好，跟牛的行为差不多，因此这种作手被人称为“牛”。

在200多年前熊不只是抱持悲观看法的作手，还是实际放空的人，也就是卖出一批股票或公债，同意在未来的某一个时间交出他实际上没有的东西，因此他不断地要找人，希望低价买入他未来必须交出来的证券，因此对所有不幸的新闻、坏消息、能够压低证券价格的谣言等，他都会很高兴，十足表现出幸灾乐祸的样子。

因此，当时要分辨牛和熊很容易，表情沉重、忧郁的人一定是牛，不断东张西望，拿坏消息吓人的人一定是熊。牛希望股价上涨，熊希望股价下跌。后来的人可能因此把上涨的股市叫做牛市，下跌的股市叫做熊市。

说法二

据记载，这两个股市术语出现于19世纪早期美国股市。首先出现的是熊，在1709年就有所记载，最早指因为预计股价会跌就卖掉将来才发行而现在还没到手的股票，这样就使得投机商可以较低的价格购入股票。这样的投机商就被称为牛皮批发商，源自词组sell the bear’s skin before one has caught the bear。慢慢的，这个词组就表示对于股价越来越不乐观。为了区分市场的升跌，他们把健步向前的牛作为涨升的象征，寓意向上的趋势不可阻挡，而把倔强好纠缠的熊作为下降的象征，表示下跌结束的遥遥无期，牛市的用法出现于1714年，也是受到了熊市的影响而产生的。

说法三

因为牛是往上攻击（牛角往上顶），所以代表多头市场，代表利多和股价往上走；熊是往下攻击（熊掌向下挥）代表空头市场，代表利空和股价下跌。

说法四

牛市，又称为多头市场，是指证券市场上价格走高的市场。其相反为熊市（空头市场）。称为多头市场或牛市的原因，是因为价格上扬时市场热络，投资人与证券经纪人挤在狭小的证券交易所中，万头攒动，如传统牛市集的圈牛群一般壮观，故戏称之为牛市。牛在西方文化中是财富与力量的象征，源于古埃及。空头市场又称为熊市（Bearmarket），指证券市场上，价格走低的市场。熊市的名称，来自美国西部拓荒时代，美墨边境的牛仔闲暇时常常比赛马、斗牛，或是抓灰熊来斗牛，围观下注作娱。后来美国人就把熊和牛视为对头动物。既然多头市场称牛市，空头市场就戏称熊市。并不是真的曾有“熊市集”。史上最有名的熊市是 1930 年的美国经济大恐慌。

二、牛市三时期

牛市第一期

与熊市第三期的一部分重合，往往是在市场最悲观的情况下出现的。大部分投资者对市场心灰意冷，即使市场出现好消息也无动于衷，很多人开始不计成本地抛出所有的股票。相反，有远见的投资者则通过对各类经济指标和形势的分析，预期市场情况即将发生变化，开始逐步选择优质股买入。市场成交逐渐出现微量回升，经过一段时间后，许多股票已从盲目抛售者手中流到理性投资者手中。市场在回升过程中偶有回落，但每一次回落的低点都比上一次高，于是吸引新的投资人入市，整个市场交投开始活跃。这时候，上市公司的经营状况和公司业绩开始好转，盈利增加引起投资者的注意，进一步刺激人们入市的兴趣。

牛市第二期

这时市况虽然明显好转，但熊市的惨跌使投资者心有余悸。市场出现一种非升非跌的僵持局面，但总的来说大市基调良好，股价力图上升。这段时间可维持数月甚至超过一年，主要视上次熊市造成的心理打击的严重程度而定。

牛市第三期

经过一段时间的徘徊后，股市成交量不断增加，越来越多的投资人进入市场。大市的每次回落不但不会使投资人退出市场，反而吸引更多的投资人加入。市场情绪高涨，充满乐观气氛。此外，公司利好的新闻也不断传出，例如盈利倍增、收购合并等。上市公司也趁机大举集资，或送红股或将股票拆细，以吸引中小投资者。在这一阶段的末期，市场投机气氛极浓，即使出现坏消息也会被作为投机热点炒作，变为利好消息。垃圾股、冷门股股价均大幅度上涨，而一些稳健的优质股则反而被漠视。同时，炒股热浪席卷社会各个角落，各行各业、男女老幼均加入了炒股大军。当这种情况达到某个极点时，市场就会出现转折。

牛市形成原因

股票市场上买入者多于卖出者，股市行情看涨称为牛市。形成牛市的因素很多，主要包括以下几个方面：

经济因素：股份企业盈利增多、经济处于繁荣时期、利率下降、新兴产业发展、温和的通货膨胀等都可能推动股市价格上涨。

政治因素：政府政策、法令颁行或发生了突变的政治事件都可引起股票价格上涨。

股票市场本身的因素：如发行抢购风潮、投机者的卖空交易、大户大量购进股票都可引发牛市发生。

三、牛市中回调不足 2 ~ 3 个月的股票研究

牛市中，大方向是向上的，在牛市没有明确终结之前，每一次的回调都是在为下一阶段的上升积蓄能量。所以，牛市中一般回调的时间都不足 2 ~ 3 个月，大盘又会重拾升势，这是由牛市中大环境是向上涨的性质所决定的。

接下来我们就来看看中国股市自 1990 年 12 月 19 日诞生以来牛市中大盘的上涨和回调情况的统计，从统计中我们去发现一些牛市中调整的规律。

表 9 – 1

分析交易日和涨跌幅									
上涨趋势									
上证指数 1990/12/19 至今所有上涨趋势中的上升段									
小周期									
上涨段					调整段				
时间区间		交易日	换手率	涨幅	时间区间		交易日	换手率	跌幅
底	顶				顶	底			
1990 – 12 – 19	1991 – 01 – 14	18	266	40	1991 – 01 – 14	1991 – 05 – 17	87	970	21
1991 – 05 – 17	1991 – 07 – 01	32	615	29	1991 – 07 – 01	1991 – 07 – 15	11	372	3
1991 – 07 – 15	1991 – 09 – 17	47	1160	42	1991 – 09 – 17	1991 – 09 – 30	10	525	5
1991 – 10 – 03	1992 – 05 – 26	164	1756	619	1992 – 05 – 26	1992 – 11 – 17	124	448	72
1992 – 11 – 17	1993 – 02 – 06	63	191	279	1996 – 12 – 11	1996 – 12 – 25	11	40	27
1994 – 07 – 29	1994 – 09 – 13	33	291	204	1999 – 06 – 30	1999 – 12 – 27	123	157	23
1996 – 09 – 13	1996 – 12 – 11	61	263	64	2000 – 08 – 22	2000 – 09 – 25	25	35	11
1996 – 12 – 25	1997 – 05 – 12	86	310	73	2001 – 01 – 08	2001 – 02 – 22	24	22	10
1999 – 05 – 17	1999 – 06 – 30	33	130	59	2005 – 09 – 20	2005 – 10 – 28	24	29	11
1999 – 12 – 27	2000 – 08 – 22	155	344	53	2006 – 03 – 01	2006 – 03 – 08	6	9	4
2000 – 09 – 25	2001 – 01 – 08	70	82	11	2006 – 07 – 05	2006 – 08 – 07	24	46	8
2001 – 02 – 22	2001 – 06 – 14	76	114	15	2007 – 01 – 24	2007 – 02 – 06	10	44	9

续表

分析交易日和涨跌幅									
上涨趋势									
上证指数 1990/12/19 至今所有上涨趋势中的上升段									
小周期									
上涨段					调整段				
时间区间		交易日	换手率	涨幅	时间区间		交易日	换手率	跌幅
底	顶				顶	底			
2005－06－06	2005－09－20	77	114	20	2007－05－29	2007－06－05	6	36	12
2005－10－28	2006－03－01	80	100	19	2008－12－09	2008－12－31	17	31	13
2006－03－08	2006－07－05	81	197	36	2009－02－17	2009－03－03	11	31	13
2006－08－07	2007－01－24	115	306	89					
2007－02－06	2007－05－29	71	371	66					
2007－06－05	2007－10－16	91	326	66					
2008－10－28	2008－12－09	31	63	18					
2008－12－31	2009－02－17	28	70	27					
2009－03－03	2009－08－04	107	286	66					
所有平均		72		90			34		16
涨跌周期比		0.47							
涨跌幅比		0.18							
涨跌周期比		等于平均下跌交易日/平均上涨交易日							
涨跌幅比		等于平均下跌幅度/平均上涨幅度							

表9－1是中国股市诞生以来所有牛市阶段的上涨段和调整段的统计表，从上表我们可以得知，在牛市中，股市每一段的平均上涨周期72个交易日，平均涨幅为90%，而在牛市回调过程中，历次回调的平均时间为34个交易日，平均跌幅为16%，也就是说，按照中国的情况，在牛市中，股市调整的时间一般不会超过两个月的时间，跌幅在16%左右，也就是说，把江恩提出的观点在中国股市国情相结合对号入座的话，在中国，只要牛市调整周期达到34个交易日左右，跌幅处于16%左右，并且大盘开始有企稳迹象，此时就是我们在牛市中介入股票的时机。

下面我们来看看几个案例。

首先，我们先来看看牛市初期的回调2～3个月的情况。

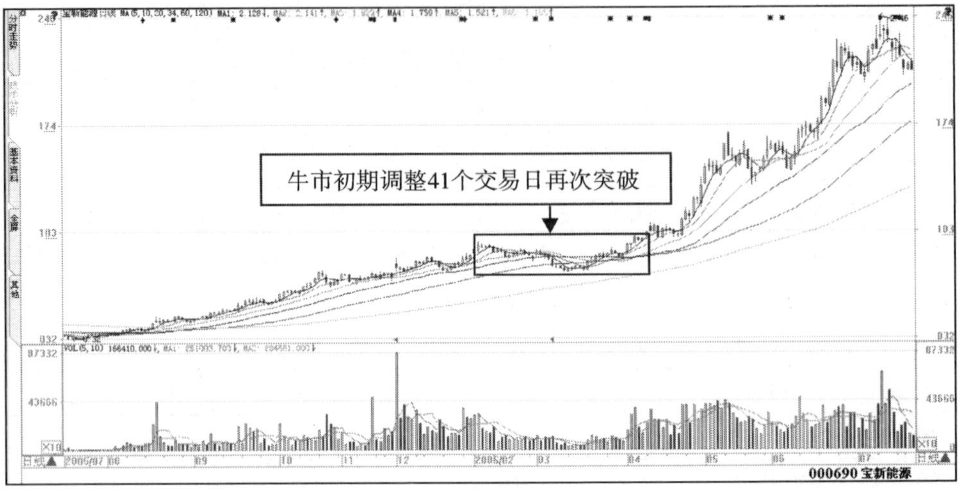

图9－1

宝新能源（000690）是一家主营洁净煤燃烧技术发电和可再生能源发电，新能源电力生产、销售、开发（凭资质证书经营），新能源电力生产技术咨询、服务。房屋建筑、公路、桥梁、市政等基础设施工程的设计、承揽与施工（凭资质证书经营），房地产开发经营，投资高新技术产业的公司。公司由广东宝丽华集团公司、梅县金穗实业发展有限公司等五家单位共同发起，于1996年11月设立。1997年1月1～16日，成功发行1250万股A股，同年1月18日召开创立大会；1月20日，广东宝丽华实业股份有限公司注册成立。2006年6月1日之前，公司名为宝丽华。

图9－1是宝新能源自2005年7月至2006年7月这段时间的日K线图。这段时间，上证指数处于牛市的初期，从2006年2月7日开始，宝新能源进入了阶段调整，在41个交易日过后，宝新能源终于突破了2006年2月的高点，在此进入上升通道，我们就算上宝新能源自调整以来自下一次突破的时间，基本上为两个月的时间，这也印证了，在牛市中，股票回调2～3个月时间，将再次进入上涨行情的规律。

当然，宝丽华（宝新能源）能够在牛市初期调整两个月之后再创新高，再次开启一段上涨行情，这与其基本面的因素也息息相关，下面我们就来宝新能源在牛市初期的基本面亮点：

1. 股改刺激股价上涨。

2005年11月11日，宝丽华发布了有关股改的公告：

宝丽华非流通股股东以送股的方式向本次改革前的流通股股东作对价安排，以获得所持有非流通股份的上市流通权。对价安排如下：非流通股股东向方案实施股权登记日登记在册的流通股股东实施每10股流通股送2股股份的对价安排，即非流通股股东向流通股股东共计安排1521万股股份对价。自股权分置方案实施后首个交易日（即G日）起，本公司非流通股股东所持股份即获得上市流通权，股份性质变更为有限售条件的流通股。

改革方案的追加对价安排

（一）追加送股安排。

若本公司发生下列情况之一，则触发追加送股安排条件：①公司2005年度实现的净利润较2004年增长低于75%；②公司2006年度实现的净利润较2005年增长低于100%；③公司2005年度或2006年度财务报告被出具非标准无保留审计意见。

本公司控股股东广东宝丽华集团有限公司承诺：

当上述追加送股安排条件首次触发时，宝丽华集团将向追加送股股权登记日在册的无限售条件的流通股股东执行追加送股安排，追加送股总数为760.5万股（以本次改革前公司流通股股份总数为基数按照每10股流通股送1股的比例计算得出）。

追加送股安排仅限一次，当追加送股安排条件首次触发时，宝丽华集团即执行追加送股安排。执行后，宝丽华集团的追加送股安排承诺自动解除。

（二）追加送股安排的执行。

（1）追加送股安排条件一旦首次触发，则在本公司相应的2005年度或2006年度股东大会决议公告日后的15个工作日内，宝丽华集团将按照深圳证券交易所及中国证券登记结算有限责任公司深圳分公司规定的相关程序执行追加送股安排，追加送股股权登记日暂定为本公司相应的2005年度或2006年度股东大会决议公告日后的第10个工作日。该日期如作调整，将由本公司董事会最终确定并公告。

（2）在本公司因实施资本公积金转增股份、支付股票股利或全体股东按相同比例缩股时，则追加送股总数将按照上述股本变动比例对目前设定的追加对价安排总数进行相应调整。

（3）在本公司因实施增发、配股、可转换债券、权证等股本变动而导致原非流通股股东与流通股股东股本不同比例变动时，则追加安排对价总数760.5万股不变，但追加送股比例将作相应调整，并及时履行信息披露义务。

（4）宝丽华集团承诺，拟用于追送的股份自本公司股权分置改革方案实施之日起由中国证券登记结算有限责任公司深圳分公司临时保管；一旦追加送股安排的条件触发，需要向流通股股东追送股份时，则向登记公司申请该部分股份的解冻临时保管。

非流通股股东的承诺事项

（一）根据相关法律、法规和规章的规定，本公司提出改革动议的4名非流通股股东已作出了法定最低承诺。

（二）本公司控股股东广东宝丽华集团有限公司作如下特别承诺：

（1）为未明确表示同意进行本次股权分置改革的非流通股股东上海达君贸易有限公司代为垫付其持有的非流通股份获得上市流通权所需执行的对价安排。代为垫付后，达君公司所持股份若希望上市流通，则应向宝丽华集团偿还代为垫付的改革对价，或者取得宝丽华集团的同意。

（2）若股份公司发生下列情况之一，则触发追加送股安排条件：①公司2005年度实现的净利润较2004年增长低于75%；②公司2006年度实现的净利润较2005年增长低于100%；③公司2005年度或2006年度财务报告被出具非标准无保留审计意见。

当上述追加送股安排条件首次触发时，宝丽华集团将向追加送股股权登记日在册的无限售条件的流通股股东执行追加送股安排，追加送股总数为760.5万股（以本次改革前公司流通股股份总数为基数按照每10股流通股送1股的比例计算得出）。

我们看到，宝丽华拿出了非常有诚意的股改方案，2005年12月27日，宝丽华正式实施了新的股改方案。

2. 公司获得政策的减税利好。

宝丽华（000690）子公司广东宝丽华电力有限公司梅县荷树园电厂一期工程技术改造项目，经国家发展和改革委员会“发改规划准字〔2005〕029号”文确认符合技术改造国产设备投资抵免企业所得税的条件，并经广东省国家税务局“粤国税函〔2006〕29号”文审核及梅州市国家税务局确认，公司全资子公司广东宝丽华电力有限公司2004年度应纳企业所得税额为0.00元，2005年度应纳企业所得税额1480.24万元，公司本年度可抵免企业所得税额1480.24万元。

3. 业绩的稳定增长。

2006年4月3日，公司发布一季度业绩预告，预计公司2006年第一季度净利润比上年同期增长50%以上。公司投资建设的“资源综合利用技术改造项目－2×135MW煤矸石劣质煤发电机组（梅县荷树园电厂一期工程）”两台机组分别于2005年5月、9月顺利投产发电，成为公司主要的利润来源，2006年第一季度两台机组运行良好。

2006年4月11日，公司公布了上半年业绩预告，公告预计宝丽华2006年1月1日至2006年6月30日业绩同向大幅上升。由于公司核心主业新能源火力发电业务，运行良好，预计公司2006年中期累计净利润比上年同期增长100%以上。而上年同期业绩公司仅为净利润1733.26万元，每股收益只有0.08元。

当日，公司公告了2006年一季度的业绩报告，报告显示宝丽华2006年第一季度每股收益为0.2元，每股净资产为2.08元，净资产收益率为9.63%，实现主营业务收入23622.97万元，同比增长297.99%，净利润5486.58万元，同比增长356.48%。

报告期内，公司董事会与管理层坚持“立足主业求规模，稳健经营求效益”的经营方针，积极实施“携手新能源，分享高成长”的发展战略，经营业绩大幅增长，取得了显著的成效。报告期内，公司实现主营业务收入236229721.66元，比上年同期59355678.41元增长297.99%；净利润54865842.04元，比上年同期12019295.54元增长356.48%。

报告期内，公司核心主业新能源火力发电业务运行良好，构成公司主要的利润来源。

2005年度公司投资建设的梅县荷树园电厂一期工程2台机组分别于2005年5月、9月正式投产发电，新能源火力发电成为公司主要的利润来源，但并未全年达产；报告期内，新能源火力发电业务运行良好，利润总额大幅增长，因而，主营业务利润及期间费用占利润总额的比例较前一报告期有较大幅度下降。

由于公司投资建设的“资源综合利用技术改造项目－2×135MW煤矸石劣质煤发电机组（梅县荷树园电厂一期工程）”两台机组于2005年5月、9月分别投产发电，新能源火力发电成为公司核心主业和主要利润来源。目前，梅县荷树园电厂一期工程2台机组运行良好，预计2006年年初至下一报告期期末，公司累计净利润与上年同期相比，增长幅度将达100%以上。

我们看到宝丽华随着各项业务的稳步发展，公司业绩实现了突飞猛进的增长，这也为公司股价在牛市初期的快速上涨奠定了基础。

对于那些在牛市初期调整不足3个月便继续上涨的股票，只要其业绩稳步增长，基本面能够有符合我们想要看到的亮点，同时前期股价涨幅不是太大，对于这样的股票，我们要敢于在其启动下次上升浪时介入，而对于那些基本面我们已经了如指掌，公司业绩稳步增长是大概率事件的股票，我们可以在其牛市初期调整段刚刚企稳便可以大胆介入。

我们再来看一个在牛市初期调整不足3个月的股票的案例。

百利电气（600468）是一家生产液压组件，包括：齿轮泵、液压阀、液压缸、柱塞泵、齿轮马达及各种主机液压系统，广泛为农业机械、工程机械、汽车等配套提供服务的公司。本公司前身是由天津液压机械（集团）有限公司作为主发起人，联合天津泰鑫实业开发有限公司、天津市机

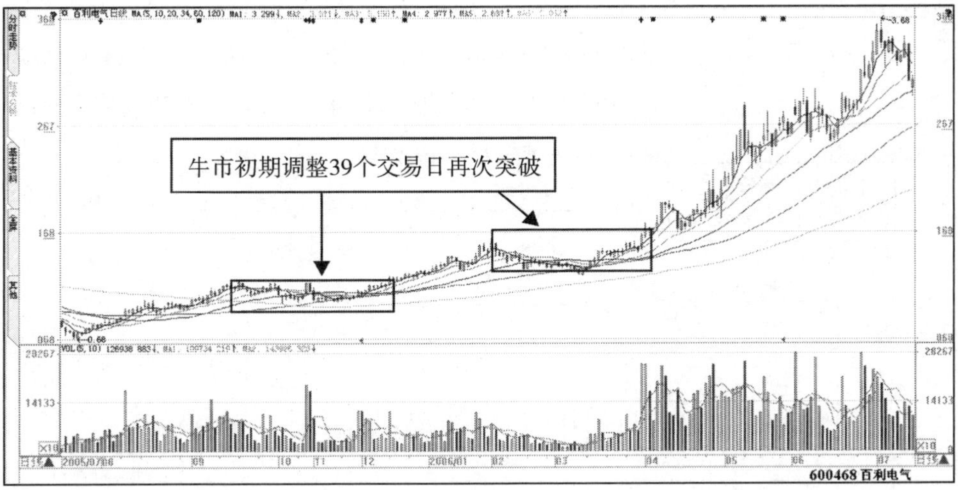

图 9－2

械工业物资总公司、天津经纬集团投资公司、天津市静海县通达工业公司四家发起人，在对天津液压机械（集团）有限公司部分改制的基础上，于 1999 年 9 月 23 日共同发起设立。2001 年 6 月，公司发行 3000 万股，登陆上海交易所，融资 1.98 亿元。

图 9－2 是百利电气自 2005 年 7 月至 2006 年 7 月这段牛市初期的日 K 线图。从图中我们可以看到，在牛市初期，百利电气经历了两次回调，但是凑巧的是，两次回调之后突破前次高点的时间都是 39 个交易日，这也再次印证了在牛市中股票的回调周期都不足 2 ～ 3 个月，牛市中，一旦股票经历了不足 3 个月周期的回调，再次踏上上涨的步伐，此时，就是我们应该关注它们的时候。

看完了牛市初期的情况，我们再来看看牛市中期的回调情况。

云南铜业（000878）是一家生产和销售电解铜及其加工品的公司，公司前身云南冶炼厂成立于 1958 年。公司发起人云南铜业（集团）有限公司于 1996 年 4 月 25 日由云南冶炼厂等五家铜生产企业合并组成。1997 年公司由云南铜业（集团）有限公司独家发起并以其全资附属企业云南冶炼厂的主要经营性净资产经评估后折股，以社会募集方式设立的股份有限公司。1998 年 6 月，公司在深圳交易所上市，发行 1.2 亿股，募集资金

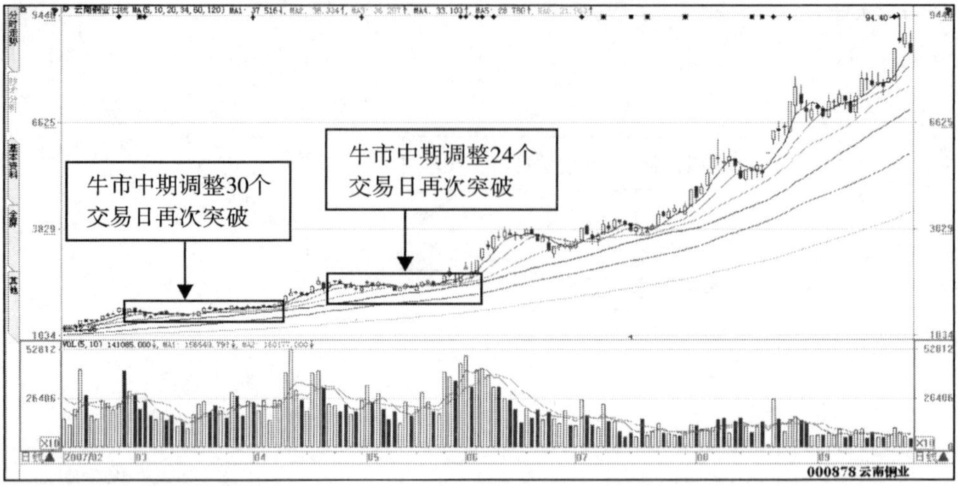

图 9－3

7.512 亿元。

图 9－3 是云南铜业自 2007 年 2 月至 2007 年 9 月这段时间的日 K 线图。我们知道，2006 年年底至 2007 年年中这段时间是中国股市牛市的加速上涨阶段，这段时间我们又称之为牛市中期，我们发现在 2007 年 2 ～ 6 月这段时间里，云南铜业的经历了两次的调整，这两次走出调整区间的时间分别为 30 个交易日和 24 个交易日，我们有如下几点发现：

第一，在牛市中期，股票的调整周期同样是不足 2 ～ 3 个月，没有违背了我们之前所说的 2 ～ 3 个月的回调时间。

第二，我们注意到，随着牛市增长速度的加快，即使在牛市中期的一个阶段，其调整的时间周期也有长有短，一般来说随着股票增长速度的加快，后期的调整周期会比之前的要短。

第三，牛市初期的调整时间与牛市中期的调整时间相比，牛市中期的调整时间比牛市初期的调整要短暂一些，这是因为牛市中期的上涨速度比牛市初期更加快速，也就造成这种格局。

需要注意的是，这些规律都是针对大部分的股票来说的，在众多股票中，一定会有许多特例，这不是我们所讨论的重点，我们的目的就是要了解这个主流的观点。

而云南铜业能够每次调整过后都在此走强，取得不错的上涨，这与其基本面是分不开的，我们就来看看当时催化云南铜业上涨的因素。

我们来看一份国都证券在2007年上半年所对云南铜业的调研简报，内容如下：

1. 公司产铜精矿7万吨，精炼能力35万吨，属于中国铜冶炼行业前三强。未来公司随着集团资产不断注入，到2010年左右，云铜集团的全部铜资产将整合入股份公司，实现铜业资产的整体上市，公司将控制1000万吨的铜资源量，年产铜精矿40万吨，精铜及铜材60万吨，成为资源性一体化的大型铜业公司。

2. 未来公司成长的驱动力是：集团矿山资产不断注入股份公司，从而云铜集团的全部铜资产将整合入股份公司。除2007年3月注入铜矿外，云铜集团还有普朗铜矿、拉拉铜矿等大型铜矿及多个中小型铜矿，这些矿山的资源储量为300万～500万吨。

3. 根据罗杰斯预测本轮商品牛市将持续到2013年，我们按照60000元/吨（含税）假设2007—2010年的铜价，现在铜价为62000元/吨，去年均价高于60000元/吨。

4. 根据云铜集团将铜资产整合到云南铜业预期，以及公司未来规划。为了计算方便，我们假设2008年1月1日资产注入，增发2亿股，注入6万～7万吨产量的铜矿资产，2009年1月1日再次资产注入，增发2亿股，假设2009年铜矿产量扩到23万吨。2010年1月1日再次资产注入，增发2亿股，假设铜矿产量扩到35万吨（根据集团规划，2010年达到年产铜精矿40万吨，2008年后的股本与矿山产量都是我们的假设）。

5. 如果按照假设不断装入铜矿资产情况下，预测2007年、2008年、2009年业绩为1.5元/股、3.04元/股、4.33元/股（按照60000元/吨含税铜价）。

6. A股有色资源类（铜、镍、锌、锡）行业动态PE平均为17.23倍，国外成熟市场PE为10倍左右，考虑到云南铜业成长性，给予15～20倍PE，我们用2008年业绩估值，合理价值为45～60元/股，现在价格

26.5 元/股，投资建议为推荐 A。

通过这份简报，我们发现作为资源类的股票，云南铜业是很好的抗通胀的标的股，同时随着其资产的不断主力，公司业绩能够实现稳步增长，在这样的前提下，虽然前期云南铜业股价有了较大的上涨，但是其总体的估值并不高，仍然具有投资价值。

在牛市中期，对于那些回调不足 2 ～ 3 个月的股票，如果这些股票基本面同样优异，我们要引起高度的重视，一旦其股价再次突破前次调整的高点，我们便可以大胆介入。

我们再来看一个案例。

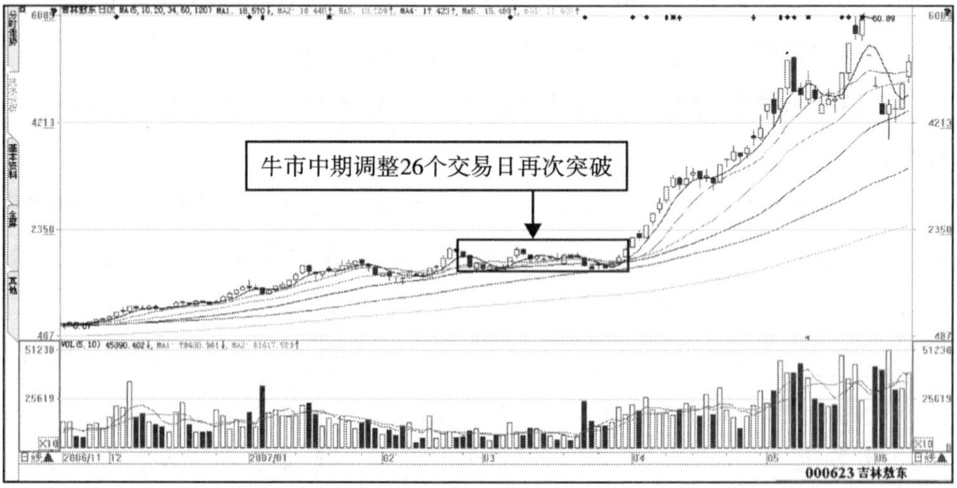

图 9 –4

吉林敖东（000623）是一家以制药业为主导产业，集养殖、种植、房地产开发、商业、机械修理、仓储、饮食服务业、运输等为辅助产业的公司，公司前身延边国营敦化鹿场，1957 年成立。1985 年被吉林省政府确定为吉林省鹿系列产品定点厂。1992 年 5 月以敦化鹿场为核心组建延边敖东集团公司。1993 年 3 月，由延边敖东集团公司、吉林省信托投资公司、吉林轻工股份有限公司共同发起，成立延边敖东药业（集团）股份有限公司。1996 年 10 月，吉林敖东在深圳交易所上市，发行 1360 万股，融资

9792 万元。

图 9－4 是吉林敖东自 2006 年 11 月至 2007 年 6 月的日 K 线图。从图中我们可以看到，在牛市中期，吉林敖东经过了 26 个交易日的回调之后，再次突破了之前的高点，重新进入上升通道，与之前的云南铜业相类似，其调整时间仅仅为一个月左右，对于这样的股票我们最重要的就是要考察其基本面的状况，一旦发现这样类型的股票基本面同时具备亮点，我们便可以大胆地介入。

吉林敖东以持有的 46. 15% 的延边公路股份（含本公司拟受让的深国投所持部分）受让延边现有所有资产与负债，并负责安置员工。而广发换股初步方案出炉，0. 83 股广发证券换 1 股延边公路。兑价完毕后，吉林敖东持有广发股权 27. 14% 中的股份，一旦广发证券上升，吉林敖东将会获得一笔巨大的收益，这对公司有着非常重大的影响。

正是在这样的预期下，吉林敖东才走出了强势的走势，调整过后快速上涨。

最后我们来看看牛市末期股票调整的情况。

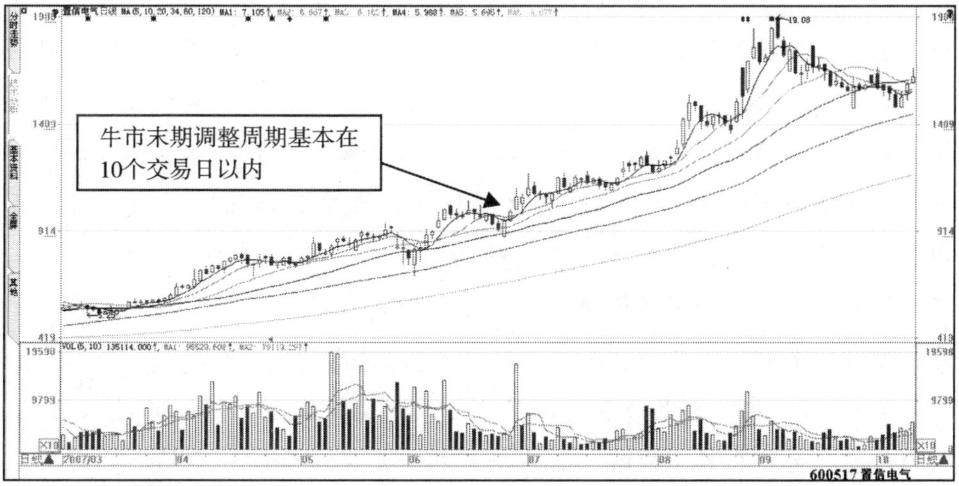

图 9－5

置信电气（600517）是一家从事非晶合金变压器及部件的研发、生产、（外发）加工和销售的公司。本公司是经上海市人民政府沪府体改审

〔2000〕019号文批准，由上海置信（集团）有限公司联合其他16位发起人，对上海置信电气工业有限公司以2000年6月30日的账面净资产5483万元人民币进行1∶1折股，整体变更设立股份有限公司。2003年10月，公司在上海交易所上市，发行2500万股，融资1.575亿元。

图9-5是置信电气自2007年3月至2007年10月的日K线图。进入牛市末期之后，置信电气继续振荡上涨，虽然经常会进行调整，但是几乎每次调整的周期都是10个交易日以来，也同样符合我们之前所述回调不足2～3个月的区间，而且在牛市末期，许多股票进入了加速上涨的通道，此时的调整周期一般更加短暂。所以，一般来说，自牛市初期至牛市末期，一部分股票的调整的周期是呈现递减的状态。

当然，置信电气能在牛市末期有着这样不俗的上涨表现，与其基本面的因素也有着重大的关联，我们接下来就来看看置信电气的基本面亮点。

下面我们就来看看2007年8月，国都证券对置信电气的调研简报，内容如下：

1. 公司已经找到了打开市场的钥匙。"十一五"节能规划的提出给公司带来了巨大的发展机遇，公司的产品开始受到市场的认可和欢迎。配电设备的市场具有较强的区域性，而"江苏模式"是一把可以有效地打开市场的钥匙，目前，公司的市场开拓进展顺利，预计除年初公布的与福建和盛集团有限公司合资成立福建和盛置信非晶合金变压器有限公司外，年内，公司还可以开拓2～3个其他的省级市场。从产品的生命周期来看，我们认为，非晶合金变压器现在刚过产品的导入期，刚刚进入成长期，因此，预计在未来的几年中，公司的销售收入仍将持续快速增长。

2. 公司已经给非晶合金变压器这个细分市场制造了较高的进入门槛。作为非晶合金变压器国内唯一的市场开拓者，在这个细分市场，公司已经具有较强的产品、技术、品牌优势。近期，通过产品结构调整和主动降低毛利率，目前，公司的毛利率已经与取向硅钢变压器制造企业基本持平。由于具有长期的设计和制造经验，公司的非晶合金变压器具有较强的成本控制能力，在这个毛利率水平上，其他新进入者的盈利能力将只能处在很低的水平上。

3. 非晶合金带材暂时不会成为制约公司成长的瓶颈。日立金属近期已完成非晶合金带材的扩产工作，非晶合金带材产能由之前的2.2万吨/年扩张到5.2万吨/年，新增产能主要用于满足亚洲，特别是中国的需求。另外，安泰科技的非晶合金带材项目进展顺利，将于2008年年初投产。因此，我们预计，非晶合金带材的供应暂时不会成为制约公司成长的瓶颈，这一点从公司披露的非晶合金铁芯的价格在最近一两年变化不大也可以得到确认。

4. 公司业绩仍将持续快速增长。产能是制约公司增长的主要因素，随着公司本次公开增发项目的投产和江苏帕威尔公司和福建和盛公司的扩产，在3年内，公司的产能将扩张到4万～5万台，随着公司产能的快速扩张，公司的业绩也将实现持续快速增长。

5. 给予“强烈推荐A”的投资评级。按本次公开增发后总股本计算，预计2007年、2008年公司的每股收益分别为0.70元和1.29元，按8月22日的收盘价53.46元计算，公司的动态市盈率分别为76.37倍和41.44倍，略高于输变电行业的可比公司，但考虑到公司产品的特殊性和所具有的成长性，我们对公司的评级为“短期－强烈推荐、长期－A”。

从简报的要点中我们发现，置信电气是一家有着核心竞争力的行业细分龙头公司，虽然当下市盈率略高于同行业，但是其龙头地位决定了其享有更高的估值。所以，即使在牛市末期调整不足2～3个月之后的上涨中，仍然值得我们参与。

我们继续来看另一个案例。

中金黄金（600489）是一家主营黄金的地质勘查、采选和冶炼的上市公司。公司是经国家经贸委批准，中国黄金总公司作为主发起人，联合中信国安黄金有限责任公司、河南豫光金铅集团有限责任公司、西藏自治区矿业开发总公司、天津天保控股有限公司、山东莱州黄金（集团）有限责任公司和天津市宝银号贵金属有限公司共同发起，于2000年6月23日在天津市工商行政管理局注册成立的股份有限公司，注册资本18000万元。

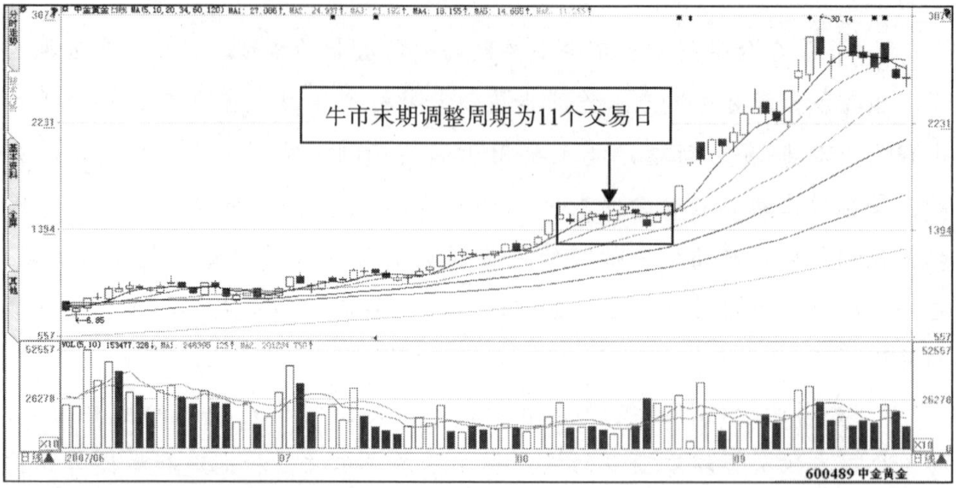

图 9－6

2003 年 8 月，公司在上海交易所上市，发行 1 亿股，融资 4. 05 亿元。

图 9－6 是中金黄金自 2007 年 6 月至 2007 年 9 月在牛市末期的日 K 线图。从图中看到，中金黄金在 2007 年 8 月上旬进入回调走势，可以仅仅过了 11 个交易日，其股价便突破了之前的高点，这也符合我们之前的回调不足 2 ～ 3 个月的理论，突破之后，中金黄金在之后的 13 个交易日内上涨了 83. 6%。

能够在牛市末期有这样的表现，其基本面的催化一定不容小觑，我们来看看其当时的基本面状况。

下面我们来看看 2007 年 8 月兴业证券对中金黄金的调研简报，其内容如下：

2007 年中金黄金营业收入和净利润较上年增加的主要原因是黄金、铜价格的上涨。2007 年上半年上海黄金交易所 1 ～ 6 月份平均销售价格 163. 38 元/克，较上年同期上涨 14%；铜价格今年上半年受中国需求、库存减少以及国际铜矿工人罢工等因素影响依旧维持振荡上行走势。

矿产业务有所下滑，冶炼业务保持稳定。矿产业务方面，中金黄金矿产金产量为 2178 千克，同比下降 13. 26%，矿产铜产量为 5047 吨，同比下降4.03%，原因是矿石品位下降和部分矿山进行技术改造。冶炼业务方面，上半年公司生产精炼金18.5吨，与去年同期基本持平；冶炼金4.8吨，同比增长16.5%，原因是中原冶炼厂和潼关中金冶炼厂进行了技术改造，处理能力有所增强。另外，公司新增了4吨的黄金储量。

公司董事会审议通过了《关于公司非公开发行股票相关事项的议案》，将向特定投资者非公开发行不超过1.3亿股。中国黄金集团拟以其持有的中国黄金集团夹皮沟矿业有限公司、辽宁五龙金矿、辽宁省排山楼金矿等公司资产与股权参与认购公司的定向增发。增发完成后公司的黄金资源量及储量从目前的约73吨增长到约203吨，矿产金年产量从4.8吨增长到11.86吨（2006年口径），公司的盈利能力大大增强。资产注入才刚开始。根据公司已与中金集团订立的《后续资产转让框架协议》，双方将在合适的时机签订正式的《资产转让协议》，由公司进一步收购中金集团持有的矿产资源丰富、经营状况良好的黄金矿山企业的股权/权益。随着后续资产的注入，公司黄金资源量及储量还将有较大幅度增长，公司的核心竞争力将得到进一步加强。

多种因素支撑黄金价格高位运行。由于全球经济面临着通货膨胀压力、美元贬值以及世界经济和政治格局逐步多极化，使得各国在储备方面越来越偏向于黄金。另外，全球尤其是中国黄金消费需求将会逐步旺盛。预计未来黄金价格将会持续保持高位。

投资评级。我们预计公司2007年、2008年每股收益分别为0.95元、1.05元，目前股价对应2008年市盈率已达到90倍，但是考虑资产注入后将使得公司2008年矿产金的产量大幅增长以及后续资产的逐步注入，带来盈利能力的提升，因此维持推荐的投资评级。

纵观上面的研究简报，我们可以发现，中金黄金有资产注入的预期和抗通胀的题材，这两大亮点是支撑其股价在牛市末期快速上涨的强力的催化剂。

第二节　熊市中反弹不足 2 ~ 3 个月的股票

有关熊市的概况等情况，我已经在本书第七章中作出了比较详细的介绍，在此处我便不再赘述。

我们先来看看自中国股市诞生以来熊市走势的上涨段和反弹段的统计分析情况。

表 9－2

分析交易日换手率和涨跌幅									
下跌趋势									
上证指数 1990 年至今所有的下跌趋势									
小周期									
下跌段					反弹段				
时间区间		交易日	换手率	跌幅	时间区间		交易日	换手率	涨幅
底	顶				顶	底			
1993－02－16	1993－03－25	28	78	38	1993－03－25	1993－04－29	26	81	41
1993－04－29	1993－07－27	64	94	42	1993－07－27	1993－08－17	16	41	23
1993－08－17	1993－10－25	49	65	23	1993－10－25	1993－12－08	33	96	23
1993－12－08	1994－07－29	162	285	67	2001－10－22	2001－12－05	33	27	11
2001－06－14	2001－10－22	88	66	32	2004－09－13	2004－09－24	10	20	11
2001－12－05	2002－01－29	37	27	21	2005－02－01	2005－02－25	12	15	10
2004－09－24	2005－02－01	87	80	19	2007－11－28	2008－01－14	32	64	13
2005－02－25	2005－06－06	67	65	21	2008－04－22	2008－05－06	9	22	20
2007－10－16	2007－11－28	32	53	20	2008－09－18	2008－09－25	6	12	19
2008－01－14	2008－04－22	66	111	42					
2008－05－06	2008－09－18	96	124	50					
2008－09－25	2008－10－28	19	23	20					
全部平均		66	89	33			20	42	19
涨跌周期比		3. 37							
涨跌幅比		1. 73							
涨跌换手率比		2. 13							
涨跌周期比		等于平均下跌交易日/平均上涨交易日							
涨跌幅比		等于平均下跌幅度/平均上涨幅度							
涨跌换手率比		等于平均下跌换手率/平均上涨换手率							

表9－2是中国股市自诞生以来熊市中下跌段和上涨段的交易日，换手率和跌幅的统计情况。

从上表可以看出，在熊市中，下跌是主线，熊市下跌段的平均下跌周期为66个交易日，平均跌幅是33%，而熊市反弹段平均反弹周期为20个交易日，平均涨幅为19%，有趣的是，反弹段的换手率除以下跌段换手率的比值为0.47，这说明每当反弹的换手率接近下跌段换手率的一半时，股市将再次走入下跌行情中去。

因此，在下跌行情中，不要贸然抢反弹，如果手中持有股票，那么应该在大盘反弹周期接近20个交易日，大盘涨幅在19%附近卖出手中的股票，避免在熊市中造成更大的损失。

下面我们就来看几个具体的案例，从这些案例中去发现熊市中反弹规律的更加细致的规律，以便于我们更好地做好股票投资的工作。

我们先来看看熊市初期，股票反弹的时间周期。

案例一是锌业股份。

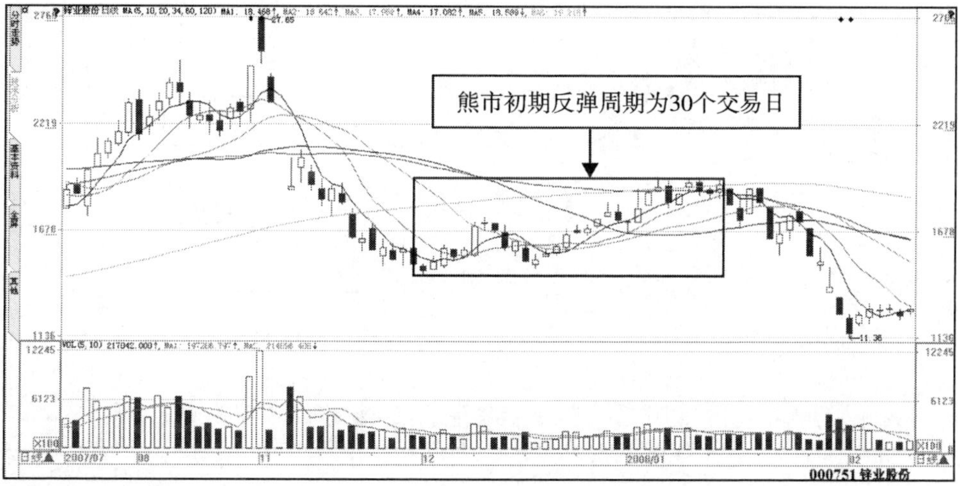

图9－7

锌业股份（000751）是一家从事锌、铜冶炼及深加工产品，硫酸、硫酸铜、镉、铟综合利用产品加工，重有色金属及制品加工，非贵重矿产品购销的公司。公司由葫芦岛锌厂、葫芦岛锌厂工贸实业总公司、葫芦岛锌厂工程总公司发起，于1993年7月15日公司正式注册成立。公司主要发起人葫芦岛锌厂始建于1937年，属国家特大型企业。1997年6月，锌业股份在深圳交易所上市，发行9000万股，6.678亿元。

图9－7是锌业股份自2007年7月至2008年2月的日K线图。2007年10月之后，上证指数见了6124点的历史高点，随后开始下跌，在2007年11月底，上证指数开始反弹，从图中可以看出，锌业股份自12月初也开始触底反弹，到2008年1月中旬，随着大盘的逐步回落，锌业股份也没能继续反弹的走势，整个反弹的周期为期30个交易日左右，反弹时间不到2个月。这与我们之前说强调的反弹不足2～3个月又开始继续下跌的规则基本一致。

在熊市中，如果股票反弹周期达到2～3个月，同时，大盘走势也开始变弱，此时使我们卖出股票的大好时机，切不可贪婪等待，这样只会给我们带来更大的损失。

我们来看案例二。

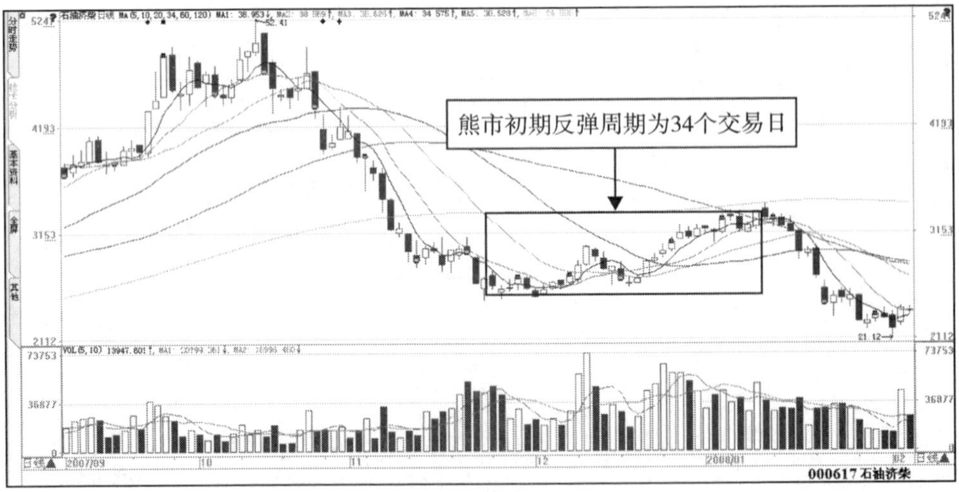

图9－8

石油济柴（000617）是一家从事柴油机、气体发动机、柴油及气体发电机组的制造、销售、修理的公司。1996年1月，中国石油天然气总公司正式下达给济柴厂2500万股A股额度，并经中国石油天然气总公司批准，由济柴厂作为独家发起人，以募集方式设立的股份有限公司。为此，济柴厂对其资产进行重组，将所属各分厂及研究所经评估后的净资产投入本公司，并折为5500股国有法人股。1996年10月，石油济柴登陆深圳交易所，发行2500万股，融资1.045亿元。

与大盘走势类似，自牛市见顶之后，锌业股份在2007年11月底开始企稳发弹，但是反弹了34个交易日后，石油济柴在此走入下降通道，开始了快速下跌的行情。在牛市初期，由于大盘没有完全走弱，市场信心还没有崩溃，所以此时的反弹周期一般会比之后会长一些，一旦反弹周期达到2～3个月，大盘再次走弱，即使在熊市早期，我们也要将这样的股票及早抛出，以免造成后面的大幅亏损。

看完了熊市初期的情况，下面我们来看看熊市中期和后期的情况。

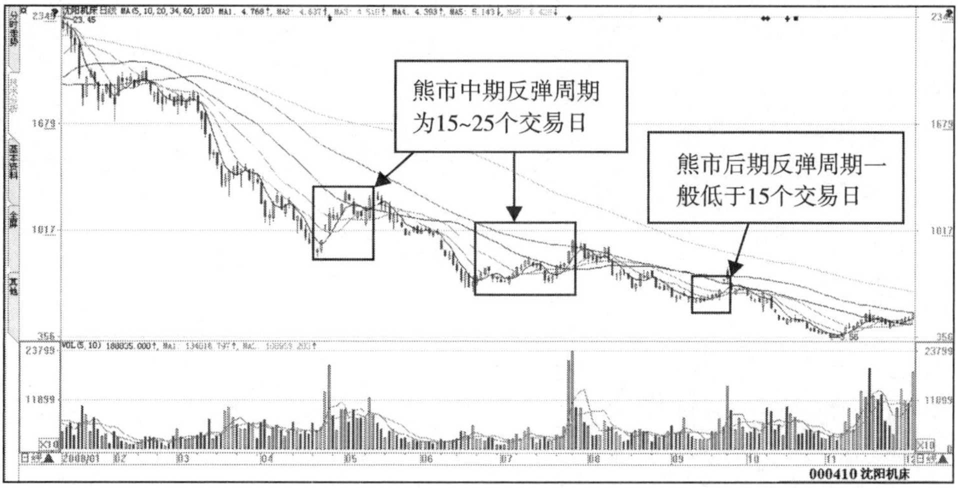

图9－9

沈阳机床（000410）是一家主营机械设备制造、机床制造、机械加工、进出口贸易的公司。公司是经沈阳市体改委以沈体改发〔1992〕31号文件批准由全民所有制企业沈阳第一机床厂、中捷友谊厂、辽宁精密仪器三家联合发起并定向募股而成立的股份有限公司。本公司已于1993年5月在沈阳市工商行政管理局注册登记，具有独立的法人资格。1996年7月，沈阳机床登陆深圳交易所，发行5400万股，融资2.2464亿元。

图 9 –9 是沈阳机床自 2008 年 1 月之后至 2008 年 12 月这段时间的日 K 线图。从图中我们看到，在熊市中期，沈阳机床共有两次反弹，一次发生在 2008 年 4 月下旬，反弹周期为 15 个交易日，另一次发生在 2008 年 6 月下旬，反弹周期为 26 个交易日。一般来说，在熊市周期，股票的反弹时间会比熊市初期反弹的时间要短一些，而比熊市末期的反弹周期要长一些，我们看到，沈阳机床自 2008 年 9 月上旬开始的那次反弹，周期只有 10 个交易日，说明熊市后期，市场人心已经涣散，反弹的力度非常有限。

我们看到，在一轮熊市下来，市场反弹的周期是越来越短的，直到大盘见底之后，这样的情况才会发生逆转。因此，对于熊市中的反弹，我们要有这样的动态的认识，越到熊市后期，越不宜去抢反弹，因为一旦我们没有把握好卖点，没有及时抛出，那么等待我们的将会是巨大的亏损。

第十章

在牛市结束后第二年创出新高的股票

一轮牛市行情中，当市场上涨至最后一个顶部后，通常会出现一次急速的下跌，随后是一次次级反弹，此后市场会进入一个漫长的熊市时期。当市场到达极限高点后，往往会出现了恐慌暴跌，随后，市场出现回升，在之后会形成一个次级顶部，此时股票指数再也没有达到历史最高点。然而，少数的一些股票却在此时创下了极限高点。

——江　恩

第一节　创新高行情的概述

创新高是指股价突破前期的某一个高点的行为。我们通常所说的创新高有大盘创出新高和个股创出新高两种形式。股票之所以能够创新高，说明股票看多力量强大，买盘增加，上涨来自套牢减仓的压力较小，一般后市看涨；但是股价创出新高也有可能是主力布下的陷阱，我们要根据具体的大盘环境和个股的情况进行综合分析判断。

创新高的两种分类

创新高股票存在两种情况：一种情况是股价突破历史最高价位，创出新历史最高价格。另一种情况是阶段性价格走势突破盘整区域，创出阶段性新高。

对第一种情况股价突破历史最高价位，创出新历史最高价格的股票。投资者可从其基本面着手分析既能准确判断创新高的可操作性。炒股票炒的是预期！创出历史高价位股票肯定是符合未来发展方向，未来政策扶持、未来受益于经济周期延伸等预期下股价才能创出新高，后市才有继续上涨的理由。基本面中利润和现金流同比持续上升，未来复合增长率高的创新高股票可以大胆顺势做多。

市场中常常不缺乏炒作题材，而市场热点炒作是资金堆积、推动的结果。这些热点股票常常昙花一现、没有可持续性根本原因是基本面并未好转且不符合未来预期的股票。对这一类股票创出历史价格新高，投资者要坚决离场，抛售出局。

阶段性新高

阶段性新高是投资者观察 K 线形态最常碰到的一种特质。股指在上下波动中成交比较密集，而成交密集区在每次上涨的高点都是获利盘和套牢盘抛压的重点区域，高点形成的阻力较大，特别是每次上涨的高点都伴随着成交量的放大。后续再次上涨到这些高点时，自然会遭受盘面的抛压；在上升趋势中股价一旦突破成交密集区的高点时，密集区域成交的筹码就全部成为获利盘和新买入者的成本区！因此突破阶段性高点将会打开新一轮的上升空间，后续上涨可期。前期的高点可以是上升趋势中数月前、数星期前甚至数日前创下的高点，也可以是股价在以前的下跌趋势中反弹的某个高点。阶段性创新高是投资者看多做多的重要操作风向标之一。

不同情况下创新高的意义分析：

阶段性创新高意味着脱离成交密集区域抛压打开上升空间，新一轮的上升行情呼之欲出。但阶段性创新高都是操作的机会吗？投资风险与机遇并存，阶段性创新高意味着机会同时也是陷阱，投资者在实战操作中应该正确判断创新高的个股，研判创新高在所处阶段的市场意义，以规避出现的投资陷阱。

（1）在牛市行情中，市场做多意愿较为强烈，股价整体处于上升阶段。个股遇到的阻力主要是获利盘和套牢盘的抛压，一旦突破这个阻力区域，突破前期高点，创出阶段性新高，将会打开上升空间，后续上涨更加强烈。

（2）在熊市行情中，市场缺乏做多意愿，短期做多也只是为了拉高反弹达到减仓的目的。市场处在下跌阶段，熊市反弹是最好的减仓良机，主力通过“创新高”打开上升空间蒙骗投资者，吸引市场的跟风盘，以顺利达到出货的目的。

（3）在多头行情中股价突破前期高点，创新高后是操作的买入时机，通常创新高后会作短暂的缩量回调后再次强势上涨。股价在突破前期高点时，应该是放量且流利和快速的，不应拖泥带水，似涨非涨，同时这个成交量应该是明显的放大，否则可能就不是买点反而是卖点了。

（4）上一个价格最高点离现在创新高最高点越近阻力越大，越远阻力越小！前期高点位置受阻力次数越多或阻力越大的高点创新高的意义越大；这种前期的高点一旦被有效突破强阻力位置将变成强支撑位置，后续上升空间的幅度将越大……

（5）对前期已经出现较大涨幅，在阶段性高点整理中出现的创新高一般是主力为了配合出货而使出的障眼法，主力常常通过各种手段以达到顺利出货的目的！投资者千万不能因为发现创新高而追涨杀跌，很容易掉进主力设置的圈套中。这种形态出现的创新高哪怕是后期再次出现新一轮的上升行情都不是理性投资者应该关注的了。

（6）在空头行情中，K 线形态出现一山比一山低的情况是下跌的前兆，（一山比一山低之间的距离越远下跌的幅度越大，下跌的周期越长）而在下跌盘整中出现的阶段性创新高是最佳的卖出机会而不是买入机会。

创新高形态在市场中的意义是投资者重点要懂得的技术分析手段，投资者一旦确认股价符合条件并有效突破前期高点就应该果断跟进，出现的回抽一旦确认将会是最佳的买入时机。对这类多头行情创新高的个股在市场趋势向好的前提下坚定持股必有不小的收获。如果在实战中发现创新高是假突破，股价很快跌回到前期高点之下时投资者应该及时出局，以规避不确定的各种风险。

技术分析应该综合分析应用，任何单一的数据和条件都不能改变一个股票自身的运行轨迹。技术面分析只能作为研判的依据而不是操作买卖的指令。

创新高行情的选股

在大盘指数不断创新高行情中，投资者需要选择特殊的买入方法。在个股的选择方面，投资者可以短线关注创新高的个股。这就是：以个股创新高为买点。

股指创新高，意味着行情本身具有内在的强势；个股股价创新高，则意味着这只股票的历史套牢盘被主力资金照单全收。主力资金既然有这样的气魄，那么其后市的志向就不会小，同时也说明个股行情还没有结束。

国外一份专业研究显示，如果股票在任何一天出现新的最高点，那么它在未来 90 天内再出现新高的可能性超过 70%；如果股票出现新的最低点，在 90 天内再次出现新低的可能性超过 65%。因此，买入创新高的股票也是一种投资方法。

采用这种方法需要注意的是：必须分清个股创新高的原因。如果个股创新高仅仅是主力资金的肆意炒作和拉抬，则投资者不宜追涨。如果是因为业绩大幅增长，个股具有重组、并购或参股券商等良好题材，股票质地正在发生实质性变化，个股创出新高时，投资者可以重点关注。

创新高行情的选时

创新高行情中投资者要重点选择创新高龙头股。

龙头股为投资者提供了丰富的投资机会。不少龙头股长期走强，不仅使得持股者获利丰厚，而且为投资者提供了追涨买入的机会。追涨创新高龙头股时需要注意的是：判别出前期高点位置是否是主力吸筹留下的。如果是主力所为，那么振荡之后越过前期高点就轻松了。因为前期头部是主力的筹码，这时创新高就会呈现缩量的特征，或者成交量与前期头部的成交量持平。如果创新高时量放得很大，说明解套盘的抛压很大，接下来有可能面临洗盘。所以缩量创新高是主力控盘的标志，这时可以积极追涨，如果成交量与前期头部成交量持平，或略有放大，也可以积极关注。如果创新高时放量过大则需要提高警惕。

例如：新农开发（600359）在 2008 年 1 月突破前期头部时，成交量基本上与前次持平，股价随后大涨。

创新高行情的避险

在股市中，机会和风险是共存的，即使是创新高行情也不例外。在市场热点层出不穷，股指接连走高的良好市场环境中，投资者更要注意防范风险。

在创新高行情中，股价不断上涨的过程恰恰是风险集聚的过程。因此，随着股价的不断上升，投资者更要提高警觉。投资者在实际操作中一定要注意适可而止，在炒作比较顺利、获利丰厚时要及时获利了结，不能过于贪心，不要试图赚取最后一分利润。在市场整体趋势向好之际不能过于盲目乐观，更不能忘记了风险的存在而随意追高。

在创新高的强势行情中，绝对看多和绝对看空都不好。这时候，投资者要适当控制资金投入比例。综合市场多方面因素分析，投资者应该以1/3资金参与强势股的追涨炒作，以 1/3 资金参与潜力股的中线投资，并留下 1/3 资金做后备资金，在大盘出现异常变化时使用。创新高行情中最适合的资金投入比例要控制在 70% 以内，并且要随着股价的不断上升适当进行变现操作。这样既不会错失投资机会，也可以控制投资风险。

投资者不要跟随大盘的短线波动而频繁追涨杀跌，不要担心失去机会，因为股市从来不缺少机会，在创新高行情中获利关键在于选股和选时。因此，保持一份冷静，防范风险才能更好地把握市场机会。

第二节　牛市结束后第二年股票创出新高的原因

一般来说在牛市结束后第二年仍然创新高的有以下几种原因：

1. 如果创新高之后，股票并没有大幅上涨多少，而是突破前高点之后不久便变得弱势起来，那么我们一般可以把这样的创新高情况称之为出货需要，也就是主力为了能够出尽手中最后的筹码，利用创新高来吸引众多普通投资者的眼球，从而达到其出货的目的，在 2008 年 1 月初的反弹中，虽然上证指数和深圳成指都没有创下新高，但是却有 462 只股票在此时创下了上一轮牛市的新高，这些股票之中，只有 58 只再创新高之后涨幅达到 30% 以上，其余的 404 只股票都是昙花一现的创新高，我们参与这样的股票一般很难有好的收益，这就是因为假借创新高而实则出货的原因所致，因此我们要想操作创新高的股票，要全方位地分析后才能作出买入决策，而不能不假思索的见到创新高的股票就盲目介入。

2. 在牛市中，表现最抢眼的股票便是那些业绩弹性非常大的周期性的股票，这类股票由于在牛市中业绩增长快速，很容易被投资者所青睐，因此，周期性强的有色金属、机械等股票都在牛市中坐拥非常巨大的涨幅，而相反，那些以医药、农业、商业连锁和公共设施等行业由于受经济变化的弹性小，在牛市中业绩始终保持比较平稳的增长模式，因此在牛市中往往涨幅落后于那些周期性强的股票，所以这样的股票在牛市结束后不久往往具有补涨的需求，正是基于这样的原因，使得许多非周期性的防御品种在牛市第二年很有可能创出前次牛市的新高。

第三节　牛市结束后第二年创新高的个股统计与分析

在中国的历届牛熊转换中，有三次大的历史性顶部，1993 年 2 月 16 日的 1558 点，2001 年 6 月 14 日的 2245 点和 2007 年 10 月 16 日的 6124 点，在经过仔细观察统计，我们发现在 1993 年股票总数稀少不足 100 只，样本太少不足以进行分析，所以我们对于牛市第二年创出新高的研究就要坐落在 2001 年顶部和 2007 年顶部这两次了。下面我们会分为阶段研究牛市第二年创出新高的股票的情况。我们先来见 2007 年 10 月之后的创新高情况，接下来我们在追溯到 2001 年 6 月。

自 2007 年 10 月 16 日上证指数创下 6124 点的高点之后，上证指数再也没有越过前期的高点，但是据我们统计，在上证指数在 2008 年 1 月初的阶段反弹高点中，有 462 只股票创下前段牛市的新高，占到当时所有股票总数 1396 只的 33%，而在这些创新高的股票中，最终由 58 只再创新高之后上涨超过了 30% 以上。

我们可以这么说，在牛市第二年，可能会有许多股票由于出货的原因创出新高向上拉升一段，做最后的出货行动，但是创出新高之后，真正能够走出不错的行情的股票，还是有着它们自身的规律性可循，下面我们便来一探究竟。

表 10－1

1993/02/16 至 93/03/25：1993 年熊市初期跌幅排序										
序号	代码	商品名称	成交价	流通市值（万）	流通股（万）	年度每股收益	换手率	市盈率	每股净资产	行业
1	SH600291	西水股份	64.96	776077	11947	0.199	4.24	327.3	23.9	建材
2	SZ002069	獐子岛	128.5	678480	5280	1.483	1.44	86.7	10.2	农林牧渔
3	SZ002011	盾安环境	33.2	169453	5104	1.003	4.61	33.1	6.9	电器
4	SH600486	扬农化工	37.69	181553	4817	0.79	3.1	47.7	6.5	农药化肥
5	SZ002172	澳洋科技	1.02	4471	4400	1.247	4.75	0.8	6.3	化工化纤
6	SZ002053	云南盐化	26.13	274966	10523	0.555	2.11	47.1	5.7	化工化纤
7	SZ000400	许继电气	5.73	151284	26404	0.307	3.03	18.7	5.6	仪表仪器
8	SZ002086	东方海洋	7.17	37530	5238	0.444	4.29	16.1	5.0	农林牧渔
9	SZ002118	紫鑫药业	0.37	621	1690	0.71	8.66	0.5	4.8	医药
10	SZ002186	全聚德	2.92	8399	2880	0.454	11.17	6.4	4.7	旅游酒店
11	SZ000937	冀中能源		173851	37287	0.725		6.4	4.6	煤炭石油
12	SH600565	迪马股份	23.89	174349	7298	0.527	8.38	45.4	4.6	汽车类
13	SH600704	物产中大	0.06	1863	30339	0.394	2.78	0.2	4.6	外贸
14	SZ000911	南宁糖业	3.01	37879	12587	0.453	8.72	6.6	4.6	酿酒食品
15	SZ000731	四川美丰	0.36	5972	16785	1.008	5.14	0.4	4.6	农药化肥
16	SZ002117	东港股份	23.79	66612	2800	0.51	2.69	46.7	4.5	造纸印刷
17	SZ002182	云海金属	0.89	3432	3840	0.311	8.01	2.9	4.4	有色金属
18	SH600470	六国化工	20.12	214781	10675	0.441	7.18	45.6	4.4	农药化肥
19	SH600444	ST 国通	9.53	51139	5368	0.078	2.94	121.9	4.1	建材
20	SH600141	兴发集团	26.44	254036	9608	0.363	6.78	72.9	4.1	化工化纤
21	SZ002018	华星化工	3.09	18560	6010	0.543	7.74	5.7	4.0	农药化肥
22	SH600395	盘江股份	17.82	299323	16797	0.26	3.9	68.5	3.9	煤炭石油
23	SH600543	莫高股份	18.78	190523	10145	0.207	4.26	90.9	3.8	农林牧渔
24	SH600491	龙元建设		394675	24007	0.493		33.3	3.6	工程建筑
25	SH600359	新农开发	14.22	224605	15795	0.129	9.53	109.9	3.5	农林牧渔
26	SH600238	海南椰岛	23.02	266963	11597	0.341	4.86	67.6	3.5	酿酒食品
27	SZ000422	湖北宜化	1.7	81758	48158	0.716	2.72	2.4	3.3	农药化肥
28	SH600540	新赛股份	17.01	155267	9128	0.109	17.6	156.5	3.2	农林牧渔
29	SH600630	龙头股份	8.12	241205	29705	0.044	2.43	183.6	3.1	纺织服装
30	SH600267	海正药业	18.08	372683	20613	0.311	3.29	58.2	3.0	医药
31	SH600354	敦煌种业	9.38	126283	13463	－0.078	6.13		3.0	农林牧渔
32	SH600409	三友化工	24.57	739459	30096	0.593	2.1	41.5	2.9	化工化纤
33	SH600335	*ST 盛工	22.99	159781	6950	0.772	2.88	29.8	2.8	机械
34	SZ002103	广博股份	17.65	129269	7324	0.352	5.36	50.1	2.7	造纸印刷

续表

1993/02/16 至 93/03/25：1993 年熊市初期跌幅排序										
序号	代码	商品名称	成交价	流通市值（万）	流通股（万）	年度每股收益	换手率	市盈率	每股净资产	行业
35	SZ000905	厦门港务	3.85	79332	20619	0.283	6.68	13.6	2.7	交通设施
36	SH600239	云南城投	19.12	245520	12841	0.164	3.22	116.8	2.5	房地产
37	SH600836	界龙实业	16.65	141558	8502	0.118	16.27	140.5	2.4	造纸印刷
38	SH600598	北大荒	20.68	997603	48240	0.304	12.98	68.0	2.4	农林牧渔
39	SZ000833	贵糖股份	2	28350	14194	0.209	11.15	9.6	2.4	造纸印刷
40	SZ000565	渝三峡 A	6.35	65505	10309	0.159	4.69	39.8	2.3	化工化纤
41	SZ000525	红太阳	7.17	141782	19762	0.067	1.83	106.5	2.2	农药化肥
42	SH600157	永泰能源	23.97	187397	7818	0.011	11.5	2184.9	2.2	煤炭石油
43	SZ000713	丰乐种业	17.17	259793	15128	0.157	5.08	109.1	2.2	农林牧渔
44	SH600251	冠农股份	62.49	665831	10655	0.077	2.01	812.1	2.1	酿酒食品
45	SH600846	同济科技	9.1	195113	21441	0.162	2.24	56.1	2.0	房地产
46	SH600770	综艺股份	11.77	307382	26123	0.145	3.38	81.2	1.8	电子信息
47	SH600737	中粮屯河	2.62	106623	40629	0.307	4.34	8.5	1.6	酿酒食品
48	SH600803	威远生化		130540	16524	0.131		60.2	1.6	农药化肥
49	SH600759	正和股份	2.94	26623	9060	0.098	4.9	30.1	1.5	房地产
50	SH600624	复旦复华	8.47	212004	25030	0.059	2.89	143.9	1.4	计算机
51	SH600438	通威股份	14.96	564665	37745	0.189	5.06	79.0	1.4	农林牧渔
52	SZ000683	远兴能源	5.38	118182	21967	0.244	1.94	22.0	1.4	化工化纤
53	SZ000955	ST 欣龙	7.71	118757	15403	-0.185	7.81		1.2	化工化纤
54	SH600223	鲁商置业	6.88	204536	29729	0.042	0.05	162.2	1.0	房地产
55	SZ000605	ST 四环		91103	3135	0.037		776.3	0.6	医药
56	SH600862	南通科技		197872	12237	-0.477			0.5	机械
57	SH600369	西南证券	14.09	204474	14512	-0.289	0.01		-0.1	券商
58	SH600722	ST 金化		117424	15410	2.683		2.8	-0.1	化工化纤
平均值			16.84	208191	15891	0.3705	5.401	126.9	3.6	

表 10-1 是 2008 年 1 月 14 日当日那些创前次牛市新高后涨幅超过 30% 的股票的当日的信息表。该表可以看到当日那些创新高之后领涨股票的价格、流通市值、流通股本、每股收益、市盈率、每股净资产和行业的具体状况。

接下来我们来作进一步的解释。

从表中可以看到，虽然已经是后牛市时代，那些创新高后涨幅前列的股票的价格依然不是非常高，均价为 16.84 元，中规中矩。再来看流通市值，这些股票的平均流通市值为 20. 8 亿，平均流通股本为 1. 59 亿股，可以看出，牛市之后第二年创新高的股票的总体规模都不大，处于典型的中小盘的股票，从业绩来看，这些股票的平均每股收益为 0. 37 元，业绩不算很好，但是也还说得过去，可谓中规中矩预期之中，相比之下，这些股票的平均市盈率为 127 倍，这个数据确实有点高了，但是一来是牛市第二年，股票处于高位，二来是有一些业绩非常不好的股票的市盈率我们也统计在内，拉高了整体的市盈率水平，与牛市阶段那些中小盘股票爆发的阶段相比，这个市盈率水平也算不上非常高，每股净资产为 3. 6 元，这个数据也算中规中矩。

先撇开行业不说，从这些基本行情数据和财务数据上来看，那些在牛市第二年创出新高并且涨幅不错的股票，是属于那种价格中等、股票规模中等、业绩尚可的这样一类股票。

接下来我们来继续从行业特征上来着手分析，看看能不能寻找到它们的一些特殊的特征。

我们先来看表 10 – 1 所显示的股票的行业分布状况图。

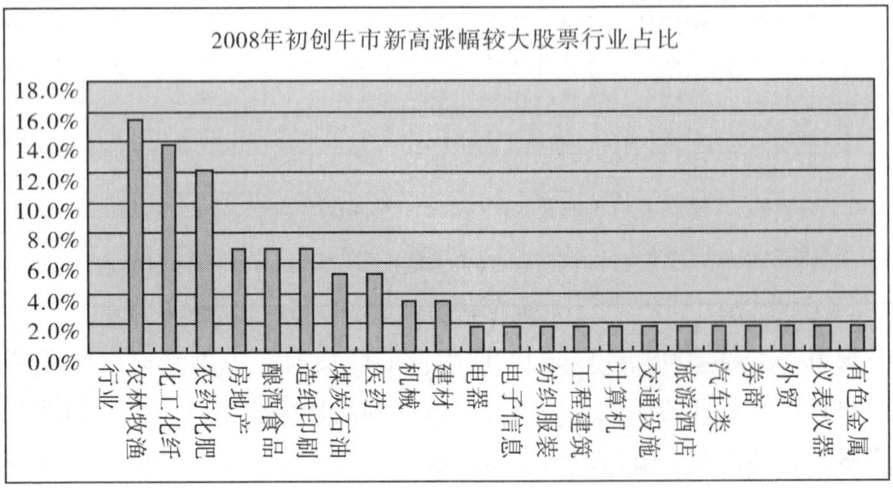

图 10 –1

图 10 – 1 是表 10 – 1 所显示的 58 只股票的行业分布图。从行业上来看农林牧渔、化工化纤和农药化肥占据所有行业排名的前三位，分别为

15.5%、13.8%和12.1%，共占到所有行业的41.4%，我们进一步按照周期性与防御性行业的标准来观察行业的分布状况，我们发现：农林牧渔、农药化肥、酿酒食品、医药等典型的防御性行业所占的行业比重达到了46.6%，这些防御性的股票占到了所有这些第二年创牛市新高的领涨股的接近一半，如果我们再去除那些因为重组和次新股等特殊因素上涨的那些周期性的股票，基本上正常上涨的那些领涨股中防御性品种占到了绝大多数。这一点也提醒我们，在牛市的末期，想在牛市结束后的一波反弹中买到好股票，取得不错的收益，我们要配置防御性强的股票。但是在牛市的初期和中期买入防御性强的股票则不是一种好的投资策略。

看完了2008年的情况，我们来看2002年这一年突破2001年牛市以来的高点的股票的情况。

2001年6月之后至2002年初这段时间，中国股票市场共有1042只股票，根据我们的统计，在2002年创下了2001年6月牛市以来高点共有79只股票，占到总股票数量的7.6%，而突破2001年牛市高点之后涨幅超过30%的股票仅仅只有17只，占到股票总数的1.6%，占到所有突破新高股中的21%，也就是说，对于那些新高股票，并不是一旦突破新高就会有不错的收益，我们更加应该看到在市场不好时突破新高后所带来的风险，那么我们真的想买到那种突破新高后涨幅超过30%以上的牛股，我们一定要对这些股票进行深入得分析，看看其中是不是有什么玄机。

下面我们就来看看在2002年突破2001年牛市新高后涨幅超过30%的牛股的情况。

表10-2

1993/02/16至93/03/25：1993年熊市初期跌幅排序										
序号	代码	商品名称	成交价	流通市值（万）	流通股（万）	年度每股收益	换手率	市盈率	每股净资产	行业
1	SH600235	民丰特纸	14.7	76440	5200	0.25	6.28	57.9	3.1	造纸印刷
2	SH600038	哈飞股份	18.84	113040	6000	0.36	5.69	51.8	4.5	飞机制造
3	SH600006	东风汽车	10.3	309000	30000	0.54	2.91	19.2	3.0	汽车类
4	SZ000416	民生投资	21.25	133004	6259	0.32	3.43	67.4	2.0	商业连锁
5	SH600664	哈药股份	10.28	355976	34628	0.54	4.92	19.2	5.0	医药

续表

1993/02/16 至 93/03/25：1993 年熊市初期跌幅排序											
序号	代码	商品名称	成交价	流通市值（万）	流通股（万）	年度每股收益	换手率	市盈率	每股净资产	行业
6	SH600633	浙报传媒	9.36	12355	1320	0.12	1.73	80.1	1.2	教育传媒
7	SZ000901	航天科技	31.25	93750	3000	0.26	5.47	121.0	3.3	仪器仪表
8	SZ000518	四环生物	16.35	197672	12090	0.43	5.56	38.3	5.5	医药
9	SH600132	重庆啤酒	16.99	88348	5200	0.20	3.61	84.7	3.4	酿酒食品
10	SH600228	*ST 昌九	12.47	119712	9600	0.09	5.91	139.6	1.6	化工化纤
11	SH600377	宁沪高速	8.21	123150	15000	0.21	4.71	53.0	2.7	交通设施
12	SH600837	海通证券	14.7	24079	1638	0.41	8.49	36.1	3.6	券商
13	SH600833	第一医药	8.3	39823	4798	0.15	2.21	54.6	1.0	医药
14	SH600548	深高速	7.16	74808	10448	0.28	93.63	38.9	2.3	交通设施
15	SH600057	象屿股份	8.67	124848	14400	-0.22	22.14		1.2	交通设施
16	SH600829	三精制药	12.87	42831	3328	0.33	5.14	38.5	3.8	医药
17	SZ000606	青海明胶	10.78	68949	6396	0.10	6.95	113.8	1.8	医药
平均值			13.68	117517	9959	0.26	11.10	63.38	2.87	

表 10-2 是 2002 年年初录入的当年突破 2001 年牛市新高的股票的年初的行情报价、财务数据和行业的情况，下面我们一一进行分析。

通过观察我们发现，在 2002 年创下 2001 年新高的股票平均价格普遍较低，只有 13.68 元，与其同时，我们发现这些股票的平均流通市值只有 11.7 亿元，而平均流通股本只有不到 1 亿的规模，这些股票都可谓是袖珍小盘股，而这些股票的业绩情况只能说是一般般，平均每股收益为 0.26 元，由于价格较低，所以平均市盈率仅仅只有 63 倍，这些股票的平均每股净资产为 2.87 属于中规中矩的数据，并没有出彩之处，但是综合分析行情数据和财务数据我们发现，这些在牛市第二年创下新高并且创新高之后股价涨幅较大的股票都是价格较低廉的品种，同时股票规模都属于小盘袖珍股类型，业绩虽然中规中矩但是不算差，如果业绩要是那种几分钱的股票，一般来说，没有逆市创下新高的能力，要有的话也只能说是少数因为重组或者其他情况才会产生的现象。

下面我们就来看看上面这 17 只股票的行业的分布情况，我们先看这些股票的行业分布占比图。

从行业来看，医药行业和交通运输行业分别占比为 29.4% 和 17.6%，

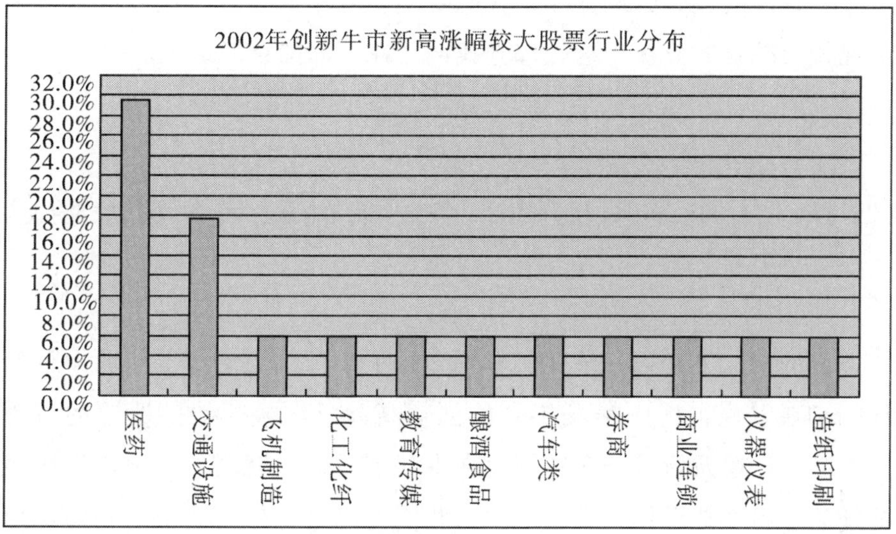

图 10－2

这两大行业占据了行业总数的 47%，而这两大行业就是典型的防御性行业，如果我们再算上其他的防御类型的行业，诸如教育传媒、酿酒食品、券商和商业连锁的话，那么防御类行业占总行业的比重达到了 70%，我们可以这样认为，防御类行业是牛市第二年创出新高并且涨幅较大股票的主力军！

防御类企业以其稳定的收益，能够在大盘转而向下的初期，体现出防御的本质，这一点我们从 2002 年创新高涨幅较大的股票和 2008 年创新高涨幅较大的股票当中都得到了很好的验证。

而从股价上来看，牛市第二年创新高的股票的股价都不会太高，属于 10～20元之间的适中价格，而股票的流通市值规模则比较小，集中在 10 亿～20 亿之间，而流通股本则多以小盘股为主，主要流通股本区间为 1 亿～3 亿股之间，而股票的业绩一般都是比较有保证的，不会太低，年度每股收益在 0. 3 元左右，而每股净资产也在 3 元左右，这些是从这些股票的行情数据和财务数据总结出来的共性，行业上当然以非周期性的行业为主导，与农业和消费有关的行业，医药和公共设施等板块都是在牛市第二年创出新高并且有不错涨幅股票的行业特征。

至于具体的选股已经操作，我们要结合基本面、技术面和股票行为面的情况作出综合的分析，这一部分我们会在下面的章节讲述。

第四节　牛市结束后第二年创新高股票投资策略总结

上面的第二节和第三节我们分别介绍了牛市结束后第二年股票创新高的原因和在以往行情中第二年牛市创新高并且涨幅不错的股票的行情特点、财务数据以及行业分布特征，在本章节我们，就需要对之前所讲述的那些知识进行实战运用，在实战中，我们要结合一些行为面、技术面以及基本面的信息进行综合的分析判断，才有可能寻找到那些创下新高后还能继续上涨，并且涨幅不错的股票。

在牛市第二年创新高的过程中，有两种比较典型的创新高方法，放量创新高和缩量创新高，我们观察 2002 年和 2008 年初创新高的股票情况，得出这样的结论，2002 年由于自 2001 年 6 月牛市下跌以来，下跌时间较长，所以股票在 2002 年创新高与上一轮牛市的连续性不强，这次创新高往往是新增资金所为，所以大部分股票创新高的方式都是放量创出新高，而与 2002 年不同的是，2008 年年初与 2007 年 10 月最高点距离很近，所以此时股票与之前的连续性很强，此时创出新高的股票，成交量往往表现为缩量或者与之前成交量相持近的情况。

在 2002 年创新高的那些股票，在创新高之前要么经历了非常强悍的吸筹，这样会导致其创新高的一段时间内放出的成交量与之前持平或者稍微小于之前的量，然而接近前次新高的价位，相对来说，其总成交量却是非常大的。这样类型的股票，在创新高之后，股价调整的周期比较短，就会进入上升浪中。然而，对于之前没有吸筹便突然放量创下前次牛市新高的股票，这样的股票往往有两种情况，主力出货和主力洗筹。操作这样的股票，我们不应该一看到股价放量创下新高立马就跟进买入，而是要先观望，如果这次创新高是出货，那么股价一定会迅速一蹶不振，跌回起涨点，这样的股票我们肯定不能去买。然而，如果这次创新高是吸筹，那么股价会在调整一段时间之后，再次企稳上行，如果下一次股价以更小的成交量逐渐上涨，能够再次突破前次牛市的高点，我们就可以判断主力之前是吸筹，现在已经控盘运行了，基于这样的判断，我们知道这只股票的行为面和技术面问题不大，如果结合基本面，该股有明显的题材或者业绩稳定增长，估值合理，具有基本面的亮点，那么此时我们就可以大胆介入了。有一点需要注意的是，对于那些放较大成交量急速创出新高吸筹的股票，在创出新高之后，往往会经历一段较长时间的洗盘期，具体时间的长短要结合当时特定的大盘环境和主力资金做盘周期和资金实力等多因素的影响。

再来看 2008 年年初的情况，我们观察到在 2008 年年初，由于距上一次牛市的时间非常接近，许多庄家主力资金仍然还在许多股票中没有撤出来，在这的行情之下，如果主力放量突破前次牛市高点，很有可能就是主力大出货的特征，此时尽管可能突破前次高点之后，股价仍然有一定的上升空间，但是这样的股票我们购买起来非常害怕，退一万步说，即便是庄家放量突破吸筹，也可能是因为某利好庄家顺势快速建仓短炒一回，这样的股票在突破之后，可能快速上涨之后就迅速走入下跌通道，我们观察在 2008 年年初的创新高股票中，这样的股票只是非常少数的，在这段时间，主要创新高的品种都是那些缩量或者基本与之前成交量水平相当的创新高的方式，这样的方式说明股票还是处于主力的控制范围之内，一旦股票创新高之后开始放大量上冲，很有可能就是这只股票行情的终结，此时我们要落袋为安，还有一些更狡猾的主力，再创新高之后，并没有放出较大成交量，股票便开始下跌了，此时我们要结合大盘环境和个股的走势，如果股票自身已经逐步走弱，大盘也进入新一轮下跌的话，我们就要考虑快速获利了结或者止损卖出了，避免给我们自身造成更大的伤害。

接下来我们来看一些具体的案例，我会把之前所说的操作思路在不同的案例中做一一的解读，希望大家对放量突破与缩量突破上一年牛市高点的情况有非常全面客观地认识，为我们今后的操作打下坚实的基础。

我们先来看放量突破上一年牛市高点的案例。

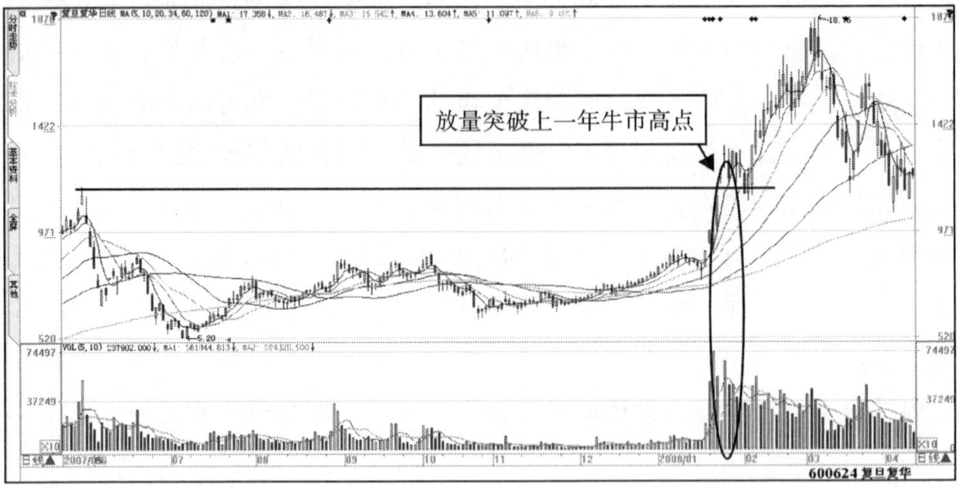

图 10－3

复旦复华（600624）是一家从事计算机应用软件的开发和软件专家服务体系的拓展、生物医药制品的研发、制造和销售、教育产业以及园区房地产业的推进的公司，公司由复旦大学科技开发总公司改制而成，1992 年 7 月正式成立，是中国高科技产业中第一家股票上市公司。公司发挥特有人才、科技资金优势，在 UPS 工业、新能源工业、EMS 能量管理系统开发、生物技术和市场营销上均取得了长足的进步，效益自 1991 年起已连续三年出现了翻番。1993 年 1 月，复旦复华登陆上海交易所，发行 150 万股，融资 7500 万元。

图 10－3 是复旦复华与 2007 年 5 月至 2008 年 4 月的日 K 线图。从图中可以看出，自 2007 年 5 月复旦复华形成高点之后，虽然 2007 年 10 月上证指数勇创新高，但是复旦复华却依然没有突破 2007 年 5 月的高点，一直处于振荡格局之中，2008 年 1 月中旬，伴随着上证指数的反弹，复旦复华依据放量突破了 2007 年 5 月形成的上一年牛市的高点，虽然此后大盘继续下挫，但是复旦复华只是跟随大盘做了短暂的调整之后，在此进入上升浪，进入缩量上涨之中，虽然复旦复华的缩量情况并不是非常明显，但是其股价随后继续上涨了 50%，也算是牛市结束后表现优秀的股票了，之所以复旦复华放量突破之后并没有调整比较长的时间，是因为当时市场已经

转为熊市状态，迫于形势所迫，复旦复华只能在熊市下的小反弹和下跌速度放缓之际快速上涨，速战速决，这是主力处于大环境的原因而做出的临时应变，与大盘处于牛市行情中的操盘方法不一样。

复旦复华能够在牛市结束后突破其牛市中的高点，当然也有着其背后基本面的催化因素。

我们就来看看其基本面的亮点。

2008 年 1 月，上海复旦复华药业有限公司围绕 2008 年目标预算，开展“抓住机遇，再创佳绩”等一系列活动，全体员工全身心地投入，产销又创新高，1 月完成的销售收入同比增长达 56.6%，实现销售方面的新突破。

为了提高员工专业技术能力和干部业务管理水平，公司在 2008 年提出跨入非常培训年，通过加强员工的质量、安全、技能培训，确保销售政策的有效执行和生产操作流程的严格执行，保持生产现场监管的严肃性，为公司的可持续发展奠定了基础。

公司还精心组织生产，利用有限的厂房设备，通过填平补齐，解决产能瓶颈口问题。产、供、销密切协作，提倡严谨的工作态度，在公司内创造公平、竞争的环境，使每个员工在自己的职责范围内。接受挑战，各部门之间，在分工的前提下，保持良好的合作关系，营造和谐的工作环境。

该公司密切关注聚焦产品，发挥自身专科产品的优势，挖掘潜力，努力提高重点产品市场份额，使之做大、做强。

正是由于复旦复华在 2008 年 1 月产销业绩创新高的大背景下，复旦复华的股价作出了回应，在短短一个多月上涨了 125%，可见，在牛市第二年能够创出新高，一定要有基本面催化剂的催化。

我们来看案例二。

哈药股份（600664）是一家以医药原料药及制剂、中成药及中药粉针剂、滋补保健品制造、生物制药和医药商业等为主营业务的公司。该公司原为由哈尔滨市国有资产监督管理委员会出资设立的国有独资公司。2005 年 7 月 22 日经商务部商资批〔2005〕1388 号文批准，哈药集团由国有独资公司变更为由哈尔滨市国有资产监督管理委员会相对控股的中外合资企

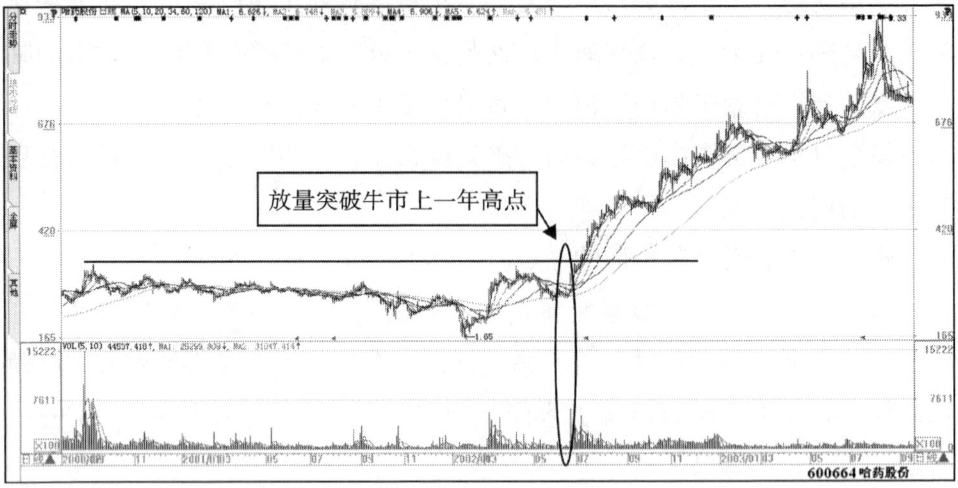

图 10 - 4

业，其注册资本由 4.3681 亿元变更为 37 亿元，其中哈尔滨市国有资产监督管理委员会出资 16.65 亿元，占其注册资本的 45%；黑龙江辰能哈工大高科技风险投资有限公司出资 3.7 亿元，占其注册资本的 10%；中信资本冰岛投资有限公司出资 8.325 亿元，占其注册资本的 22.5%；华平冰岛投资有限公司出资 8.325 亿元，占其注册资本的 22.5%。该公司于 1993 年 6 月 29 日登陆上海交易所，发行 130 万股，发行总市值为 6500 万元。

图 10 - 2 是哈药股份自 2000 年 9 月至 2003 年 9 月这 3 年的日 K 线图。从上图我们看到，哈药股份于 2000 年 9 月中旬形成阶段的高点，之后尽管 2001 年上证指数再创新高，哈药股份也没有突破此次高点，2002 年 3 月，哈药股份突然放量上攻，但是这次由于大盘的下跌终于没能突破 2000 年形成的高点，然而，2002 年 7 月，哈药股份再次放量上涨，并且突破了之前的阶段高点，不巧的是，在突破高点之后，大盘又到了振荡阶段的高点，但是由于哈药股份此次突破后迅速变成缩量上涨，同时此时大盘虽然会跳，但是跳幅度有限，此时，哈药股份一鼓作气，突破之后，上演了逼空式的上涨，两个月上涨了 58%，随后，伴随着大盘在下跌段的反弹，哈药股份继续在反弹的夹缝中缓慢上涨，突破之后 3 年时间累计上涨了 185%。这样的收益在当时的弱势市场中，可谓非常难得的情况了。

当然，哈药股份能够在牛市的第二年创出新高，并且取得非常大的涨幅，与其基本面的要素息息相关，下面我们来看看其当时的基本面情况。

通过我们对当时哈药股份的公告等信息的解读，我们发现哈药股份在当时具有以下的基本面亮点。

1. 参股长沙慈航制药有限公司，研发抗癌新药。

截至 2001 年 9 月 28 日，共出资 3000 万元参股长沙慈航制药公司的变更注册工作已完成，并已取得长沙市工商行政管理局核发的营业执照。公司先后以现金 2250 万元收购长沙慈航制药 150 万股股权并出资现金 750 万元共计 3000 万元持有长沙慈航制药股权 900 万股，占其股份总数的 30%。

哈药慈航制药股份有限公司（简称“哈药慈航”）是专业从事现代中药及天然产物抗癌药物创新与产业化开发的高新技术企业。经过多年的技术创新、产业开发、资产重组，公司现已发展成为行业内具有核心竞争力的科技先导型企业。“研发国际化、工艺自动化、质量标准化、产业规模化”是哈药慈航一贯的发展战略。

哈药慈航先后承担了国家部省级以上科研及产业化开发项目 28 项，承担了美国国立卫生研究院基金项目 2 项，取得科技成果 17 项；连续承担了国家“八五”、“九五”、“十五”、“十一五”中药抗癌、抗癌转移、癌细胞诱导分化及血管生成抑制剂等方面重点科技攻关和 863 重点项目；是国家发改委批准的“国家重大科技成果产业化工程示范基地”和国家外国专家局批准的“国家引进国外智力成果示范单位”。

哈药慈航中药抗肿瘤制药有限公司主要产品是化症回生口服液和转移停胶囊。化症回生口服液和转移停胶囊均为独家的中药三类新药。化症回生口服液是从传统中药中提取的纯天然抗癌药物；转移停胶囊的抗癌症转移效果非常显著。这两个产品均属工艺精良、科学组方的中药现代化产品，未来市场空间极为广阔。

哈药股份正是看中了哈药慈航在抗肿瘤药物研究方面的领先优势，参股哈药慈航，为哈药股份在抗肿瘤领域带来了巨大的业绩想象空间。

2. 公司加强国际合作，不断调整资本与产业结构，为杀入世界五百强打下战略性蓝图。

2001 年 12 月，哈药集团公告称，公司决定出资 470.62 万美元，约合 3900 万元，与张家口制药厂和荷兰 DSM 公司共同组建合资企业——张家口帝哈制药有限公司。其中：DSM 集团的子公司吉斯特—布罗卡德斯国际公司出资 470.62 万美元，占注册资本的 36.93%；张家口制药厂出资 332.94 万美元，占注册资本的 26.14%；哈药集团股份有限公司出资 470.62 万美元，占注册资本的 36.93%。

哈药集团成立张家口帝哈制药有限公司，标明公司与外资的合作将进一步引向深入，为公司以后的国际化战略埋下伏笔。

3. 子公司三精制药正在筹划上市。

2002 年 1 月，哈药集团公告称，子公司三精制药有限公司具体的上市计划正在筹划中。

哈药集团三精制药有限公司经本公司三届三次董事会批准组建，并于 2001 年 1 月 20 日完成注册登记，公司对三精制药有限公司的持股比例为 95%。根据公司实施集团化运作的战略，三精制药有限公司已确立了未来进入资本市场的设想和目标。目前，三精制药有限公司正在酝酿实施股份制改造，但受政策等因素的影响，该公司具体的上市计划正在筹划中。

今年以来，公司在激烈的市场竞争中，不断开拓进取，在结构调整、新品种开发和市场创新等方面均取得进展。占公司主营收入 10% 左右的滋补保健品尤其是补钙产品，今年受市场因素等影响销量下降，不会对公司的整体经营产生重大影响。目前，公司生产经营情况正常，总体经济效益呈稳步提高之势。

虽然公告并没有直接给出子公司的上市日期，但是这样的利好是广大投资者所不能忽略的，一旦子公司上市，对哈药集团的影响是非常深远的。

我们看到，正是由于这些基本面的实质性的利好，才使得哈药股份能够在牛市的第二年创出新高，走出了一波为期三年的大行情。

我们再来看缩量突破上一年牛市高点的案例。

北大荒（600598）是一家从事水稻、大豆、小麦、玉米等粮食作物的生产、销售；尿素的生产与销售的公司。本公司是经国家经贸委批准，由

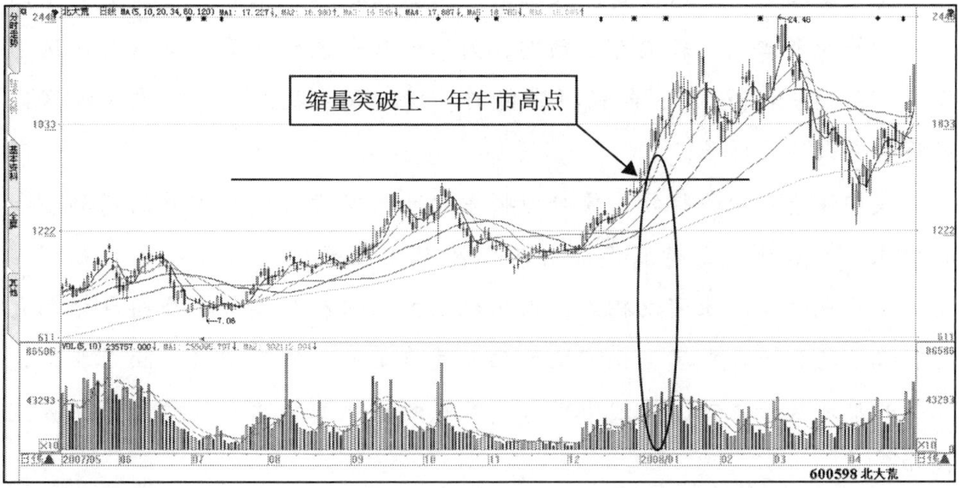

图 10 - 5

黑龙江北大荒农垦集团总公司作为独家发起人，以发起设立方式设立的股份有限公司。公司于 1998 年 11 月 27 日在黑龙江省工商行政管理局注册成立。2002 年 3 月，北大荒登陆上海交易所，发行 3 亿股，募集资金 16.14 亿元。

图 10 - 3 是北大荒自 2007 年 5 月至 2008 年 4 月的日 K 线图。从图中我们可以清楚地看到，2007 年 10 月，北大荒跟随大盘创出了牛市的新高，随后，大盘进入调整段，北大荒也紧跟大盘调整的步伐，与大盘不同的是，2008 年 1 月大盘虽然反弹至阶段高点，但是没有创出新高，而北大荒则缩量再创新高，随后又继续上涨了 50% 以上。这正是我们所说的，主力突破后控盘拉升的典型特征。

当然，我们购买北大荒不仅仅是因为其突破了牛市第二年的新高而已，从行业上看，其具备极强的防御性特征，其基本面亮点也是我们购买它的重要考虑。

接下来我们来看看北大荒的基本面亮点：

我们先来看看 2007 年 8 月 8 日，银河证券分析师吴旭对于北大荒的简要点评，要点如下：

有专家指出，继珠三角、长三角、京津冀之后，东北有可能成为中国经济增长的第四极。我们可以预期，国家会有一系列政策支持东北地区建设“四基地一保障区”，包括投资倾斜，财政和税收政策等，东北地区经济将会迎来快速增长。

我们注意到国务院指出要努力将东北地区建设成国家重要的商品粮和农牧业生产基地，支持农产品加工以及粮食主产区、国有林区的经济转型，这几点都与农业密切相关。东北地区主要的农业类上市公司包括北大荒、獐子岛和吉林森工。我们认为北大荒将是最大的受益者，除了北大荒本身的质地较好之外，规划中跟农业有关的政策都和北大荒的主营业务直接相关。

公司是我国目前规模最大、现代化水平最高的农业类上市公司和优质商品粮生产基地，具有明显的规模、资源、技术、管理、绿色产品等优势。公司拥有耕地62万多公顷，另有可垦荒地约24万多公顷，主要分布在世界上土质最肥沃的三大黑土带之一的三江平原上，是一个举世闻名的“天然粮仓”。随着农产品涨价，我们认为公司的资源优势有望体现到业绩上面，公司的价值也会得到重估。同时，公司依托自身的成本、资源和区域优势，近年来努力延伸产业链，如生产上游的尿素、甲醇，向下游发展大米加工、麦芽、造纸等产业，产生了良好的效益。我们对公司积极围绕主业延伸产业链、开拓新的利润增长点表示赞同，并且看好这些业务未来的发展潜力，如造纸业务体现了充分利用公司廉价副产品的思路，将来可能大有可为。

我们预计公司今年每股收益0.35元，2008年0.42元，市盈率2007年33倍、2008年25倍，而国内类似公司的2007年动态市盈率在40倍以上，我们认为以北大荒的龙头地位以及巨大的资源优势，公司至少应该给予40倍的市盈率，给予短期目标价14元，维持长期推荐的投资评级。

通过吴旭的简要评价，我们知道，北大荒有极大可能直接受益于东北振兴计划，这将给公司的发展带来巨大的机会，同时，相对于同行业公司，北大荒也具备良好的估值优势，这是北大荒的两大基本面亮点。

当然，北大荒的基本面亮点还不仅于此，我们再来看看2007年11月12日国泰君安分析师秦军发布的对北大荒的调研简报，内容如下：

北大荒1～3季度实现业营收入37.51亿元，营业利润4.14亿元，分别增长4.4%、5.8%。净利润4.14亿元，每股收益0.25元，同比增长4.3%。销售费用增长30.8%，公司季报中对此的解释是：国家从4月开始对从东北经铁路入关的粮食征收铁路建设基金，标准是0.012元/吨公里。此举导致米业公司运输费用增加。我们也确实看到了销售费用率上升到4.4%，同比上升0.9个百分点。不过，发改委9月30日发文从10月10日起，将该项铁路建设基金征收标准调整为18元/吨，使得实际征收标准有所降低。

农林牧渔四大类农产品中，2007年主要是畜牧业产品（猪肉、鸡蛋等）涨价，粮食价格的上涨幅度非常温和。我们维持对明年粮价的基本判断：无论从国际农产品价格，还是从国内供求、库存来看，2008年的粮价都值得看好。

北大荒拥有大面积优质耕地的承包权，其收入、净利润通过承包费与粮价间接挂钩，未来1～2年的业绩在粮价看好的背景下值得乐观。

抵御通胀成为了通胀背景下的热门主题之一，北大荒的收入与粮价挂钩，利润的弹性则更大一些。另外，北大荒在股改中作出高分红承诺，2006年年报分红率高达85%，派息时的股息率达到3.1%。我们认为这些要素使得北大荒具备了抵御通胀的特性，我们维持对其2007—2009年EPS预测分别为0.37元、0.42元、0.46元，目标价按2008年30倍PE为12.6元，“增持”评级。

在这份简要报告中，秦军着重强调了北大荒作为典型的非周期性行业的防御性特点，指出了其突出的抗通胀能力，这也是我们一直强调在牛市结束后，创新高的股票大多数是防御性类型的股票的重要原因。

北大荒同时具备政策、抗通胀和比同行业公司估值更加低廉的三大优势，使得北大荒在牛市结束第二年勇创新高，给了我们在熊市初期继续获得不错收益的机会。

我们来看案例二。

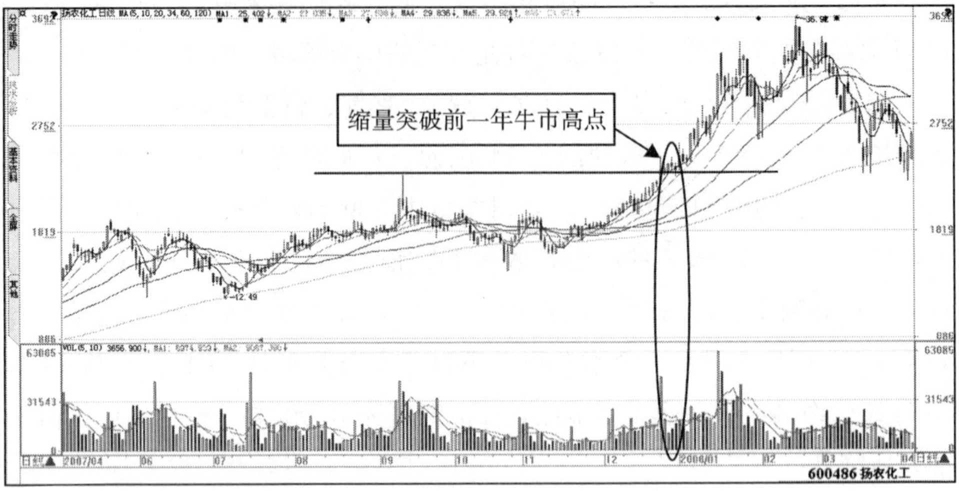

图 10－6

扬农化工（600486）是一家从事拟除虫菊酯农药的生产、销售的公司。本公司是经江苏省人民政府批准，以江苏扬农化工集团有限公司作为主要发起人，联合扬州福源化工科技有限公司、扬州市电力中心、扬州产业投资经营公司、南京大学表面和界面化学工程技术研究中心、江苏亚星客车集团有限公司和扬州市农业投资公司等6家单位共同发起设立的股份有限公司。扬农化工于2002年4月在上海证券交易所上市，发行3000万股，募集资金2.025亿元。

图10－6是扬农化工自2007年4月至2008年4月这段时间的日K线图。从图中我们可以看到，扬农化工在2007年9月创下上一轮牛市的新高点，此后便提前大盘进入调整之中，2008年12月末，扬农化工跟随上证指数进入反弹行情，不同的是，上证指数没有再次创下新高，而扬农化工则一举越过了2005—2007年牛市创下的最高点，并且是缩量突破，这也正说明扬农化工的股票在当时仍然处于高度控盘之中，随后，扬农化工有累积上升了53%。对于这样缩量创出新高的股票，我们一定要多加警惕，一旦我们确定其基本面同样具备某些亮点，具备投资的价值，我们便可以积极参与，以期在熊市初期取得不错的超额收益。

下面我们就来看看扬农化工的基本面亮点。

1. 农用菊酯销售收入高速增长。农用菊酯是扬农化工 2007 年上半年的增长亮点。该产品当期实现销售收入 23587 万元，较上年同期大幅增长 56%；毛利率达到为 14.6%，较上年同期提高近 5 个百分点。卫生用菊酯 2007 年上半年实现主营业务收入 44419 万元，较上年同期仅增长 6%。卫生用菊酯这一缓慢的销售收入增长速度与 2005 年、2006 年全年 41% 和 32% 的年度销售收入增长速度差异极大。

2. 定向增发项目投产将推动短期增长。公司于 2007 年 7 月 20 日通过非公开发行股票募集资金净额 25020.3 万元。用于对控股子公司江苏优士化学有限公司增资，投入五个项目建设。目前五个项目进展顺利，其中：高效氯氟氰菊酯项目、2400 吨/年贲亭酸甲酯项目、1000 吨/年麦草畏项目已于 2007 年三季度内竣工。预计 2008 年初五个项目均可完成并投产。根据公司增发项目的公开披露信息，预计五个募集资金项目达产后，公司每年将新增销售收入 4 亿元以上，税前利润 0.5 亿元。

3. 新项目奠定 2008 年高增长基础。公司于 2003 年自主研发草甘膦项目，投资建设的 1000 吨/年中试设备已投产，公司产品生产采用 IDA 工艺路线，产品品质良好，达到了欧盟有关机构的要求。另建 1.5 万吨/年草甘膦项目计划将于 2008 年 3 月份建成投产。

公司 2005 年投资建设的 1 万吨/年双甘膦项目已于 2007 年下半年投产，计划 2007 年下半年生产双甘膦约 0.4 万吨，实现销售收入 8000 万元；2008 年生产草甘膦 1 万～1.5 万吨，实现销售收入 2 亿～3 亿元。

根据东海证券的预计，扬农化工 2007—2009 年每股收益分别为 0.54 元、0.77 元和 1.09 元。综合市盈率和市销率相对估值数据，扬农化工在农药行业上市公司中估值较低，在具备技术含量的化工股中也属于最低估值状况，维持“买入”评级。

扬农化工是化工行业上市公司中少有的具备自主创新能力的企业，且销售收入 70% 来源于消费品属性的卫生用菊酯，成长性和盈利能力在化工行业中均属于稳定性最高的公司之一。随着公司定向增发和新项目的逐渐启动，未来公司的业绩有望稳步发展。

在这样相对安全的基本面情况下，扬农化工在 2008 年熊市初期，创下了上一年牛市的高点，突破新高之后，股价继续攀升，上涨了五成以上。

通过以上的案例，我们发现，要想找出在牛市结束后，第二年继续创出新高的股票，我们不仅要关注股票的技术面情况，同时我们还要了解公司的行业特点和其基本面的全方位信息，只有众多因素结合起来，我们才有可能寻找到那些在牛市过后依然强势的股票。